色彩学の実践

渡辺安人
Watanabe Yasuto

Let's enjoy your life by an interior design coordination,
a construction design, the scene plan, and the color design.

学芸出版社

1章

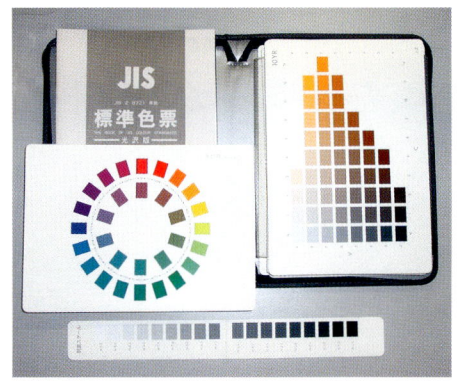

図1・2 JIS標準色票 (財日本規格協会発行) [本文 p.9]

図1・3 塗料用標準色見本帳 (社日本塗料工業会発行) [本文 p.9]

図1・4 色相環図（マンセル色相環と JIS 系統色名）[本文 p.11]

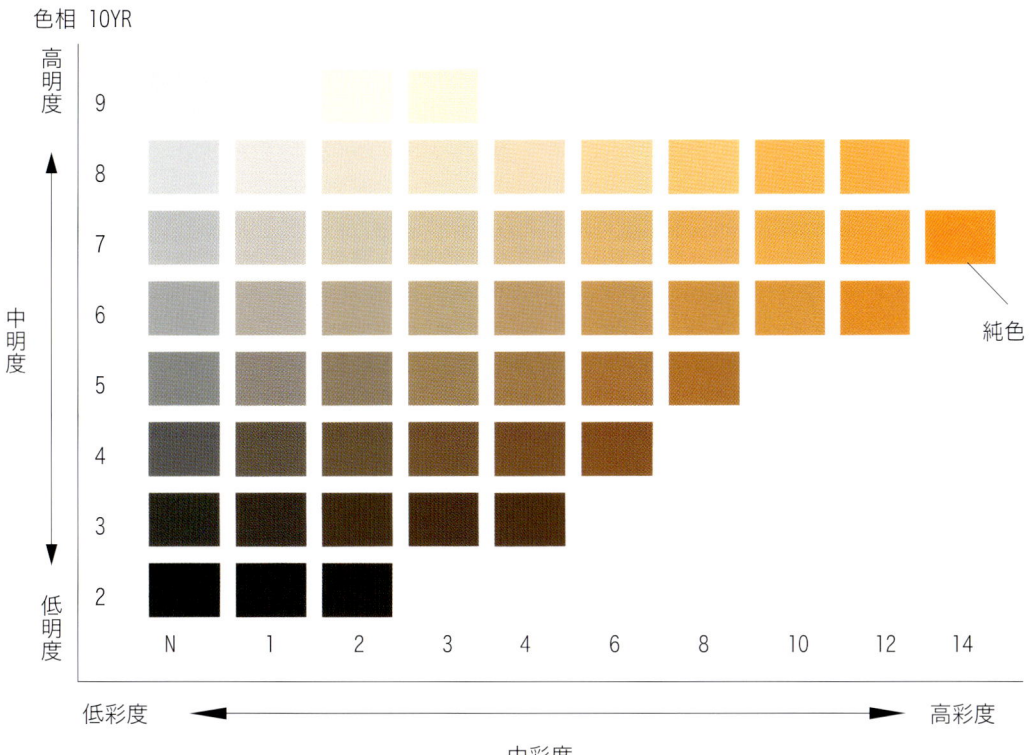

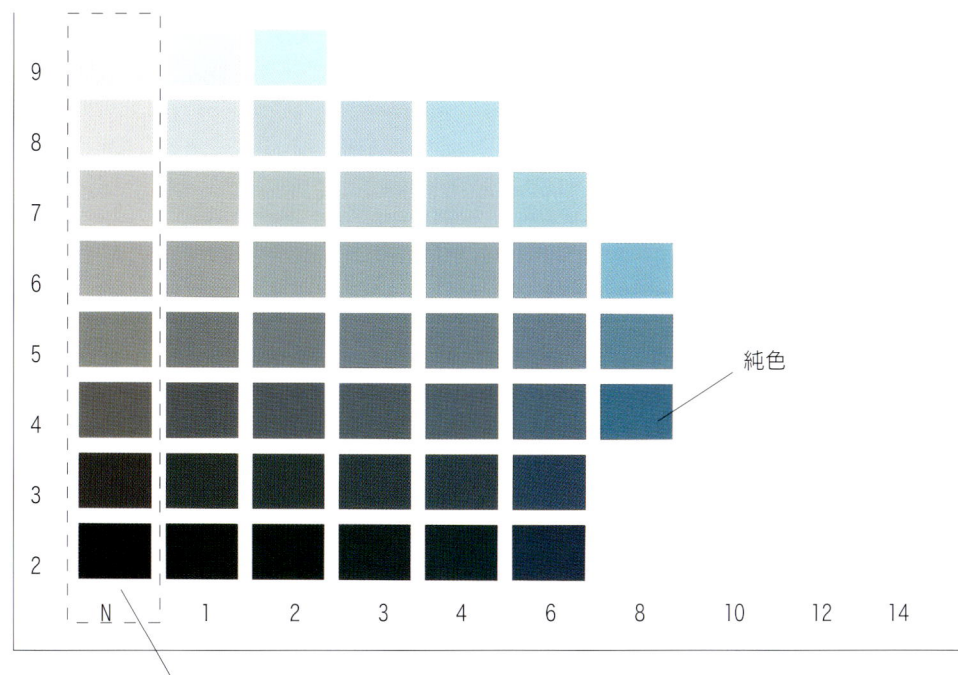

無彩色（黒〜灰〜白）は彩度 0　無彩色の段階が明度の定規になる

図1·5　マンセル表色系の明度-彩度図 [本文p.12]

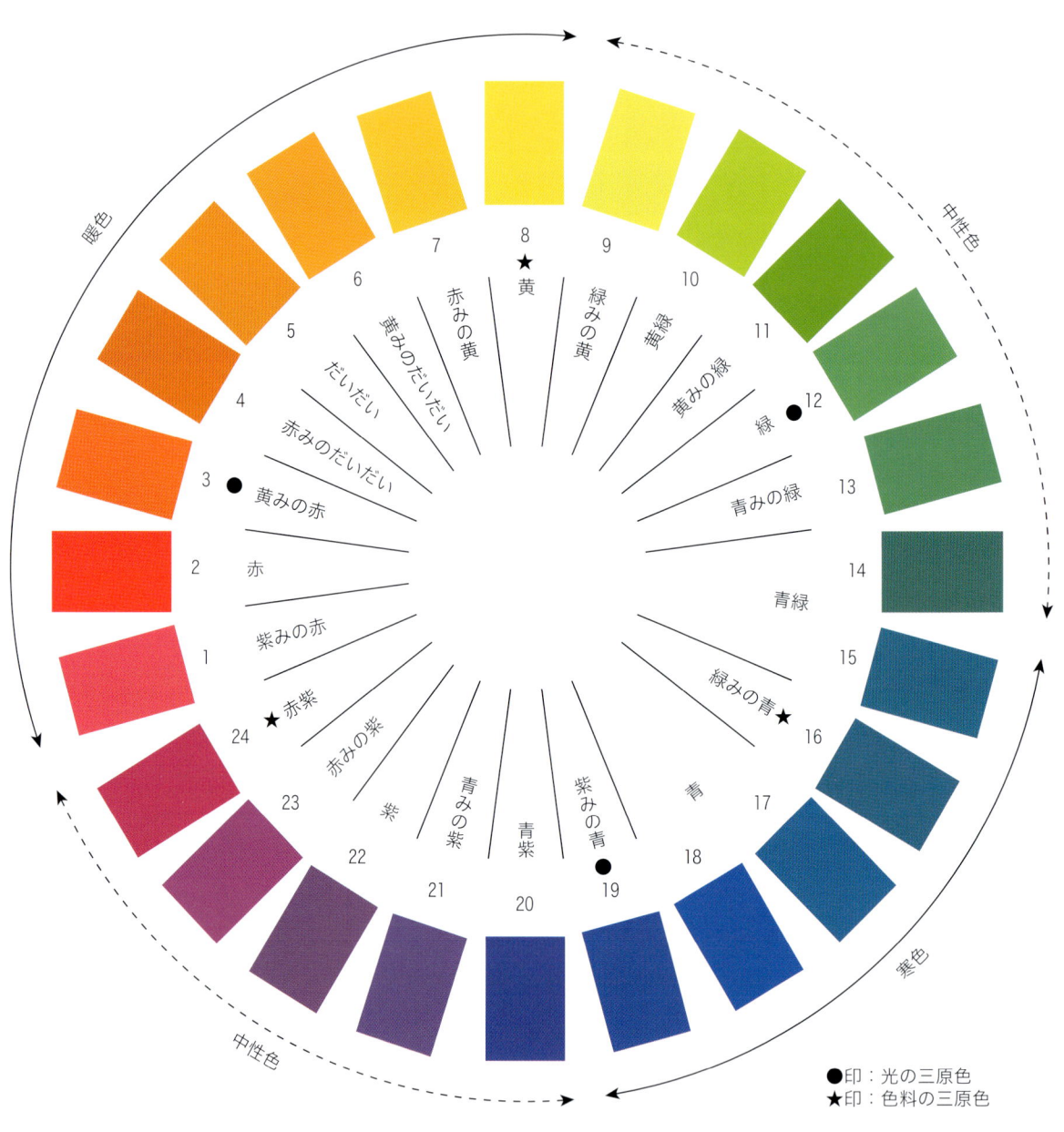

図1・7　PCCS色相環 [本文p.14]

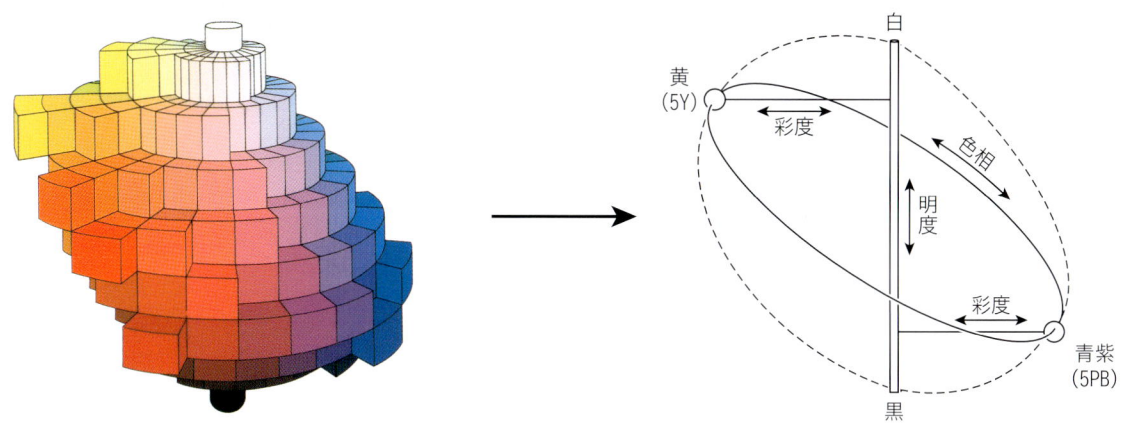

図1・6　マンセル色立体 (カラー図版提供:日本色研事業㈱) [本文p.13]

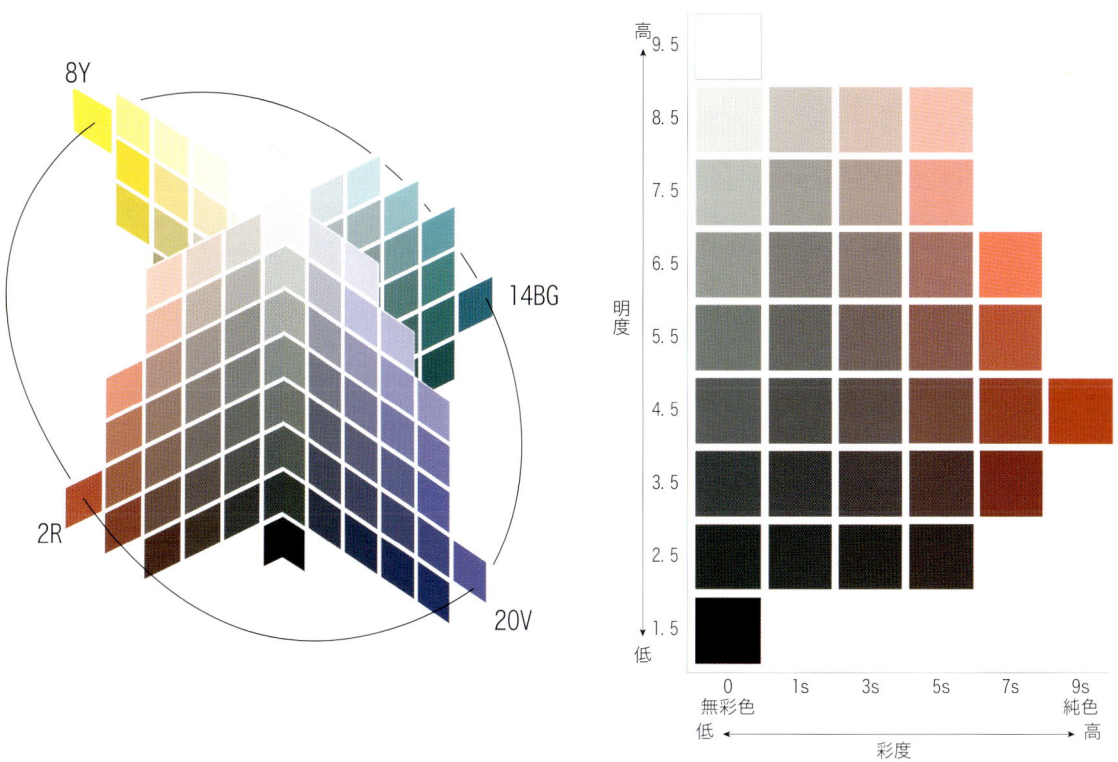

図1・8　PCCS色立体 [本文p.15]

図1・9　PCCS明度-彩度の関係 [本文p.15]

カラー図版 —— 5

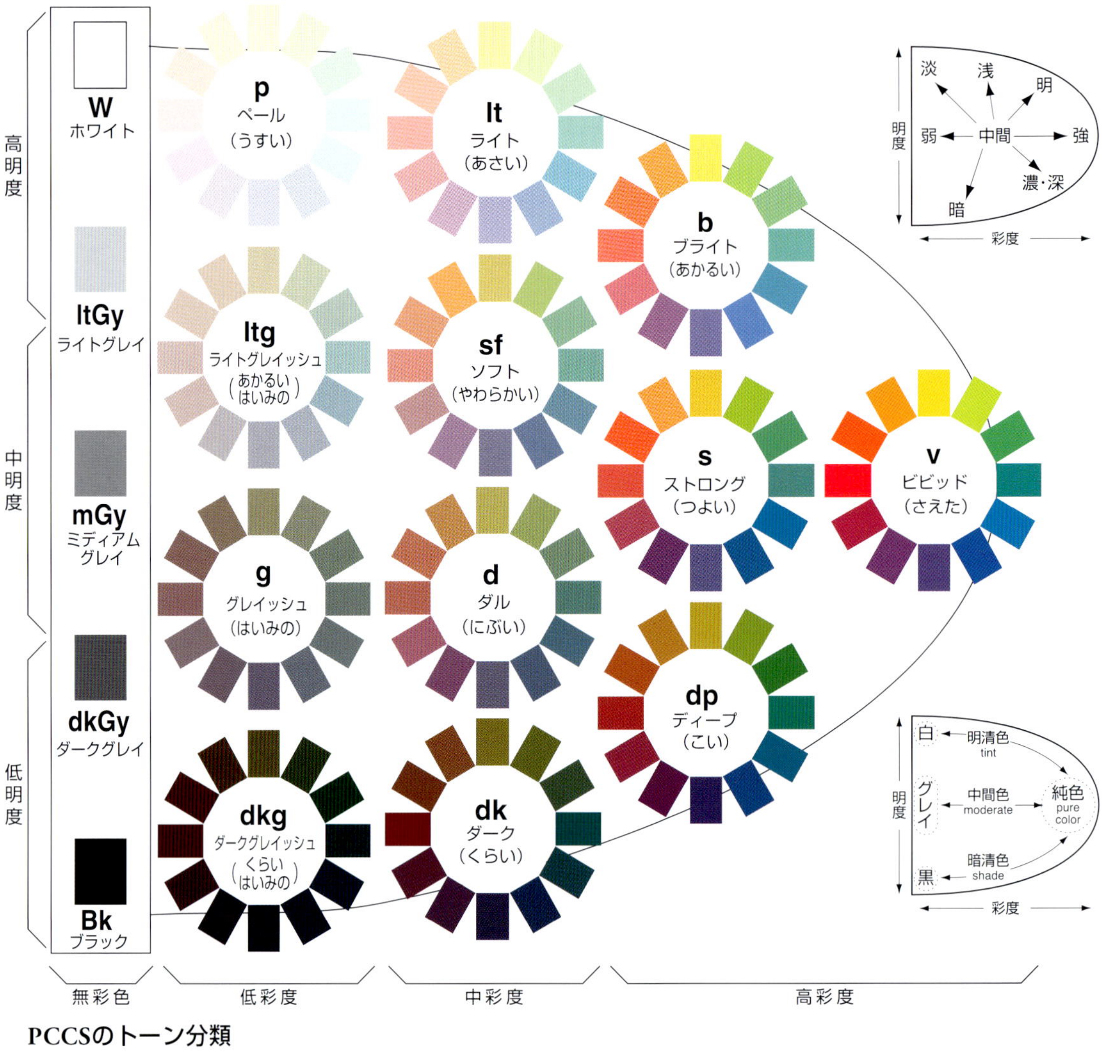

PCCSのトーン分類

図 1・10　12トーン分類図　(カラー図版提供：日本色研事業㈱)　[本文 p.16]

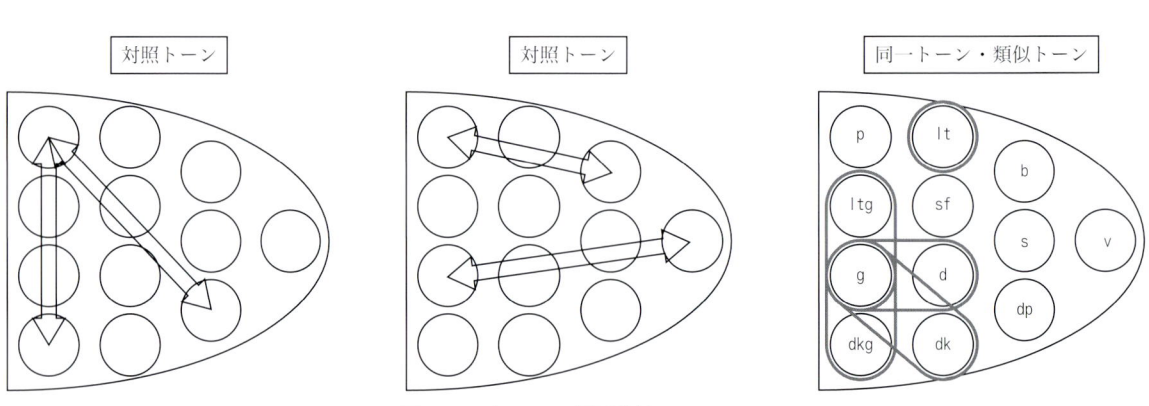

図 1・11　トーンの相互関係　[本文 p.16]

（色調5分類については、p.118を参照してください。）

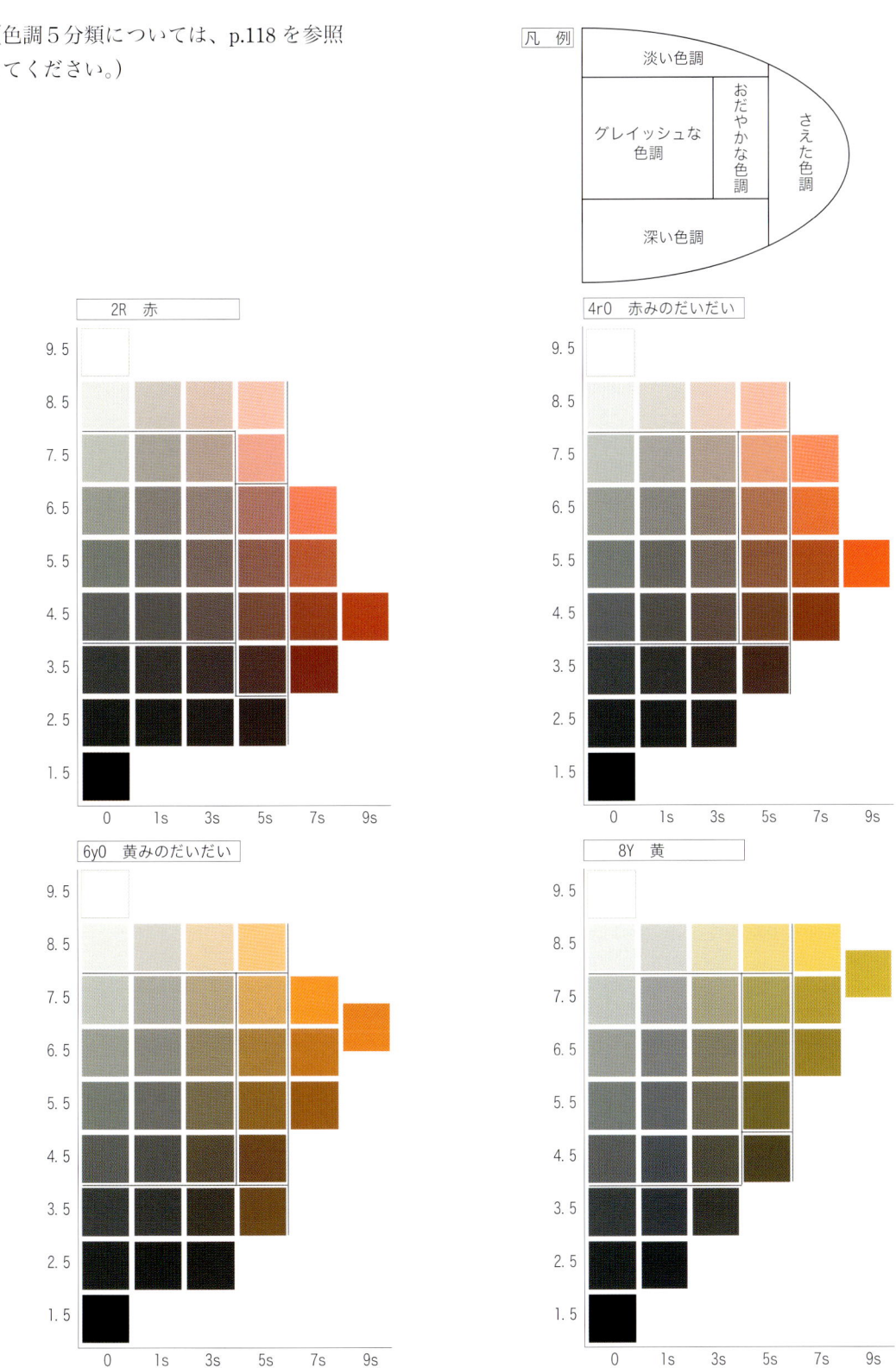

図1・12　PCCS色立体12各色相断面図（1）[本文p.17]

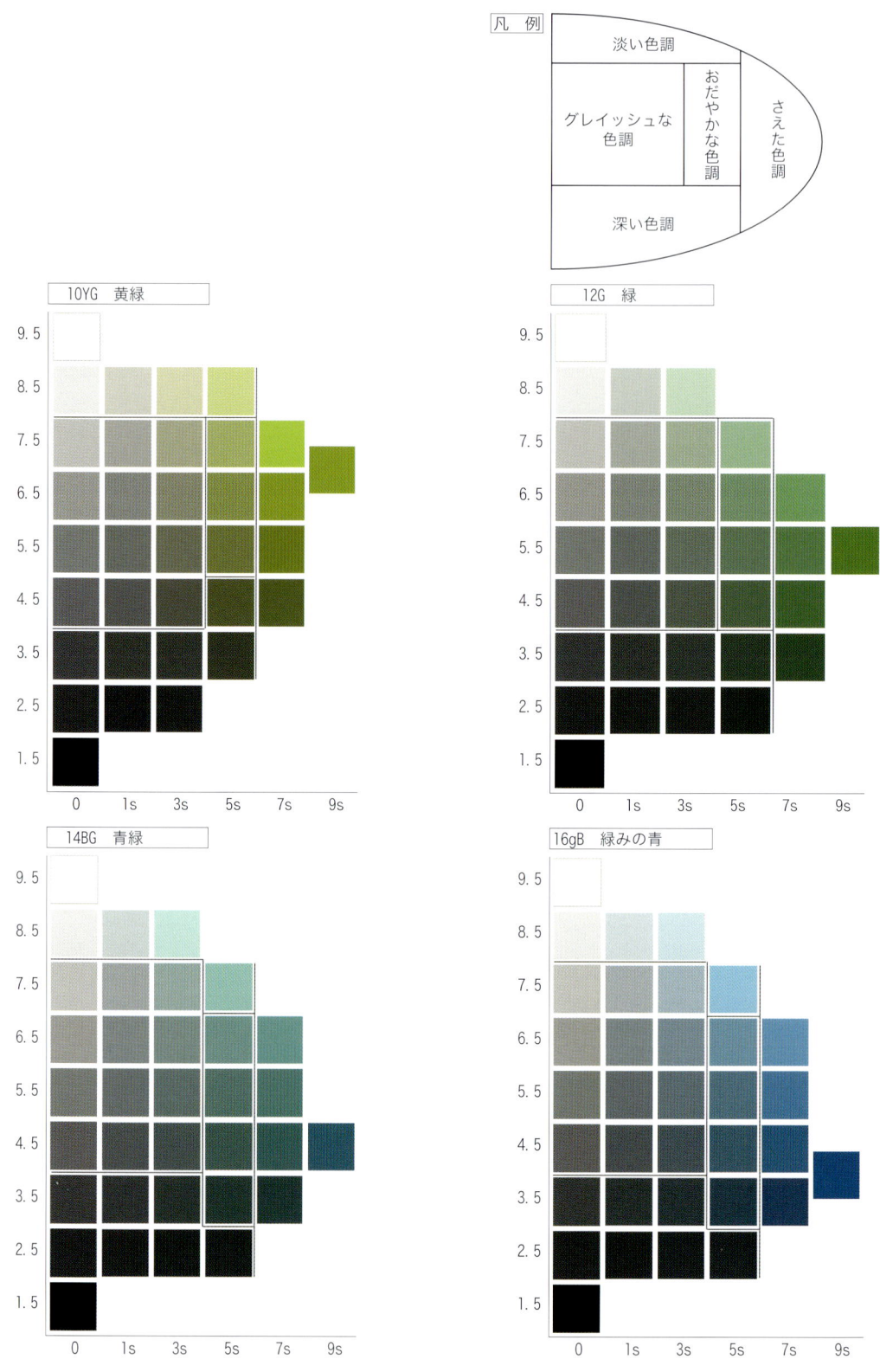

図 1・12　PCCS 色立体 12 各色相断面図 (2) [本文 p.18]

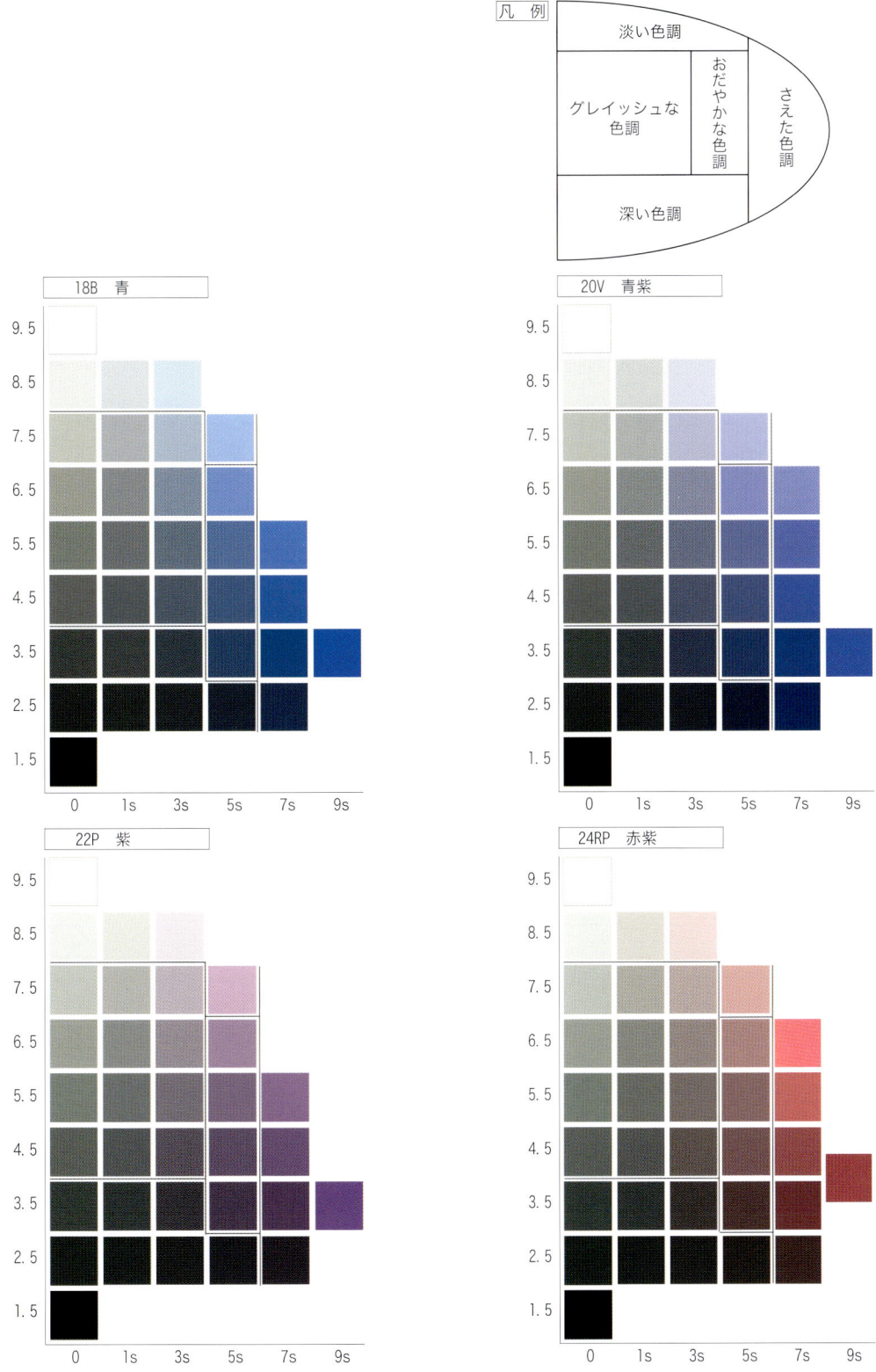

図 1・12　PCCS 色立体 12 各色相断面図（3）[本文 p.19]

2章

類似色相で類似トーンの配色
　高彩度のクッション小物がアクセント。

類似色相で類似トーンの配色
　高彩度のクッション小物がアクセント。

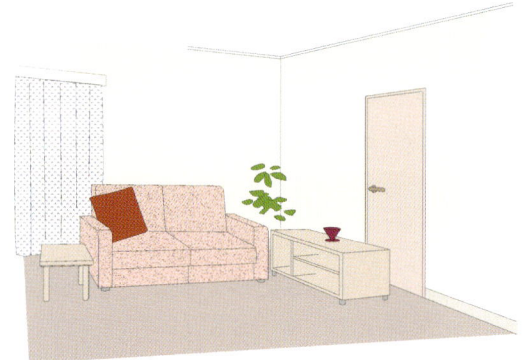

類似色相で類似トーンの配色
　暖色で明度差の少ない配色は、ソフトなイメージになる。
　クッション小物がアクセント。

大きく異なる色相の配色
　ソファーがアクセント。高彩度色は若々しくカジュアルなイメージが強まる。

大きく異なる色相の配色
　多色相の場合は、白色か、ほとんど白に近い色(オフホワイト)で全体を整える。

類似トーンの配色
　グレイッシュな色調は、落ち着き感が強まる。

図2・10　インテリアの配色例 [本文 p.30]
（配色解説のために、扉は家具の後ろに描いています。なお、本書掲載の色替図版はすべて、色彩教育及び建築景観用カラーシミュレーションソフト「Color Planner」(㈱エスティイー)を使用して作成しています。）

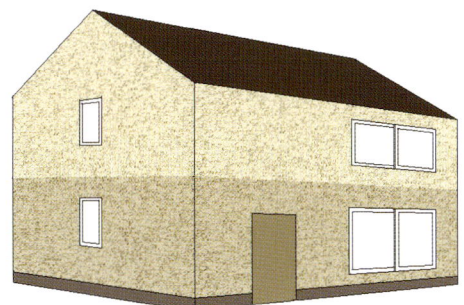
同一色相で類似トーンの配色

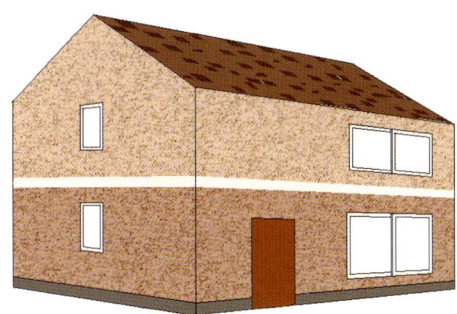
同一色相で類似トーンの配色

類似色相で類似トーン

類似色相で類似トーンの配色

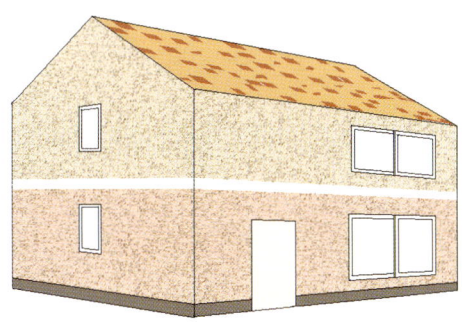
同一トーンで類似色相

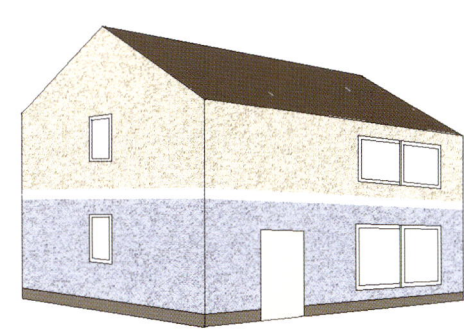
対照色相は彩度差を大きくする
白色によるセパレーション効果

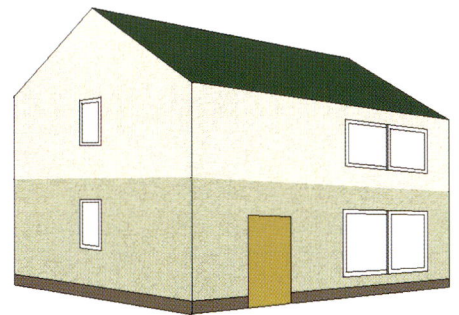
なじみにくい色をクリーム系色と
配色し、違和感を軽減

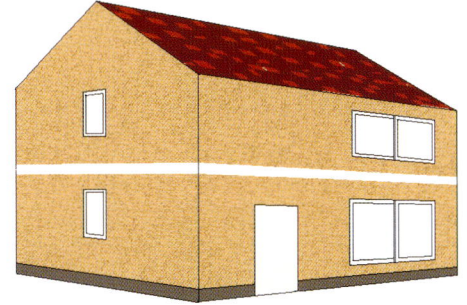
高彩度一色のとき、白色によるメリハリ感と、
面積分節化によるなじみやすさ

図2・11　外観の配色例　[本文p.31]

類似調和
類似色相で類似トーン

類似調和
類似色相でトーンが異なる

類似調和
同一色相でトーンが異なる

類似調和
同トーンで色相が異なる

対照調和
色相による対比

対照調和
トーンによる対比

対照調和
色相とトーンによる対比

対照調和
有彩色と無彩色による対比

図2・12 類似調和と対照調和 [本文p.32]

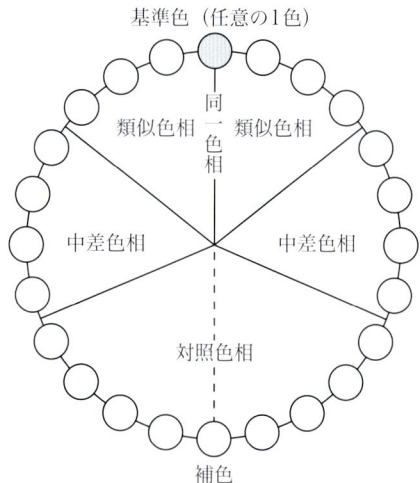

図2・13 PCCS色相環 色相の相互関係 [本文p.33]
v2(赤)とv14(青緑)、v8(黄)とv20(青紫)の補色関係にある4色を覚えておけば、色相環上の各色はイメージできます。

12 —— カラー図版

3 章

図3・5　セパレーション　[本文p.37]

図3・6　アクセント
[本文p.37]

図3・7　濃いブラウンによるセパレーション効果
[本文p.37]

4章

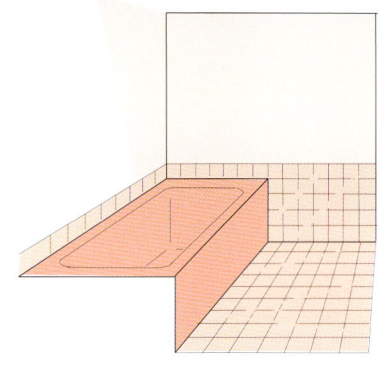
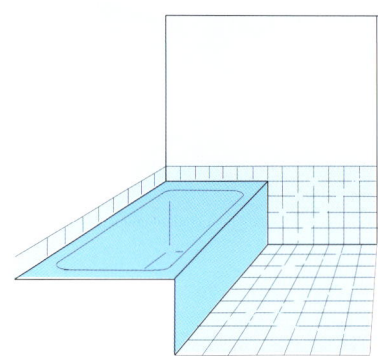

図4・1　温度感　[本文p.40]
極端な暖色と寒色では、体感温度が3℃も変わる。

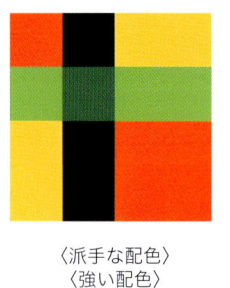

〈派手な配色〉　　〈地味な配色〉　　〈軽い配色〉　　〈重い配色〉
〈強い配色〉　　　〈弱い配色〉　　　〈柔らかい配色〉〈硬い配色〉

図4・2　派手・地味と軽い色・重い色　[本文p.41]

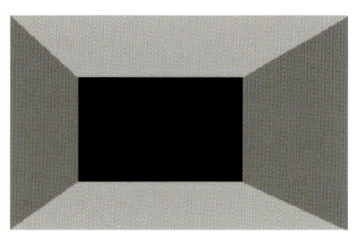

図4・3　長方形「白」が〈進出・膨張〉、「黒」が〈後退・収縮〉[本文p.42]

図4・4　明るい色は〈膨脹・軽い〉、暗い色は〈収縮・重い〉[本文p.42]

おいしそうな色

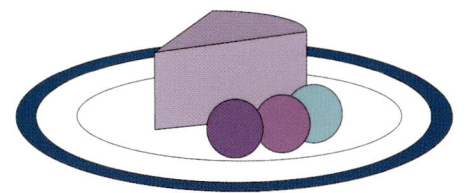
まずそうな色

あまい

からい（唐辛子、マスタード）

にがい

すっぱい（レモン、柑橘類）

しょっぱい（海水、鮭、塩辛）

図4・4　色と味覚　[本文 p.43]

図4・6　伝統的な色　[本文 p.44]

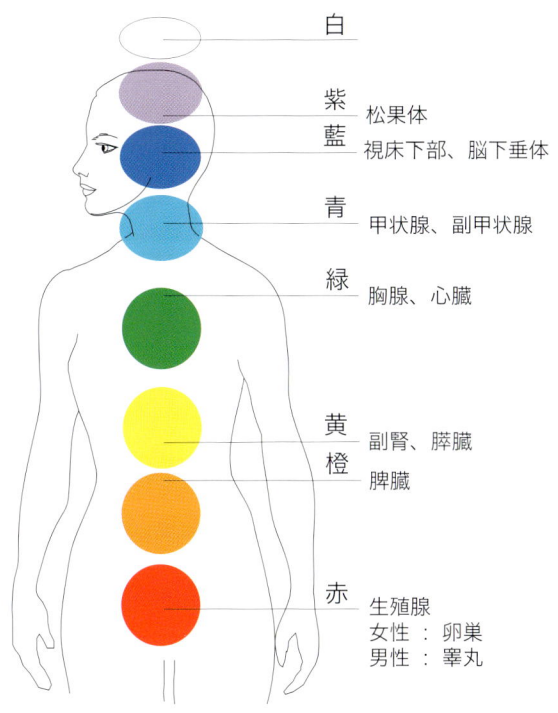

頭部については、藍と紫をまとめて紫と表現したものもある

図4・8 チャクラと色 [本文p.50]
健康体は、この色のバランスがとれている状態といえる。

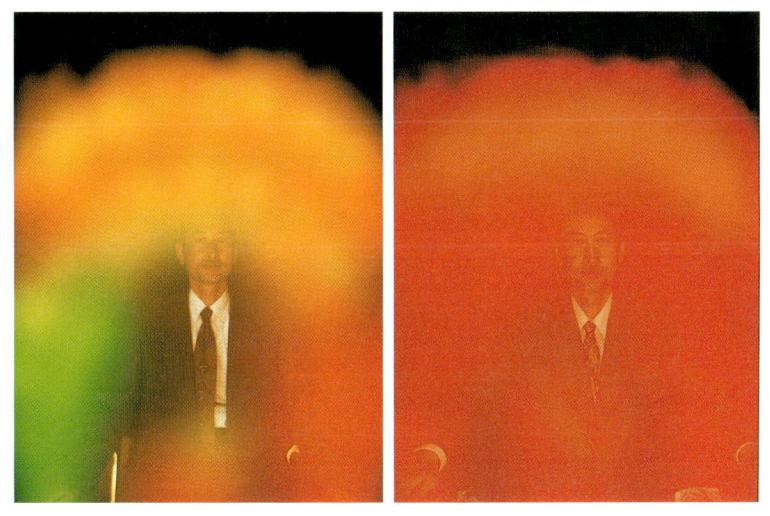

図4・9 オーラ写真 [本文p.51]
体調や気分によって、光の強さや色が変わる。

5章

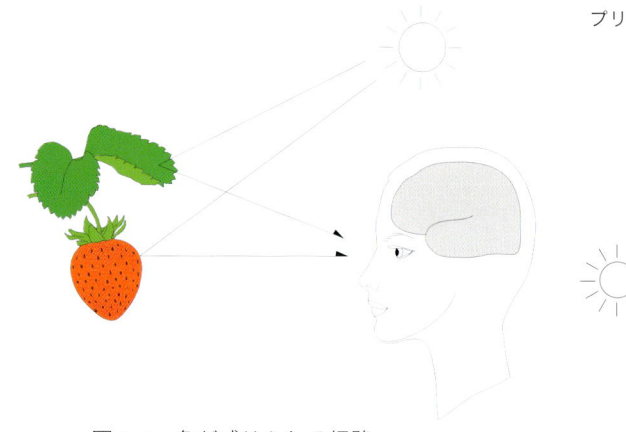

図5・1 色が感じられる経路 [本文 p.54]

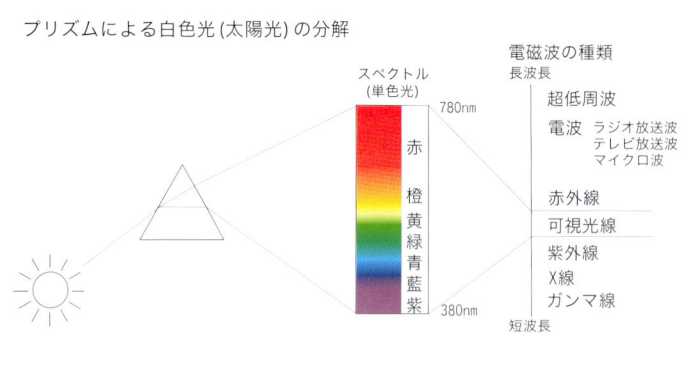

図5・2 可視光線は電磁波 [本文 p.55]

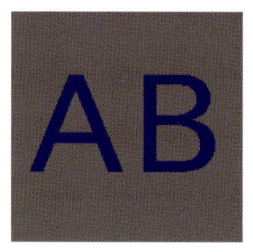
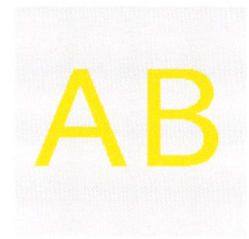

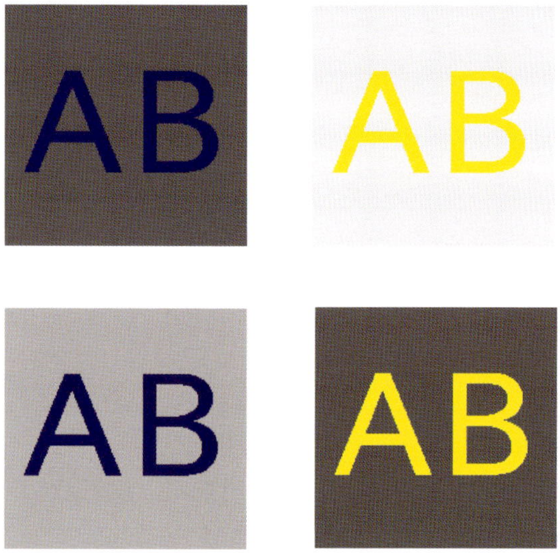

図5・9 高齢者が識別しにくい配色（上段）と識別しやすい配色（下段）（マンセル明度差1以下は識別しにくい）
[本文 p.61]

図5・10 色相対比：左はオレンジの赤みが強く、右のオレンジは黄色みが強く見える [本文 p.62]

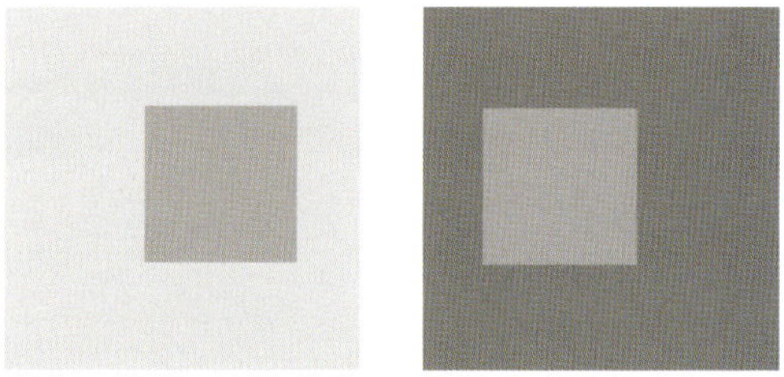

図5・11 明度対比：左のグレーは暗く、右のグレーは明るく見える [本文 p.62]

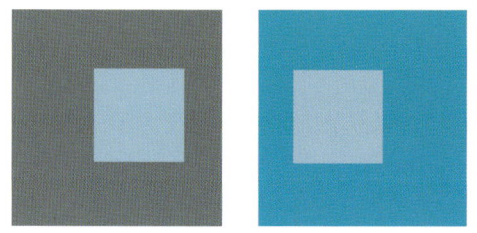

図5・12 彩度対比：左の水色はさえて、右の水色はくすんで見える [本文 p.62]

図5・13 縁辺対比 [本文 p.63]

18 —— カラー図版

図5・14 ハーマングリッド [本文p.63]

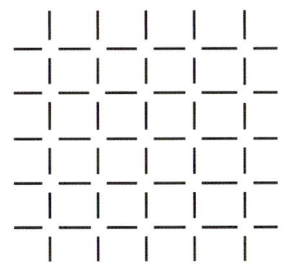
図5・15 エーレンシュタイン効果 [本文p.63]

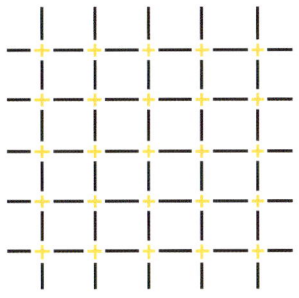
図5・16 ネオンカラー現象 [本文p.63]

左の赤いハートを10～15秒間ほど眺めて、右のハートに目を向けてください。青緑の色が感じられます。

図5・17 補色残像 [本文p.64]

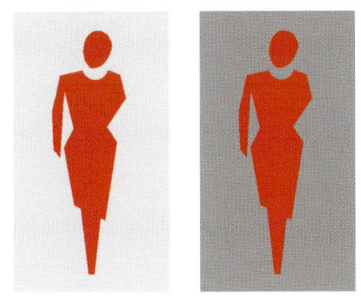
図5・18 明度差の大きい配色、明度差の少ない配色 [本文p.65]

図5・19 安全標識の例 [本文p.65]

カラー図版 —— 19

6章

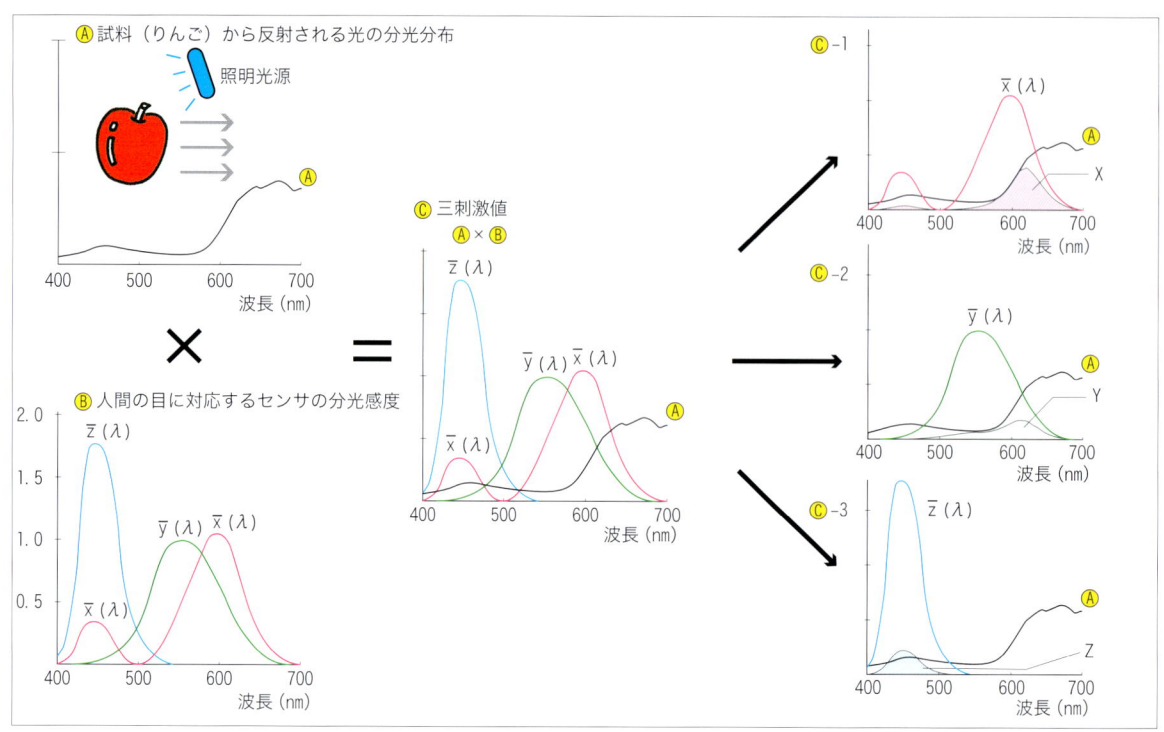

図6・8　色彩測定における三刺激値の求め方の原理 （『色を読む話』コニカミノルタセンシング㈱発行より）［本文 p.72］

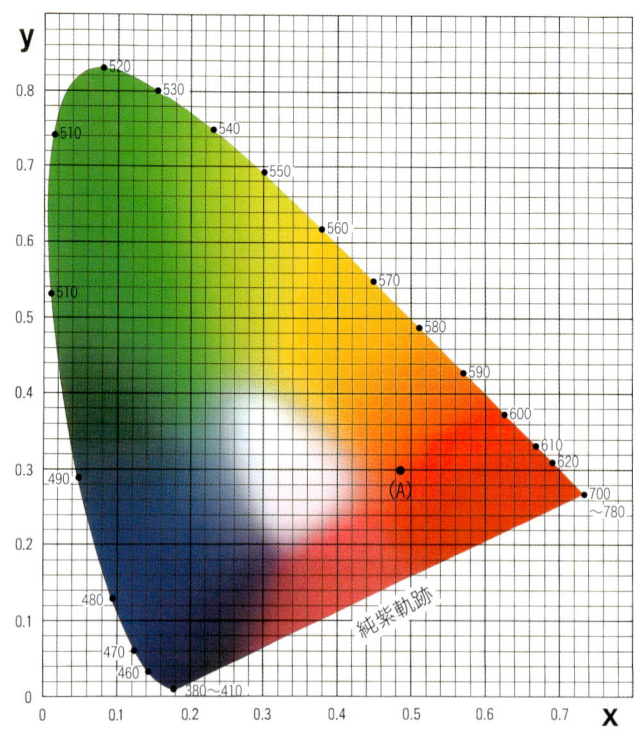

図6・10　XYZ表色系色度図 （資料提供：コニカミノルタセンシング㈱）［本文 p.73］

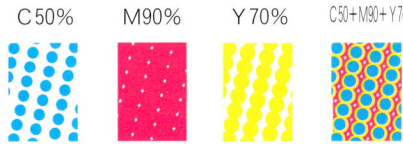

図6・4　印刷物のCMYKドット [本文p.69]

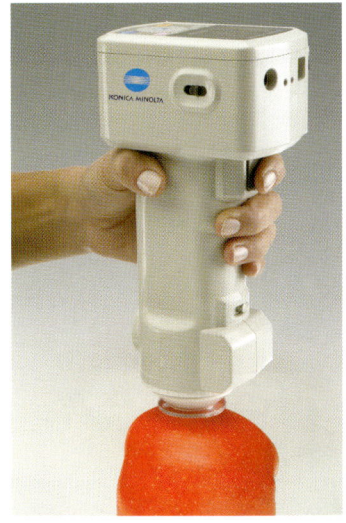

図6・11　分光測色計 [本文p.73]
(製品名CM-700d、資料提供：コニカミノルタセンシング㈱)

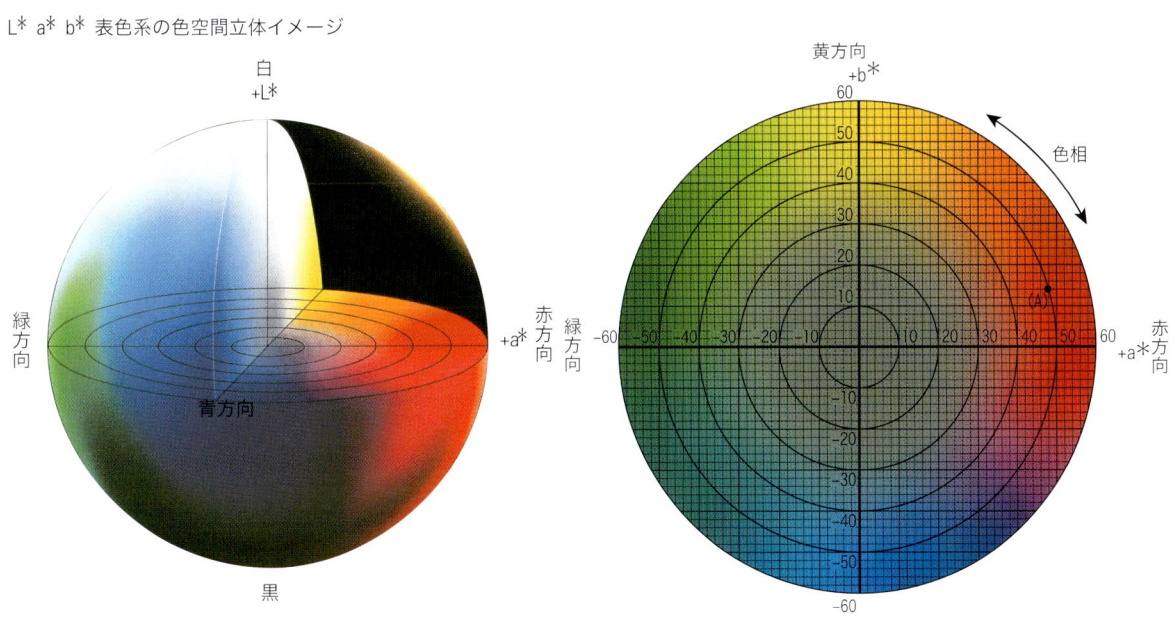

図6・13　LAB表色系図 (資料提供：コニカミノルタセンシング㈱) [本文p.75]

8章

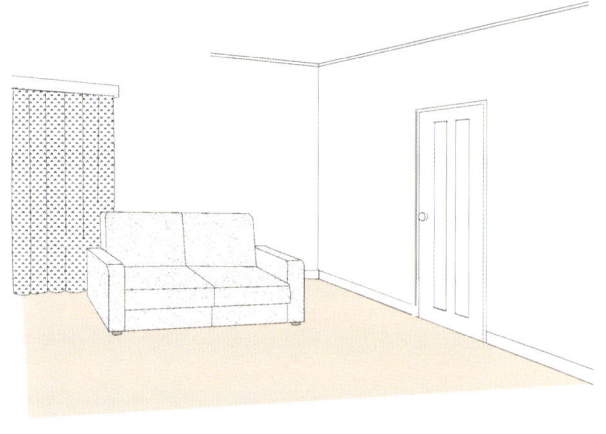

①全体イメージの色調を想定する

例えば、ソフトで暖かみのあるイメージにする。そのためには、ソフトトーンやライトグレイッシュトーンを基調に、コントラストを小さくする。というように、全体色調を思い描く。

②具体色を決める

通常は、部屋のうつわとなる床、壁、天井など広い面積（ベースカラー）から順に具体色を決める。

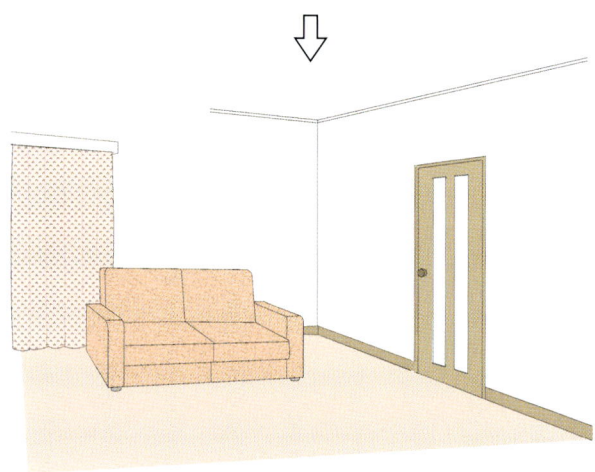

③建具、主要な家具、カーテンなどサブカラーの具体色を選ぶ

好みの家具が先に決まっている場合は、それを室内のアクセントとして対照調和的に扱うのか、全体になじませ類似調和でまとめるのかを初めに考えればよい。

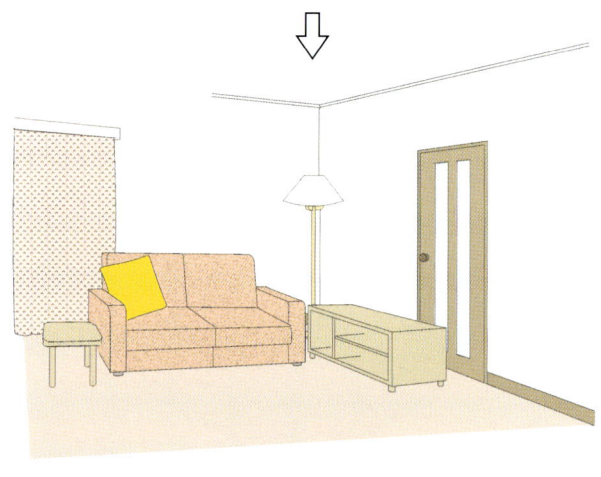

④アクセント小物類を選ぶ

サイドテーブル、照明器具など。
家具類は、ボリュームによって、サブカラーにもアクセントカラーにもなる。
アクセントカラーとしては、クッション、装飾小物類など、取り替えのできる小さなものを選ぶ。

図8・3 インテリアカラーコーディネートの手順 （配色解説のために、扉は家具の後ろに描いています。）[本文 p.93]

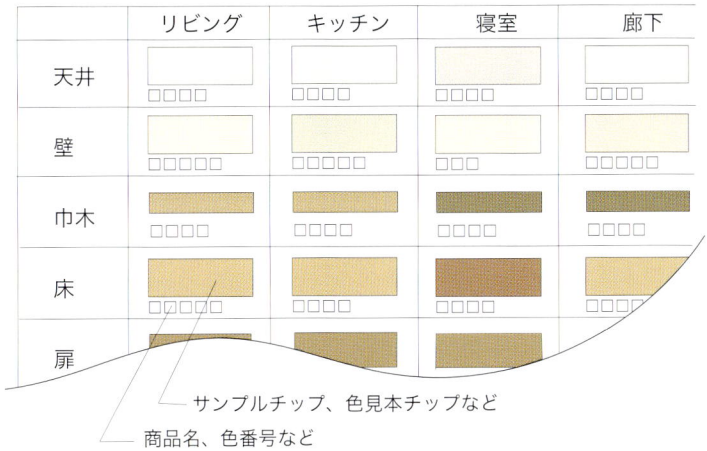

図8・4 仕上表 [本文 p.94]

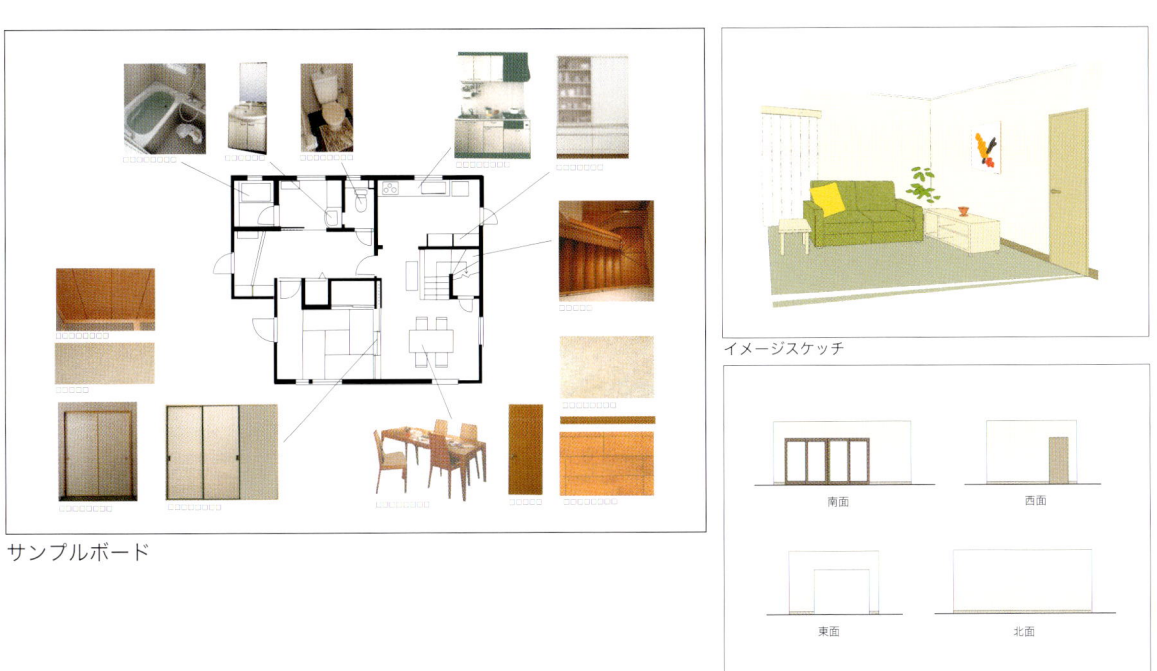

図8・5 ビジュアル表現手法の例 [本文 p.94]

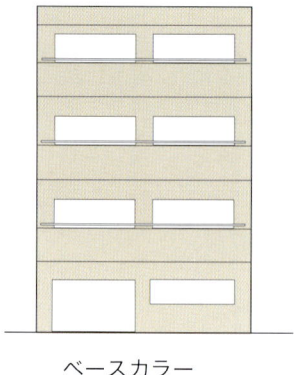 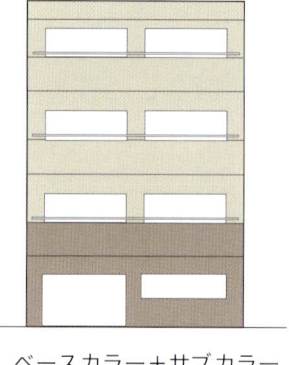 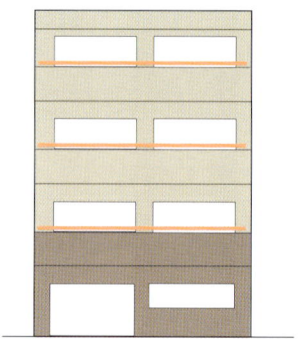

ベースカラー　　　　　　　ベースカラー＋サブカラー　　　ベースカラー＋サブカラー
　　　　　　　　　　　　　　　　　　　　　　　　　　　　　＋アクセントカラー

図 8・7　面積バランス　[本文 p.96]

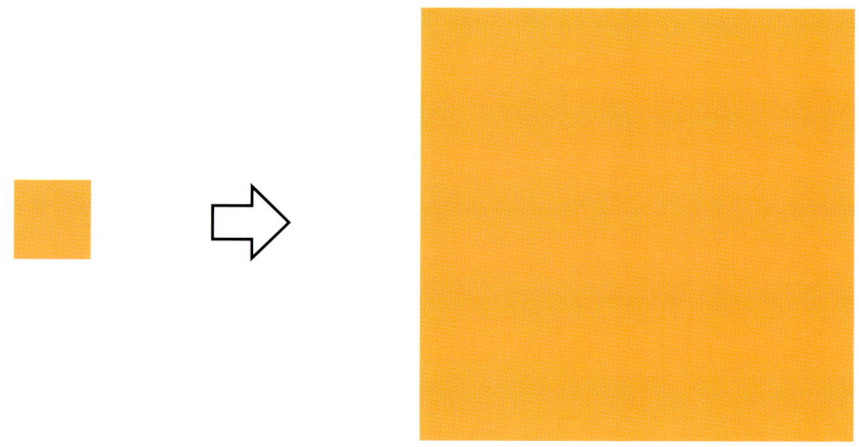

図 8・8　面積対比　[本文 p.96]

(A) 家具が暗い場合

家具と床の中間明度のラグマットや、クッション小物類で調整する。

(B) 家具と床の明度差がない場合

暗めの色で大きく明度差をつけたり、あざやかなもので彩度差をつけて調整する。

(C) 床が暗い場合

家具と床の中間明度のラグマットや、クッション小物類で調整する。

図 8・10　床と家具の調整（配色解説のために、扉は家具の後ろに描いています。）［本文 p.99］

ナチュラルカラーハーモニーの配色

ナチュラルカラーハーモニーではない配色（コンプレックスカラー配色）

ナチュラルカラーハーモニーの配色

ナチュラルカラーハーモニーではない配色（コンプレックスカラー配色）

図8·13　ナチュラルカラーハーモニー ［本文p100］

■ウォームカラー（イエローアンダートーン）
　どの色も黄色みが入っているように見えます

■クールカラー（ブルーアンダートーン）
　どの色も青みが入っているように見えます

図8·14　ウォームトーン、クールトーンの色分類
　　　　［本文p101］

図8·15　白色の効果 ［本文p102］

9章

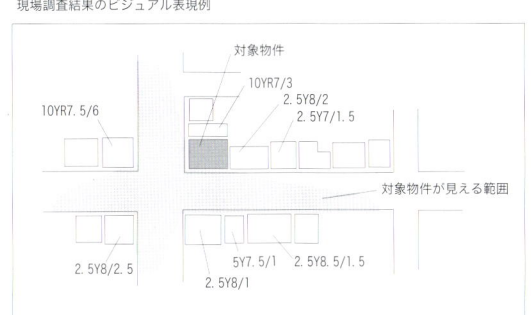

外観色を色見本帳と見比べながらマンセル値で記録します。
色見本帳は、(社)日本塗料工業会発行「塗料用標準色見本帳」(上写真)や日本規格協会発行「JIS標準色票」などを用います。
景観の色調把握のためには、色票を壁にあてながらの厳密な測色ではなく、適当な距離から眺めたみかけの色の測色でかまいません。
外壁タイルなど複数の色が混在しているものは、平均するとどの程度の色かを測ります。突出色があれば、なぜ突出して見えるのか、色相、明度、彩度などの要素で分析把握しておきます。

図9・1　色票を持っての現地調査 [本文p107]　　図9・2　調査結果を書き込んだ地図 [本文p107]

図9・4　ビジュアル表現手法の例 [本文p110]

外壁1階と2階の配色がナチュラルカラーハーモニーの例　　ナチュラルカラーハーモニーではない配色は違和感がある

図9・5　建物の外観のナチュラルカラーハーモニー [本文p111]
(カラー図版p.11の外観の配色例は、ナチュラルカラーハーモニーの配色になっています。)

カラー図版 —— 27

10章

図10・1　電線電柱を消すと… (CGカラーシミュレーション提供:㈱エスティイー) [本文p116]

[カラーフレーム]	—	赤	黄赤		黄	
色　名	無彩色	赤	黄赤	赤みの黄		黄
色　相	N	5R	2.5YR	7.5YR	2.5Y	
明度 9 / 8.5 / 8 / 7.5 / 7 / 6.5 / 6 / 5.5 / 5						
彩度▶	0	1　2	1　2　3	1　2　3　4	1　2　3　4	

◀────── 突出を防ぐ色相範囲の目安 ──────▶

図10・3　大阪市の景観基調色の目安（大阪市色彩景観計画ガイドブック「やわらぎ」）[本文p118]

質が高ければ、地域のランドマーク、アクセントになる。

それぞれが目立とうとすると、街並は無秩序で雑然となる。

色相やトーンを一定の範囲にそろえると、秩序感が生まれる。

図 10・2　色彩景観計画の考え方 [本文p117]

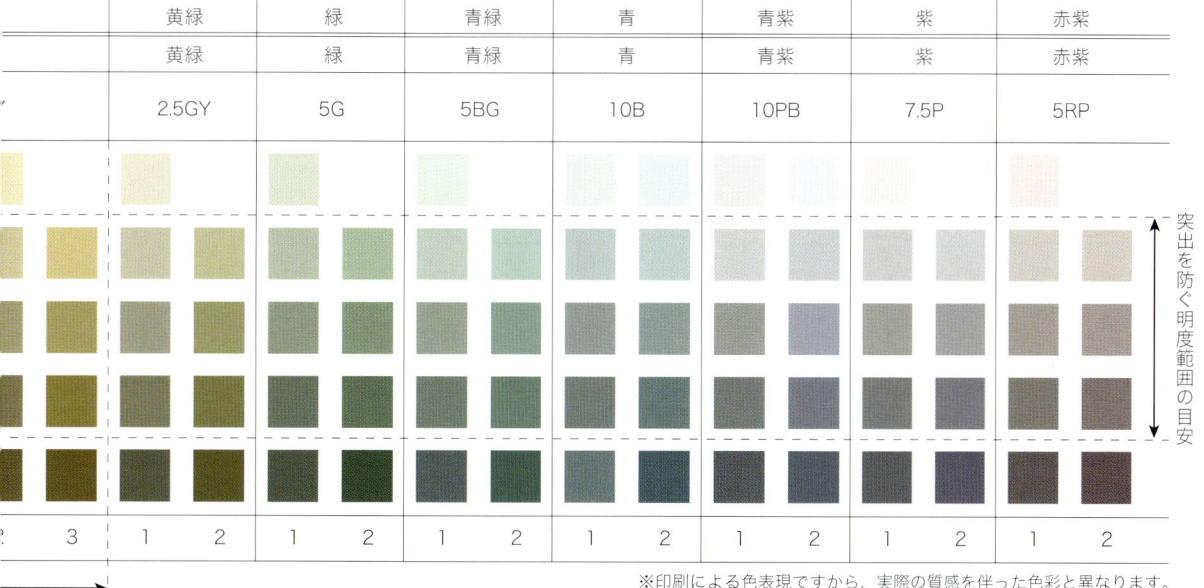

※印刷による色表現ですから、実際の質感を伴った色彩と異なります。

現況写真

景観特性

調査色分布図（調査色を色相-明度、色相-彩度の図にプロットすると、全体の色彩傾向が把握できます。）

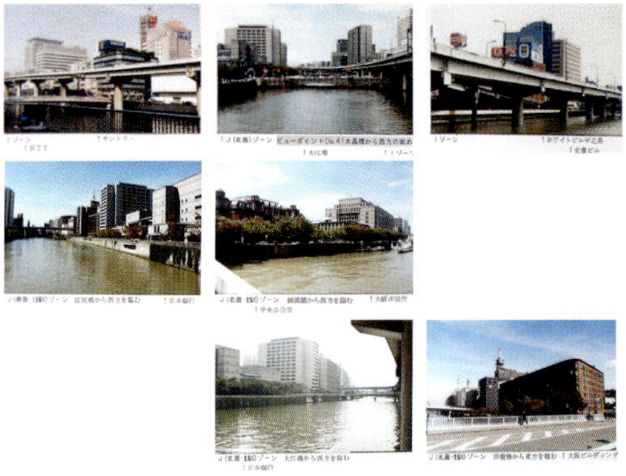

図 10･4　景観調査表現の一例 ［本文 p120］

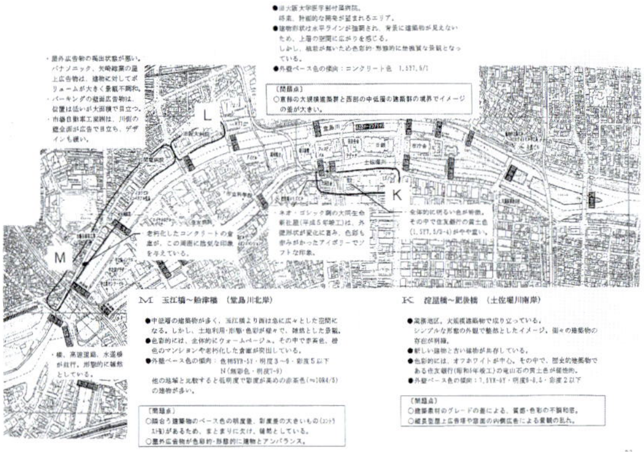

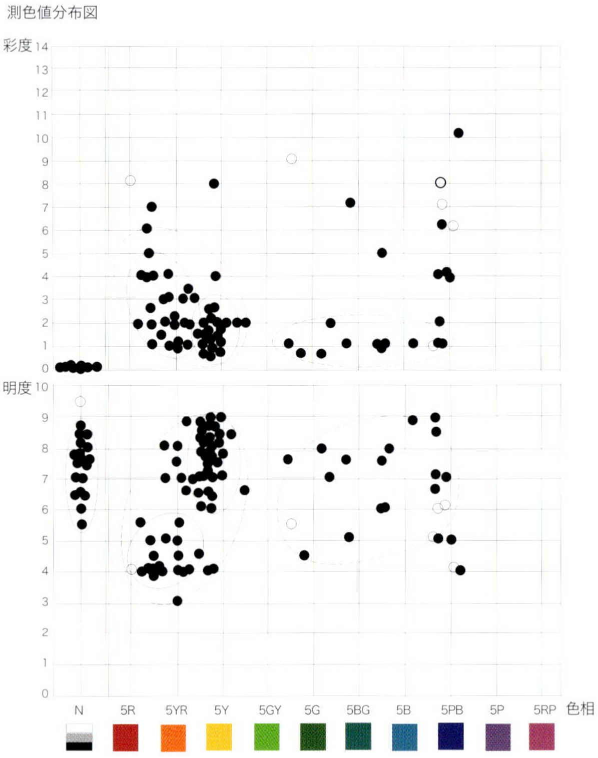

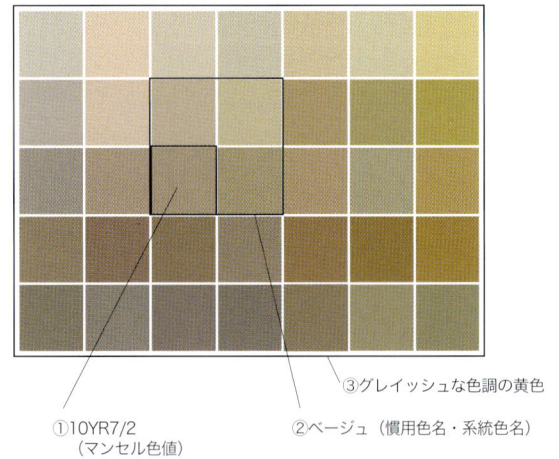

図 10･5　色表示の 3 段階（大阪市の場合）［本文 p121］

図 10･6　大阪･道頓堀の景観 ［本文 p123］

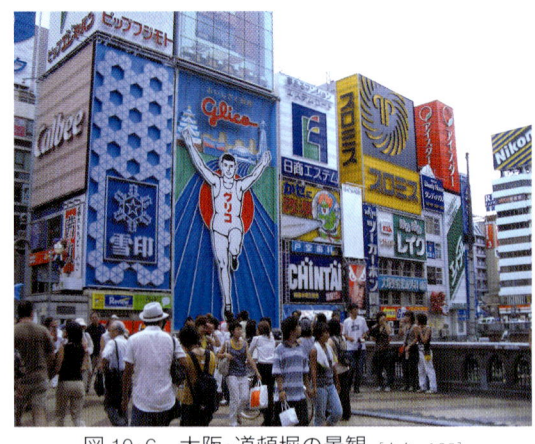

11章

図 11・1　木材の色相明度の分布図 [本文 p124]

図 11・2　四季の変化が美しい日本 [本文 p125]

図11・3　イチョウ、ケヤキ、サクラの紅葉 [本文p126]

一言で「緑」とか「紅葉」といいますが、微妙に異なる様々な色の集合体です。
自然の緑葉の平均：2.5～5GY4～6/3～6
青みの強い針葉樹の葉は、5GY4/3程度
(例)
イチョウ：緑葉2.5～3.5GY3～5/3～5
　　　　　(明るい部分で見かけの明度6)
　　　　　黄葉2.5Y7～7.5/7～8、幹10YR3/1
ケヤキ：紅葉7.5R2～3/4、7.5R2～3/7～8
　　　　8R3/4　4YR4～5/6～8
　　　　5YR4/6　6.5YR5/7
　　　　10YR6.5～7/8～9　幹6YR3.5/1
サクラ：緑葉3GY5/6　紅葉10R4～6/9～10

図11・4　私たちは同じ色でも質感や素材を見分けています [本文p127]

図11・5　グラデーション風景 [本文p127]

色彩学の実践

渡辺安人
Watanabe Yasuto

Let's enjoy your life by an interior design coordination, a construction design, the scene plan, and the color design.

学芸出版社

まえがき

昨今は、色彩理論を学ぶ人が増えました。環境色彩についても興味を持つ人が増えたことは喜ばしいことです。

しかし、学んだ色彩理論を上手に活用できている人は少ないように見うけられます。本書は、特にインテリア、建築、景観など環境色彩分野を志す人のために、色彩理論とその実践手法を丁寧に解説しました。

これから色彩の勉強を始める人にとっても、入門書として利用していただけます。

巻末に実習台紙を添付していますので、配色カード（p.129を参照）を別途購入すれば、色彩トレーニングも行うことができます。

より多くの人が、色彩への関心を高めるとともに、色彩理論を積極的に活用していただくために、本書が役立つことを願っています。

2005年1月　　著者

■**カラー図版**　　※本文の図番号を［　］に示しています

Ⅰ　色の基礎と応用

1章　色を伝える方法 ……………6
❶ 色名 …………………………………6
　① 慣用色名　6
　② 色名の発展　7
　③ 系統色名　7
　④ 表色系による色表現　8
❷ 表色系 ………………………………9
　① 色の三属性　9
　② マンセル表色系　10
　③ PCCS（日本色研配色体系）　14
　④ オストワルト表色系　20
　⑤ NCS　21

2章　色彩調和 ……………………22
❶ 混色・色彩調和に関する歴史 …………22
❷ ゲーテの色彩調和論 …………………23
❸ シュブルールの色彩調和論 …………24
❹ オストワルトの色彩調和論 …………25
❺ ムーン・スペンサーの色彩調和論 …26

❻ ジャッドの色彩調和論 ………………27
❼ ヨハネス・イッテンの色彩調和論 …27
❽ PCCSの色彩調和論 …………………28
❾ 実践配色調和の考え方 ………………29
　① 美しさの条件　29
　② 配色調和の2分類　32
　③ 色選びの考え方　33

3章　美的造形手法 ………………35
❶ 西洋の美的形式 ………………………35
❷ 配色デザイン用語 ……………………37
❸ 色彩センスアップ方法 ………………39

4章　色と心理 ……………………40
❶ 色の生理・心理効果 …………………40
❷ 色彩連想・象徴 ………………………43
❸ 色彩嗜好 ………………………………46
❹ 嗜好色調査 ……………………………48
❺ 流行色 …………………………………49

❻ 色と癒し ……………………………………50

5 章　目の構造と視覚 ……………………54
❶ 色と波長 ……………………………………54
　① 色知覚　54
　② 光とは　54
　③ 屈折、散乱、回折、干渉　55
　④ 赤外線と紫外線　56
❷ 目の構造 ……………………………………56
　① 各部の名称と働き　56
　② 視細胞　57
　③ 情報の伝達経路　58
　④ 近視・遠視・老人性遠視・弱視　58
❸ 色覚特性 ……………………………………59
　① 三色型色覚異常　59
　② 二色型色覚異常　60
❹ 目の老化 ……………………………………60
　① 老化による見え方の変化　60
　② 見えの変化への対応方法　61
❺ 色の知覚 ……………………………………62
　① 同時対比現象　62
　② 継時対比現象　63
　③ 同化現象　64
　④ 視認性　64
　⑤ 誘目性　64
　⑥ 順応　65
　⑦ 恒常性　66
　⑧ 主観色　66

　⑨ ベゾルト-ブリュッケ現象　67
　⑩ アブニー効果　67
　⑪ スタイルズ-クロフォード効果　67
　⑫ 記憶色　67

6 章　混色と測色 ……………………………68
❶ 色と波長 ……………………………………68
　① 加法混色　68
　② 減法混色　68
　③ 中間混色　69
❷ 色の測定 ……………………………………70
　① 測色条件と測色値表示方法　70
　② 測色器による測色方法　73
　③ 色差　74
　④ 自然光で色を観察する条件　75

7 章　人工光源と色 …………………………76
❶ 光の色みの表示方法 ………………………76
　① 色温度　76
❷ 演色 …………………………………………77
　① 演色性　77
　② 演色評価数　77
　③ 条件等色　78
❸ 照明ランプの種類 …………………………78
　① 人工光源の分類　78
　② ランプの光色による分類　79
　③ ランプの演色性による分類　79
❹ 和風照明の魅力 ……………………………79

II　色彩設計の実践

8 章　インテリアのカラーコーディネート …82
❶ カラーコーディネートの必要性と効用 ………82
❷ インテリアイメージと配色 …………………85
❸ インテリアカラーコーディネートの手順 ……90
　① 施主の要望を把握する　90
　② 色彩仕上表をつくる　91
　③ 空間イメージの想定　91

　④ 色彩イメージの設定　92
　⑤ ベースカラーを選ぶ　92
　⑥ サブカラーやアクセントカラーを選ぶ　93
　⑦ 色彩仕上表を仕上げる　94
　⑧ コーディネート案をビジュアル化　94
　⑨ プレゼンテーション　95
❹ カラーコーディネートのコツ ………………95
　① 類似調和でまとめる　95

2 面積（ボリューム）バランスを考える　96
　3 質感を大切にする　96
　4 面積対比を念頭に色選定する　97
　5 色の確認方法に注意する　97
　6 明度差を意識する　97
　7 ナチュラルカラーハーモニーを意識する　100
　8 ウォームトーン、クールトーンのどちらかにそろえる　101
　9 無彩色の効用　102
　10 高齢者、弱視者、色覚特性へ配慮する　103
　11 演色性に配慮する　103
　12 季節感を大切にする　103

9章　外観の色彩設計 ……………104

❶ 外観色彩設計の考え方と効用 ……………104
　1 色彩設計の考え方　104
　2 色彩設計の効用　104

❷ 建物の用途と色彩 ……………105

❸ 外観色彩設計の手順 ……………106
　1 前提条件の整理　106
　2 立地条件の調査・分析　106
　3 色彩コンセプトの決定　108
　4 具体色の選定デザイン　109
　5 プレゼンテーション　110

❹ 外観色彩設計のコツ ……………110
　1 外壁に適応しやすい色を選ぶ　110
　2 塗装しない部分との調和を考える　111
　3 ナチュラルカラーハーモニーを意識する　111
　4 外構との関係を考える　111
　5 植栽との関係を考える　111
　6 方角を考える　112
　7 素材を考えた色使いを行なう　112
　8 塗料の色指定の注意点　112
　9 退色を考慮する　112

10章　景観調和と色彩 ……………114

❶ 街並景観の課題点 ……………114

❷ 街並景観の良好点 ……………115

❸ 都市の色彩景観計画 ……………117
　1 行政の色彩景観計画　117

　2 風土色　119
　3 シンボルカラー　121
　4 行政との色彩コミュニケーション　121

❹ 景観を重視した外観色彩設計 ……………122
　1 シンボル的建築物について　122
　2 景観不調和にならないために　122

❺ 屋外広告物 ……………123
　1 屋外広告物の考え方　123
　2 行政の屋外広告物の誘導　123

11章　気候風土と色彩文化 ……………124

❶ 自然素材の色 ……………124
　1 木材、土の色　124
　2 自然色再現のポイント　124

❷ 気候風土と色彩感覚 ……………124
　1 時間経過を含めた色認識　125
　2 質感の重視　126
　3 グラデーション好み　127
　4 縁取りのデザイン　128
　5 多色配色美とこだわりの色　128

実習台紙

実習台紙 1 《色相環》 ……………129
実習台紙 2 《季節の色彩イメージ 1》 ……………130
実習台紙 3 《季節の色彩イメージ 2》 ……………131
実習台紙 4 《季節の色彩イメージ 3》 ……………132
実習台紙 5 《季節の色彩イメージ 4》 ……………133
実習台紙 6 《色の三属性の理解》 ……………134
実習台紙 7 《色彩心理》 ……………135
実習台紙 8 《対比現象》 ……………136
実習台紙 9 《イメージ表現 1》 ……………137
実習台紙 10 《イメージ表現 2》 ……………138
実習台紙 11 《イメージ表現 3》 ……………139
実習台紙 12 《トーン一覧表》 ……………140
実習台紙 13 《明度構成》 ……………142
明度スケール ……………143

I 色の基礎と応用

　皆さんは、インテリアや建物外観の色彩をコーディネートする際に、どのような方法で色を選定しているのでしょうか。感覚やセンスだけに頼っていませんか？　自信のない人は、逃げ腰になっていませんか？　センスの良さを自認している人も、自分が選ぶ配色パターンが片寄っていませんか？

　色彩は、感覚の世界だけでなく、「色彩学」という学問として成り立っています。つまり理屈で考えれば、失敗しないカラーコーディネートは誰でもができるのです。目的に合った設計も、色彩心理を応用すればできます。その理屈を学ぶとともにセンスアップに励めば、あなたは、プロのカラーコーディネーターです。

1章　色を伝える方法

人に色を伝える際、およそのイメージ色が伝わればよい場合から、色誤差が許されない場合まで、さまざまな状況があります。デザインや設計の際に用いる、色伝達の方法を学ぶことから始めます。

❶ 色名

特定の色を相手に確実に伝えるためには、現物を見せたり、絵具、塗料、印刷などで作成された色見本を見せます。一方、色名だけでは、色を確実に伝えることは不可能ですが、およその色を伝えることはできます。その際に用いる色名は、慣用色名と系統色名に大別できます。

１ 慣用色名

桜色、オレンジ色、象牙色、黄土色、スカイブルーなど、そのものを知っていれば、その色を連想しやすく、およその色イメージを伝えるのに便利です。これらを固有色名といいます。自然界の色や動植物、鉱物（顔料）、染色材料（染料）などの名称から、その色を示す多くの固有色名が生まれました。それらの色名のなかで、昔に使われていた色名、あるいは昔から使われていて、今も使われている色名を、伝統色名といいます。このような固有色名や伝統色名で、よく利用されている色名をまとめて慣用色名といいます。

慣用色名は、新たに生まれる色名、逆に忘れられた色名など、それぞれの時代の価値観や特定のイメージを表しながら、時代とともに変化しています。

日本工業規格（JIS）では、269色の慣用色名が掲載されています。これらすべての色を思い浮かべることができる人は、一般にはいないでしょうが、互いが知っている色名であれば、慣用色名を用いて、その色イメージを伝えることができます。

表 1・1　色名の例

植物や食物から	みかん色、オレンジ色、レモン色、小麦色、桜色、桃色、ローズ、山吹色、オリーブグリーン、苔色、若草色、藤色、抹茶色、からし色
動物から	ラクダ色、象牙色、カナリア色、サーモンピンク、うぐいす色、ピーコックブルー（孔雀色）、ねずみ色
染料から	茜色（あかねいろ：茜草の根から）、藍色（あいいろ：藍の葉や茎から）、紅色（べにいろ：ベニバナから）、臙脂（えんじ：カイガラ虫から）、うこん色（多年草ウコンの煎汁で染めた黄色）、新橋色（明治時代に、日本でも化学染料が普及するに伴い、ハイカラな色として、新橋花柳界で流行したことから名付けられた明るい緑みの青）
鉱物（顔料）から	べんがら色（インド・ベンガル地方から伝わった酸化鉄の顔料）、コバルトグリーン（酸化亜鉛に硫酸コバルトを加え、熱してできる顔料）、エメラルドグリーン、緑青（ろくしょう：銅にできる錆）、群青色（飛鳥時代から使われていた天然に産する岩絵の具）

製品や塗料の色決めや調色の際は、厳密な色伝達と色管理が必要なので、色表示には、後述のマンセル表色系や測色器によるLAB表色系が用いられています。

2 色名の発展

「しろ」「あか」「あお」「くろ」という状況表現から色名が生まれたといわれています。

「白じらと夜が明ける」という言葉使いがあるように、「しろ」は、夜明けとともに明るくなることを意味する「しら」、あるいは、ハッキリと物が見えるようになる「しる（著）」に由来しています。「くろ」は、太陽が沈んだ後の暗闇の状態。「あか」は、元は「あ」「か」ともにあざやかで明るいことを意味し、「か」は「日」、太陽を意味しています。「あかあかと照らし出される」という表現があります。「あお」は、明と暗の中間のうす暗い状態です。

それらが発展し、「しろ」は純白や生成りの明るい色を表し、「くろ」は黒と少し色みのある暗い色、「あか」は赤系-黄系（暖色系）を、「あお」は緑-青系（寒色系）を表すというように、「しろ」「くろ」は明暗を、「あか」「あお」は色みを表す言葉になったといわれています。

さらに、後に染料、顔料により個別の色がつくりだされるようになるにつれ、さまざまな色名が分化発生し、それぞれ特定の色を指すようになりました。

色名の発達は、染色技術や顔料技術の発展や、見分ける必要性に応じて色名数が増減します。たとえば、現代でも「青々とした緑」「青葉」、緑色の幼虫を見て「青虫」、緑の光を見て「青信号」というように、青と緑は混同した使い方がされています（最近の信号は、青色の光になってきました）。アラスカの先住民族イヌイットは、白一色の氷の環境で生活しているので、我々が一言で白と呼ぶ色についても、多くの色名を用いて識別しています。また、日本にも微妙な色の違いを表現した伝統色名が多くありますが、現代の日常生活では、忘れられてしまった色名も数多くあります。それだけ現代生活は、デリケートさが失われているといえるのかもしれません。

3 系統色名

「赤」「黄」「青」など、色そのものを表す名詞化した色彩専用語である基本色名を用い、基本色名に、習慣的によく使われる"うすい""明るい"など、色を形容する特定の修飾語を付けて表現する色名が系統色名です。数多くの慣用色名を覚えていなくても、さまざまな色イメージを伝えることができる利点があります。JIS系統色名は、基本色名と特定の修飾語を用いて、350色の表現が可能です。

慣用色名、系統色名のどちらで表現しても主観が入るので、人によってイメージする色は若干、異なります。一般的には慣用色名と系統色名を明確に区別しながら使用しているわけではなく、どちらを使うべきということでもありません。

◆JIS系統色名
①基本色名…白、黒、赤、黄、緑、青、紫の7種類と、その中間色を表す灰、黄赤、黄緑、青緑、青紫、赤紫の6種類を加えた、13種類が基本色名（有彩色10種、無彩色3種）。

②JIS系統色名の色相関係…紫みの赤、赤、黄みの赤、黄赤、赤みの黄、黄、
　　　　　　　　緑みの黄、黄緑、黄みの緑、緑、青みの緑、青緑、緑みの青、
　　　　　　　　青、紫みの青、青紫、青みの紫、紫、赤みの紫、赤紫。
③JIS系統色名の明度および彩度の相互関係
- 図1・1の修飾語が、基本色名を形容するために用いる修飾語です。
  図1・1の○は基本色名（色相名）を表します。赤、黄、緑、青、紫など。
- 『JISハンドブック色彩2001年版』からは、ごくわずかに色みのある色について「色みを帯びた無彩色」という表現が使われています。実践的には、明るさの要素だけを持つ白色、灰色、黒色の総称を無彩色といい、無彩色以外の色はすべて有彩色と考えるとわかりやすいです。

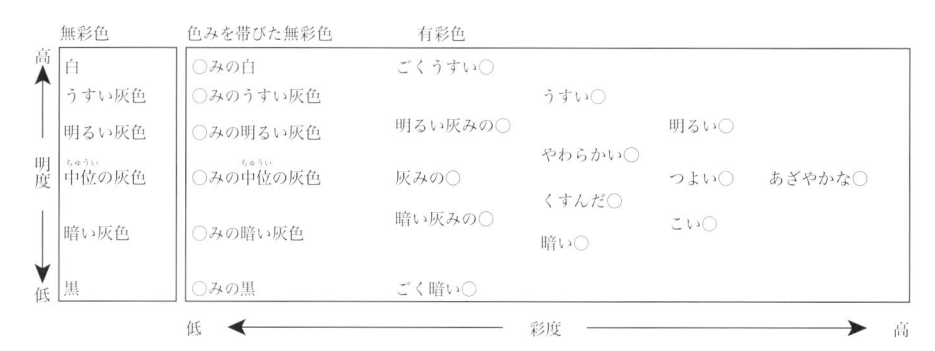

図1・1　JIS系統色名の明度および彩度の相互関係

4 表色系による色表現

　一言でピンクといっても赤みのピンク、黄みのピンク、淡いピンク、濃いピンクなど、いろいろなピンクがあります。自分のイメージしているピンク色を人に伝えるには、どうすればよいのでしょうか？　微妙な色の違いを、慣用色名や系統色名で表現することは困難です。

　そのような微妙な違いを区別し、正確に伝達するために、色を客観的に系統立てて配列し、標準化した表現方法がいくつかあり、それを表色系といいます。それぞれの表色系は、特定の記号や数値を用いて色を表現します。表色系とその色見本帳を含めて、カラーオーダシステムといいます。

　日本では、「マンセル表色系」（マンセル体系、マンセルシステムともいう）と「PCCS」（日本色研配色体系）が普及しています。日本工業規格（JIS）の「色の表示方法-三属性による表示」では、マンセル表色系をベースにして、記号と数値による表色方法が規定されており、工業製品、建築部材、塗装関係などの設計デザインで用いられています。

　マンセル値を用いた色見本帳としては、㈶日本規格協会から『JIS標準色票』、㈳日本塗料工業会から『塗料用標準色見本帳』などが市販されています。『JISハンドブック色彩』では、慣用色名がマンセル値で表現されています。

　PCCSは、配色を考えやすくすることを主目的にした表色系です。PCCSに基づく配色カードなどの教材も多く、小中学校などの色彩教育の場で用いられています。配色やカラーイメージを論ずるファッション業界でも普及しています。本書の配色実習でも、PCCSに基づいた配色カードを利用します。

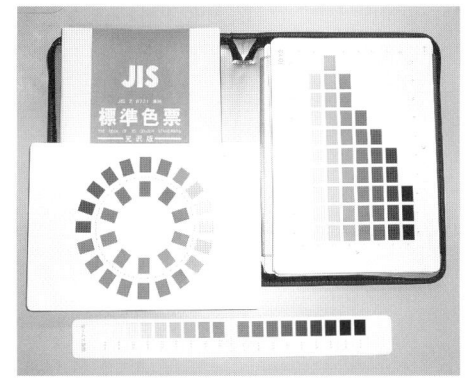

図1・2　JIS標準色票（㈶日本規格協会発行）［カラーp.2］ 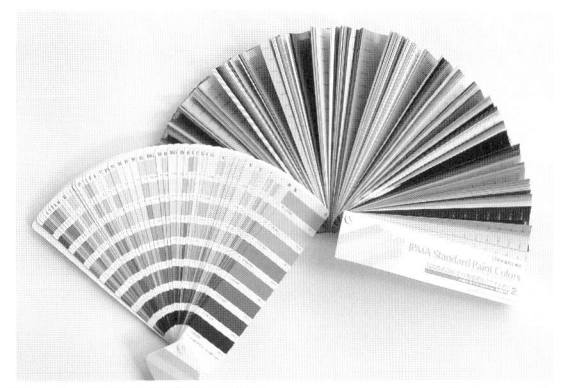　　図1・3　塗料用標準色見本帳（㈳日本塗料工業会発行）［カラーp.2］

マンセル表色系、PCCSの他に、よく知られた表色系として、オストワルト表色系、NCS（スウェーデン工業規格）、DIN（ドイツ工業規格）などがあり、測色の分野では、CIE（国際照明委員会）表色系があります。

❷ 表色系

色は、"色あい""明るさ""あざやかさ"の3つの構成要素に分解できます。マンセル表色系もPCCSも、色をこの3つの構成要素でとらえて、各要素を記号や数値で表現します。利用しやすくするために、系統立てて並べた色見本帳が作成されています。配色作業は、色をこの3要素に分解して、その相互関係で考えれば、決して難しいものではありません。そこでまず、この3要素に分解して色を把握することから始めましょう。

◼ 色の三属性

目に見えるすべての色は、"色あい""明るさ""あざやかさ"の3つの要素で成り立っています。これを色の三属性といいます。

①色　相

私たちが色を認識するときは、赤、黄、緑、青など色あい（色み）の違いに目がいきます。この色あいのことを色相（しきそう）といいます。

色相の違いをビジュアルに表現しておけば、利用しやすくなります。そこで、赤からオレンジ、黄、黄緑、緑、青緑……というように、似た色あいの順に環状に並べて表現した図を色相環といいます。

色相環で180度の関係で対向する色を、補色といいます。

②明　度

明るさの度合いを明度（めいど）といいます。

まず、最も暗い色である黒を下に、最も明るい色である白を上にして上下両端に置きます。次に、黒から白に至る間にある、さまざまな明るさの灰色の中から、明るさの差が知覚的（心理的）に等間隔になるように選んだ灰色を黒と白の間に並べ、明度の基準（定規）として用います。低明度、中明度、高明度といった呼び方をします。低明度色は暗い色、高明度色は明るい色という意味です。

③彩　度

　同じ赤でもあざやかな赤（スカーレット、紅色）もあれば、くすんだ赤（マルーン、小豆色、えび茶）もあります。同じ色あいでも、あざやかさによって、受ける色の印象の強さが違います。このようなあざやかさ（さえ方）の度合いを、彩度（さいど）といいます。言い換えると、ある色に白色を混ぜるとその色は、明るく淡くなります（明清色という）。黒色を混ぜると暗くにぶい色なります（暗清色）。灰色（白＋黒）を混ぜるとくすんで濁ります（濁色・中間色）。各色相の最もあざやかな色への白、黒、または灰色の混合量が彩度です。

　各々の色相で最もあざやかな色を、純色と呼びます。淡い色、濁った色、くすんだ色は、低彩度色といいます。

　色みのない白・灰（いろいろな明るさの灰色）・黒を無彩色（Neutral color）といいます。白、灰、黒以外の色は、すべて有彩色といいます。無彩色は彩度数値0で、あざやかになるほど数値が大きくなります。厳密には、オフホワイト（白ではない白）といった、わずかに色みを感じる色も有彩色ですが、JISでは「色みを帯びた無彩色」と表現されています。

2 マンセル表色系

　アメリカ人の画家で教師でもあったマンセル（Munsell）が、1905年に考案した表色系です。色の三属性を記号と数値に置き換えて表した最初の人です。その後、アメリカ光学会が、マンセル色票の等歩度性を修正（1943年）して、マンセル表色系とCIE表色系が関連づけられ、測色器による測色データをマンセル色値へ変換することが可能になりました。現在、使用されているのは、この「修正マンセル表色系」ですが、通常は単に「マンセル表色系」と呼んでいます（以下、修正マンセル表色系をマンセル表色系と表記します）。

　マンセル表色系は、1959年に日本工業規格「JIS Z 8721　色の表示方法-色の三属性による表示」として採用され、「JIS Z 8102　物体色の色名」では、慣用色名の269色がマンセル値で対応表現されています。マンセル表色系は、表示の方法が簡単で、色を直感的にイメージしやすいということからも、塗料の色表示や工業製品の色彩設計などで普及しています。

①色　相（H：hue）

　マンセル表色系では、R（赤）、Y（黄）、G（緑）、B（青）、P（紫）の基本5色と、その中間色相YR（黄赤）、GY（黄緑）、BG（青緑）、PB（青紫）、RP（赤紫）を置き、計10色相に区分します。そして各色相をさらに10等分して細分化し、計100色相を設定しています。

　色相記号と10の区分数字を組み合わせて表記します。たとえば、「赤」は、1R（紫寄りの赤）から10R（黄寄りの赤）までが「赤」の領域となり、色が細かく区別できます。ただし、実際の色見本で、100色すべてを並べた色相環は作成されていません。『JIS標準色票』は、10色相の各々について、2.5、5、7.5、10の値について色票（色見本）が作成され、合計2,000色以上が掲載されています。色値が正確な基準色として、設計デザインの色指定などで利用されています。

　マンセル色相環で、ある色とその対向位置にある色は、その2色を混色すると

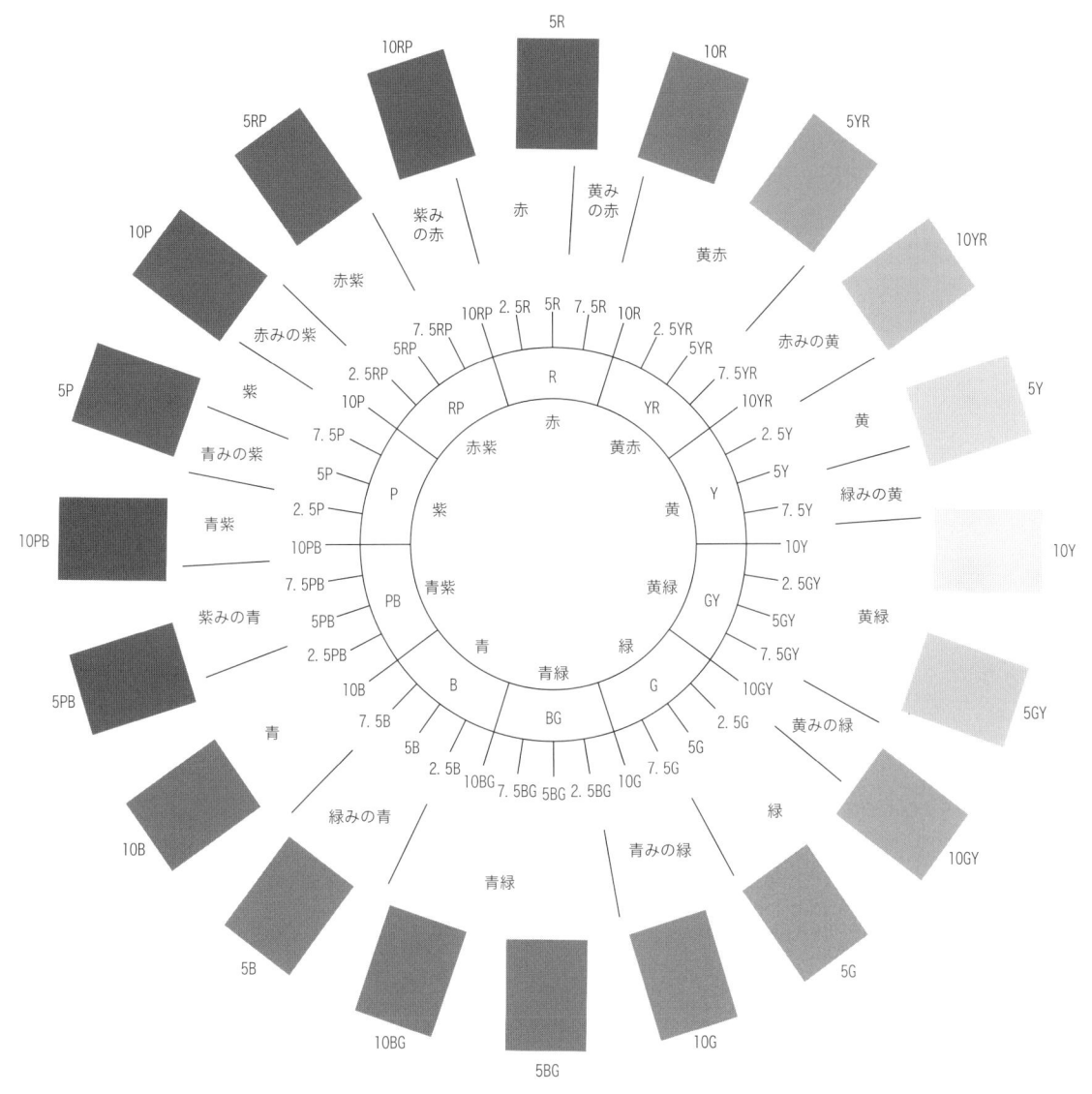

図 1・4　色相環図（マンセル色相環と JIS 系統色名）[カラー p.2]

無彩色になります。この関係にある色を、物理補色といいます。
②明　度（V：value）

　理想的な黒（反射率 0% の表面色）を 0、理想的な白（反射率 100% の表面色）を 10 と設定してあります。その間の明るさを知覚的に等間隔になるように 10 段階に分割し、それぞれの明るさの灰色が配置されています。色票は、各々の明度数値が記された灰色と同じ明るさの有彩色が横一列に並べてあります。したがって、横一列に並んでいる色は、あざやかでも濁っていても、すべて同じ明るさの色です。

　日常生活での黒色は明度 1 程度、白色は 9.5 程度です。生活空間における建材などの色は、明度 5 は感覚的には暗く、出現頻度の多い 6 〜 7.5 程度が中明度に感じられます。

色相 10YR

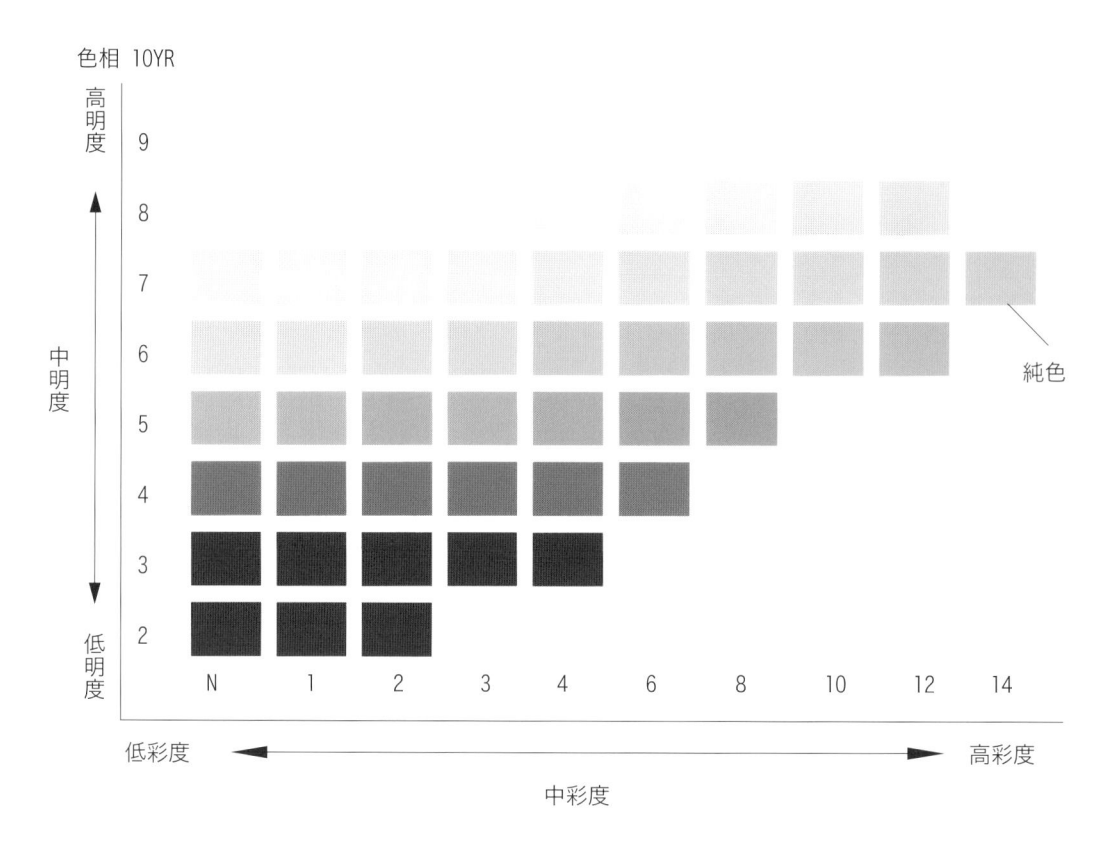

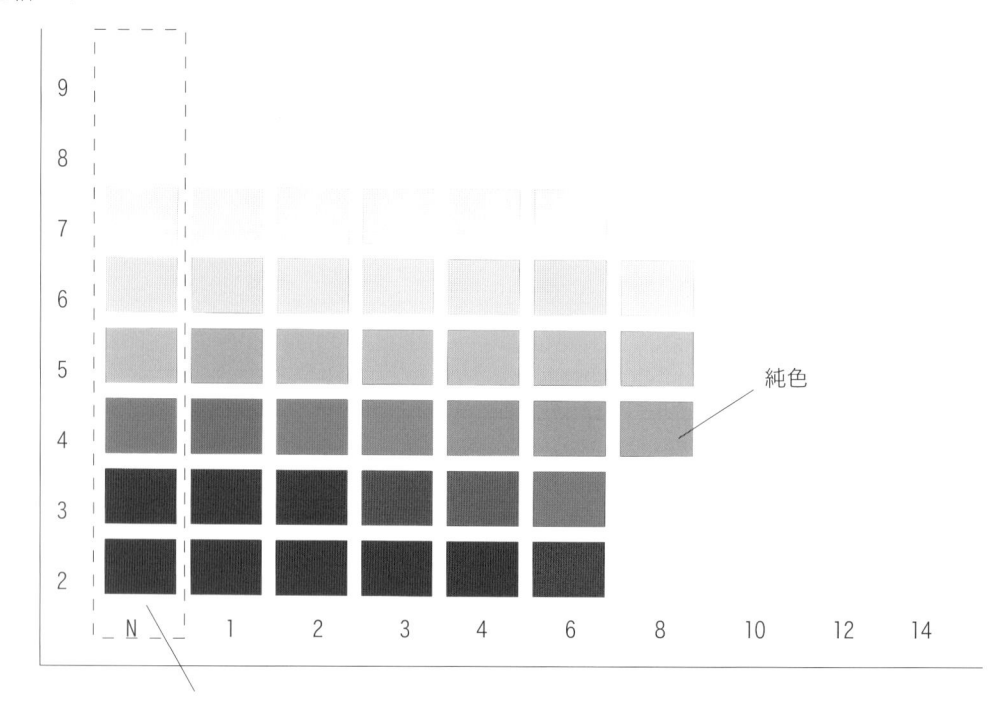

高明度 ↑
中明度
低明度 ↓

9
8
7 ← 純色
6
5
4
3
2

N 1 2 3 4 6 8 10 12 14

低彩度 ←　　中彩度　　→ 高彩度

色相 2.5 B

9
8
7
6
5
4 ← 純色
3
2

N 1 2 3 4 6 8 10 12 14

無彩色（黒〜灰〜白）は彩度 0　無彩色の段階が明度の定規になる

図 1・5　マンセル表色系の明度-彩度図　［カラー p.3］

③彩　度（C：chroma）

　無彩色から色みが増すにしたがって、知覚的に等間隔の差で並べてあります。無彩色を 0 とし、無彩色からの隔たりを数値で 1、2、3……のように増やして示します。

　マンセル表色系では、高彩度領域になるにしたがい、あざやかさ感は同じでも、彩度数値は異なります。たとえば、赤の純色は彩度 15、緑みの青の純色は 8 です。

　これは、純色から無彩色までの間で識別できる彩度差が、色相によって異なることが背景にあります。

④色の表示方法

　色の表示は、色相、明度、彩度の順に表記します。

◆表示例

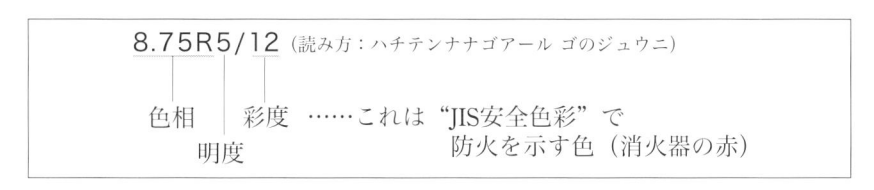

```
        8.75R5/12 (読み方：ハチテンナナゴアール ゴのジュウニ)

        色相│　彩度　……これは"JIS安全色彩"で
           明度             防火を示す色（消火器の赤）
```

　無彩色の白、灰、黒は、N（neutral の頭文字）に明度値を付けて、N5、N7.5（それぞれ明度 5、明度 7.5 の灰色）というように表示します。

⑤色立体

　色立体（いろりったい）は、色相、明度、彩度の相互関係を立体的に示したものです。

　純色に無彩色を混ぜると、彩度は下がるので、各色相の純色を外端に置くと、目に見えるすべての色は、この色立体の中に存在するという概念が成り立ちます。

　図で示した 10YR、2.5B の「明度-彩度の図」は、色立体の縦断面に相当します。ひとつの断面図に現れるさまざまな色は、すべて同一の色相です。10YR であればすべて 10YR で、色みはすべて同じ赤みの黄です。日常生活では、10YR 近傍の色を、高彩度は山吹色、オレンジ、中～低彩度になると小麦色、ベージュ、低彩度低明度になるとセピア色などと、慣用色名で呼び分けています。

　色立体を真上から眺めて、各色相の純色だけを取り出して並べたものが、通常用いる色相環です。

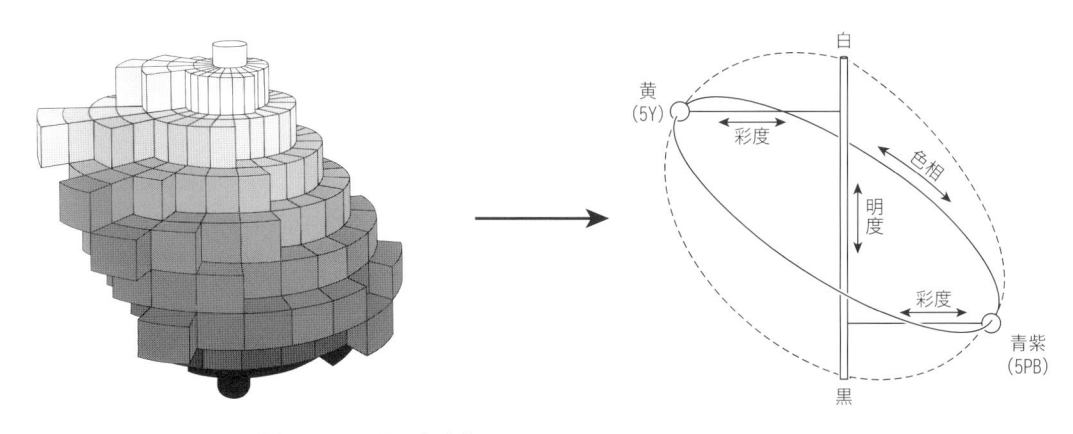

図 1・6　マンセル色立体 (左の図版提供：日本色研事業㈱) ［カラー p.5］

1 章　色を伝える方法

3 PCCS（日本色研配色体系）

PCCS（Practical Color Co-ordinate System）は、1964年に色彩調和を主な目的として、修正マンセル表色系を基にして日本で開発されました。

① 色　相（hue）

色相は、2赤、8黄、12緑、18青（ヘリングの心理四原色）を基本とし、その心理補色を色相環の対向位置に置きます。さらに、色相差が等間隔に感じられるように4色を加え、12色相に分割。さらに、その12色相の中間色相を置いて、24色で表現しています。

心理補色とは、ある色をしばらく見つめた後に、白い紙に目を転じると残像として現れる色のことです（p.63「補色残像」［カラー p.19］の項を参照）。

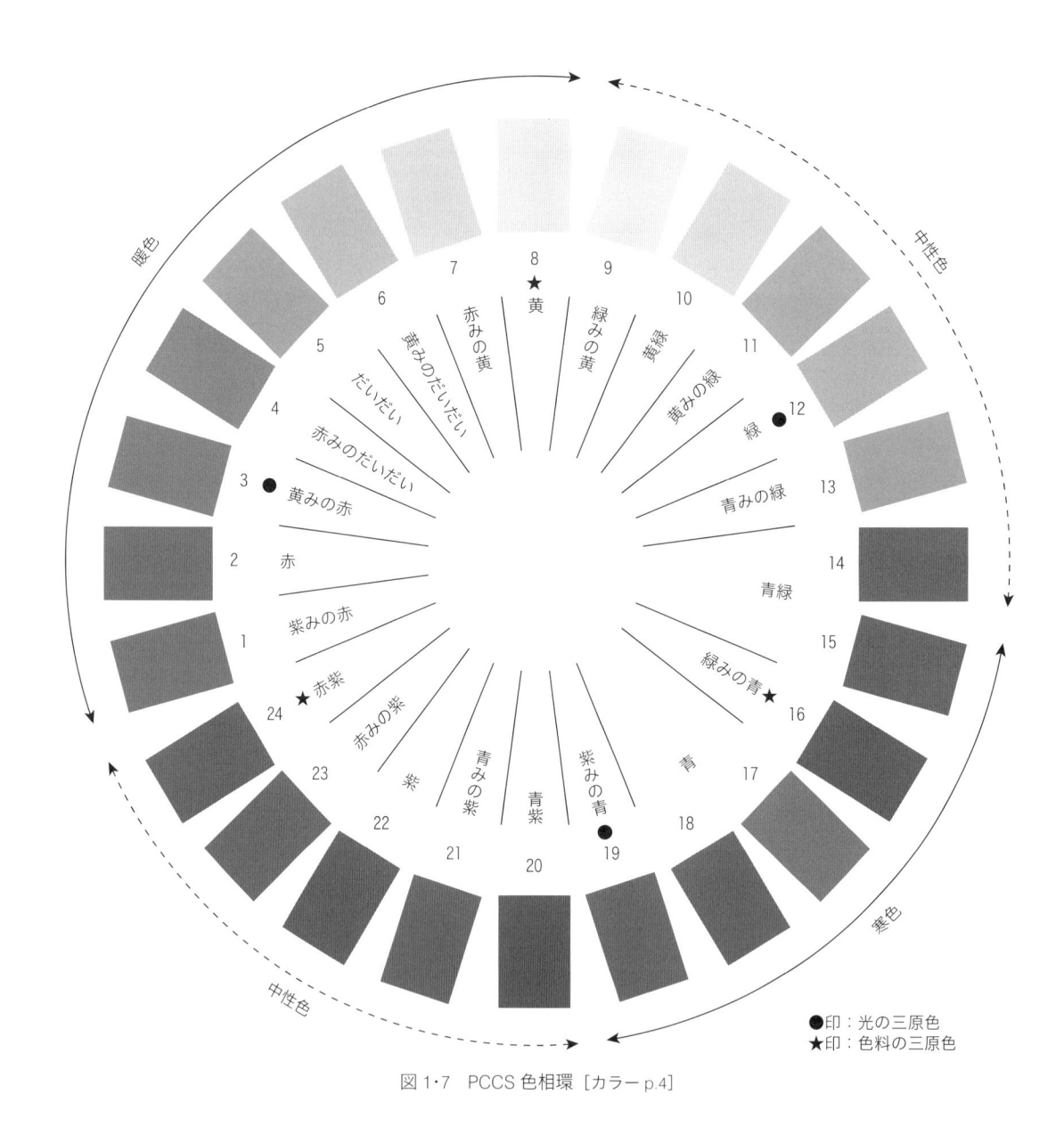

図1・7　PCCS色相環［カラー p.4］

②明　度（lightness）

　明度は、マンセル明度と同様に、理想的な黒を0、理想的な白を10としますが、実際に色票化できる明度1.5の黒と明度9.5の白を両端に置き、1.5-9.5の間を感覚的に等しく感じられるように17分割してあります。これは、マンセル明度の0.5間隔に対応しています。

③彩　度（saturation）

　彩度は、すべての色相について、概念上の理想の純色を10sと仮定しています。顔料で再現可能な最高彩度色（現実的な純色）を9sとし、純色と無彩色までの間が知覚的に等間隔になるように分割してあります。

④トーン（tone）

　PCCSは、配色に用いることを主目的にし、ヒュー&トーンシステムで、色相とトーンの2つの要素で成り立っていることが特徴です。

　"あざやかな青""うすい青"というように、"あざやか""明るい""うすい""こい""にぶい"などのイメージは、すべての色相に共通してあります。このように、色相が違っていても、色から受ける共通した印象のことをトーン（色調）と呼びます。言い換えると、トーンは、明度と彩度が複合した色の調子のことです。

　PCCSでは、さまざまな色を12種のトーンに分類しています。それぞれのトーンのなかでは、どの色相もあざやかさ感（彩度）は共通しています。しかし、明度は、高彩度トーンになるほど、同一トーン内でも各色相の明度の差異が大きくなり、黄系色は明るく、青紫系色は暗くなります。

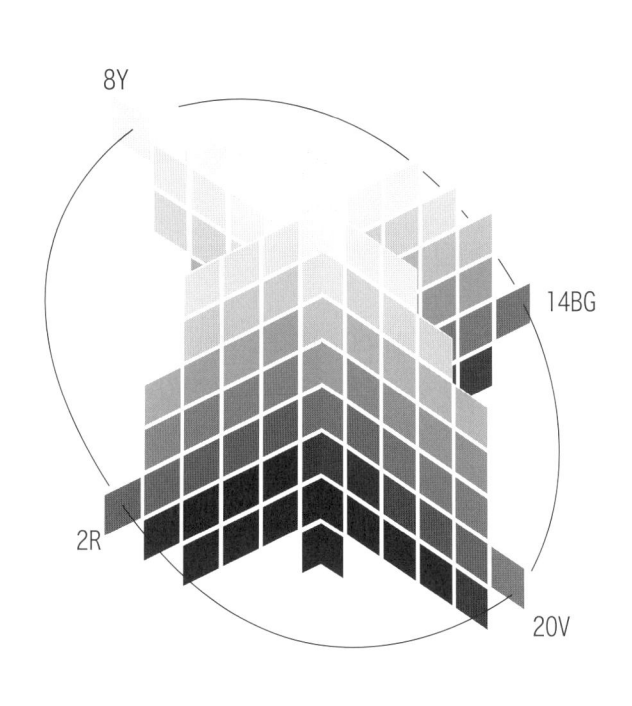

図1・8　PCCS色立体［カラーp.5］

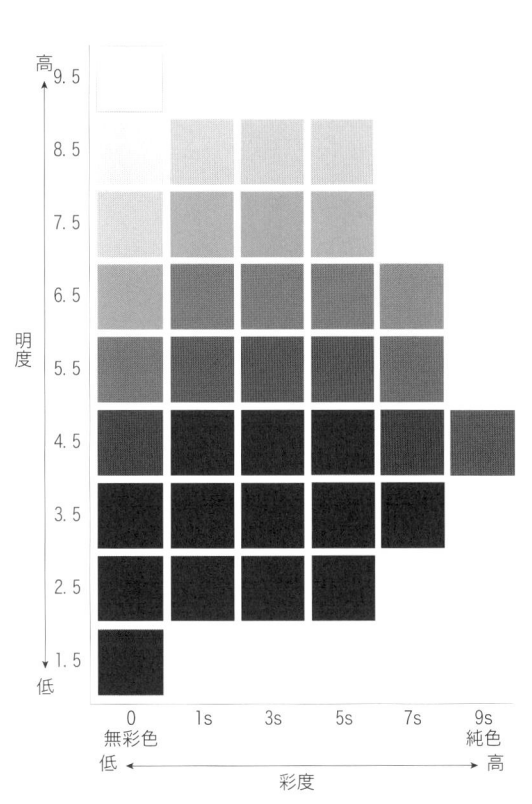

図1・9　PCCS明度-彩度の関係［カラーp.5］

●トーン名称と記号：図を参照
（巻末「トーン一覧表」へ配色カードを貼り込むと、色調の違いがよくわかります）

PCCSのトーン分類

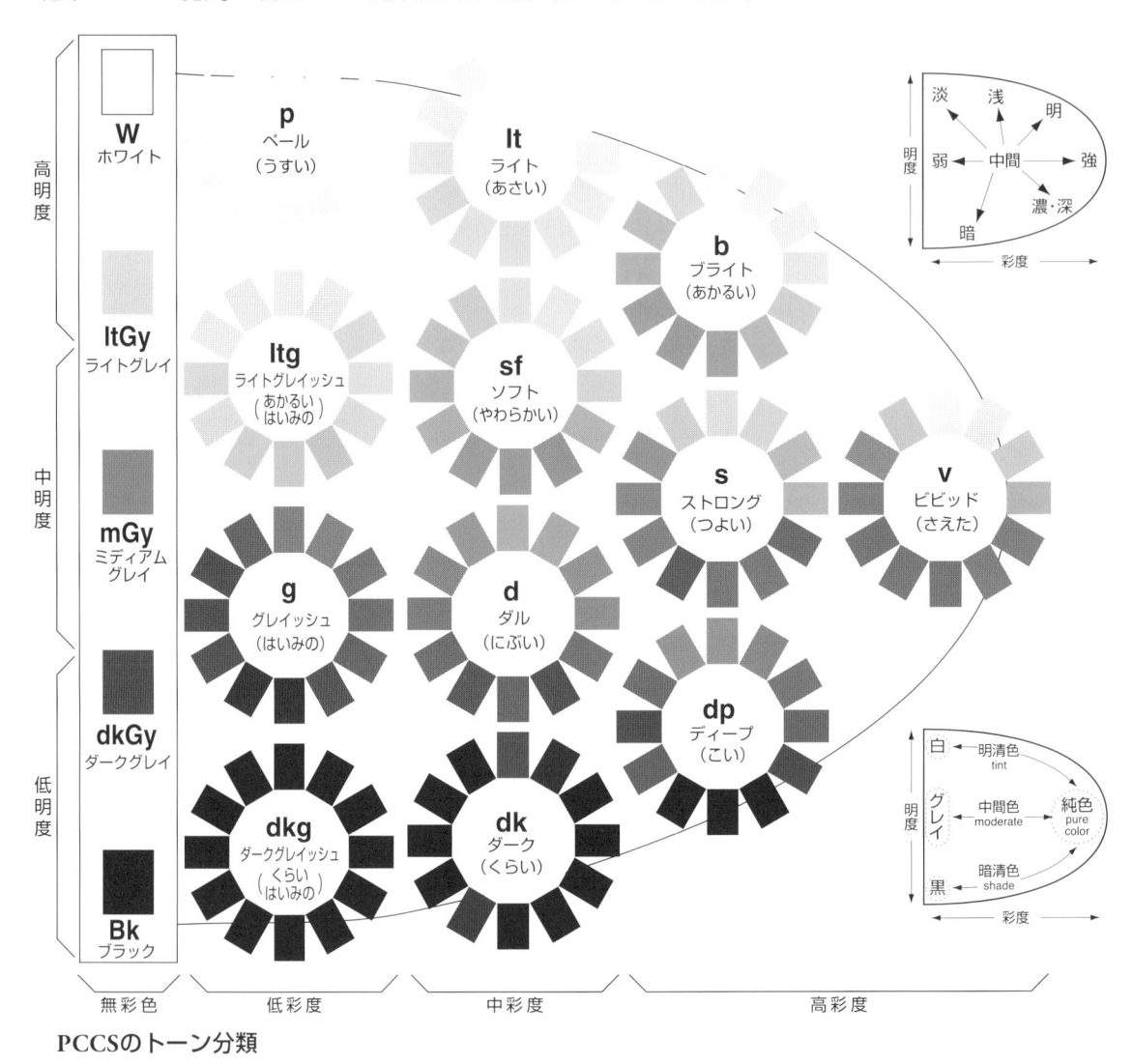

図1・10　12トーン分類図　(図版提供：日本色研事業㈱)　[カラー p.6]

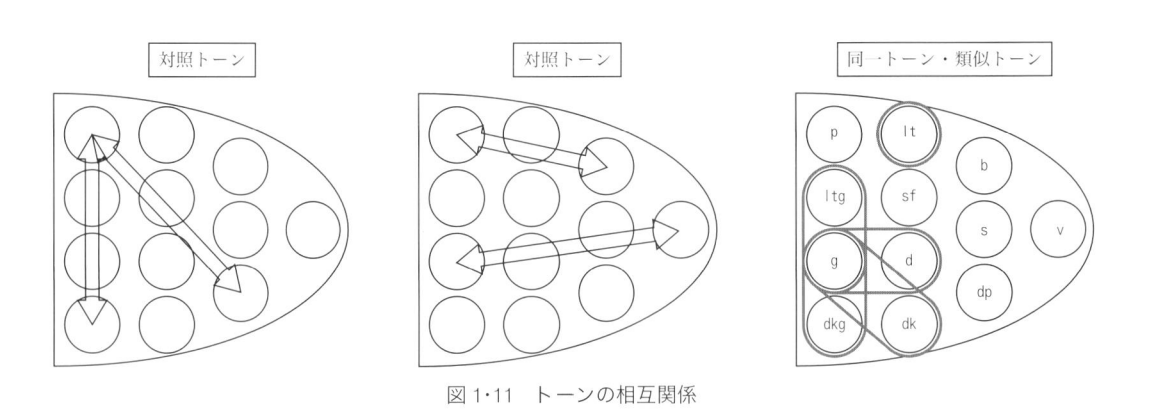

図1・11　トーンの相互関係

○色調 5 分類については、p.118 を参照してください。
○印刷のため、同明度の横列で濃淡がありますが、理論上は、同明度色は、白黒写真にすると同じ明るさのグレーになります。

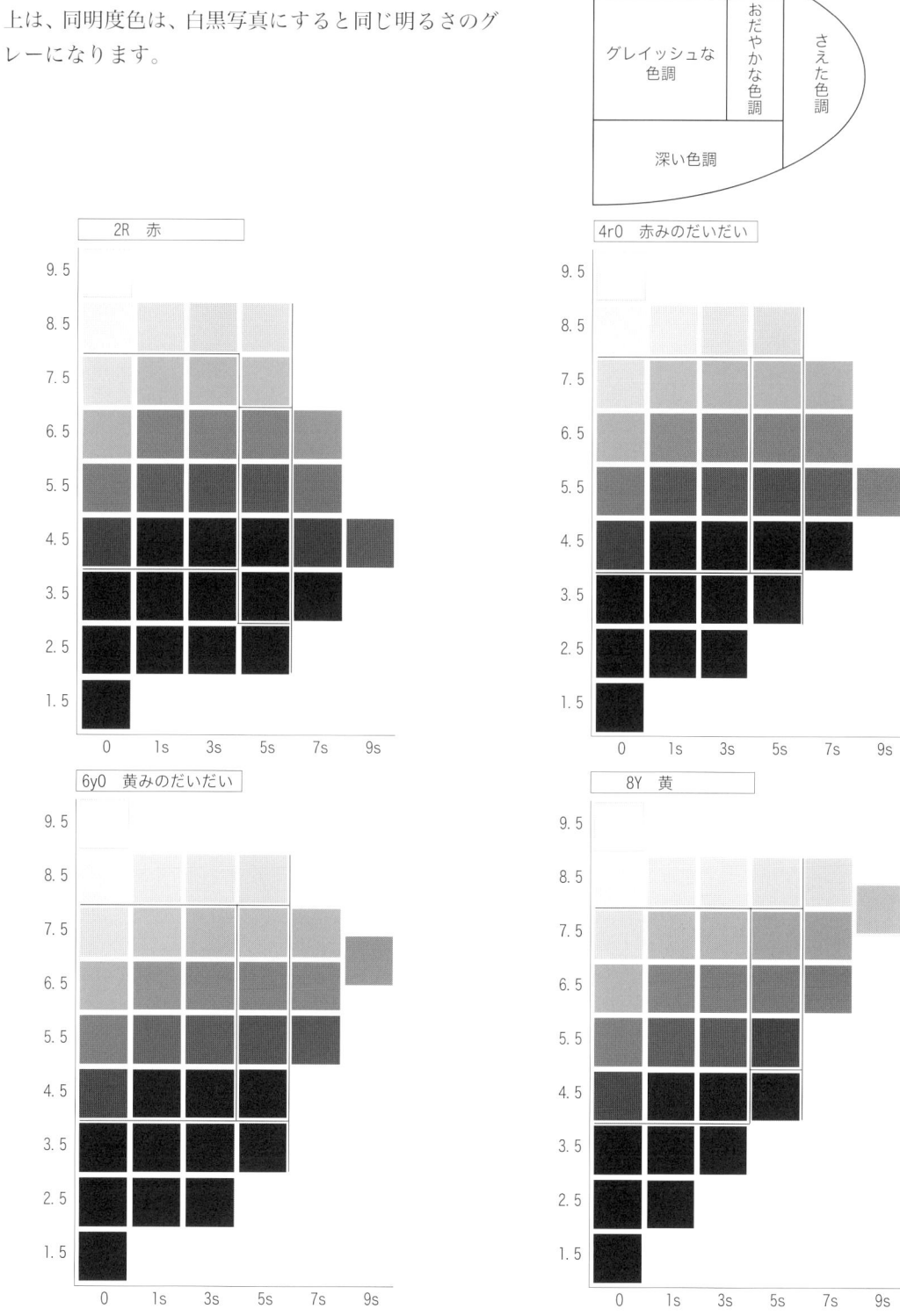

凡 例
淡い色調
グレイッシュな色調 / おだやかな色調 / さえた色調
深い色調

2R 赤

4r0 赤みのだいだい

6y0 黄みのだいだい

8Y 黄

図 1・12　PCCS 色立体 12 各色相断面図（1）［カラー p.7］

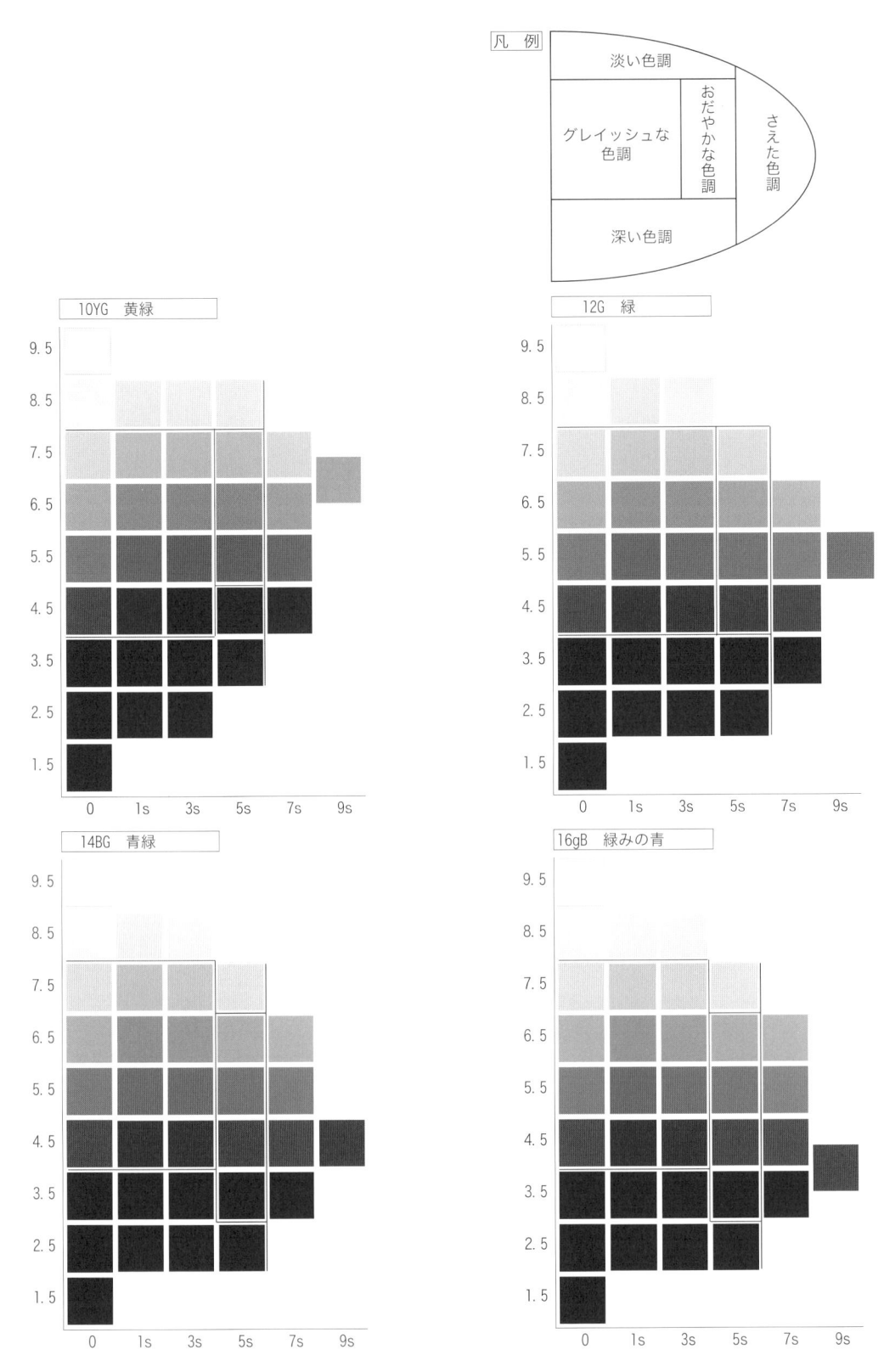

図 1・12　PCCS 色立体 12 各色相断面図（2）［カラー p.8］

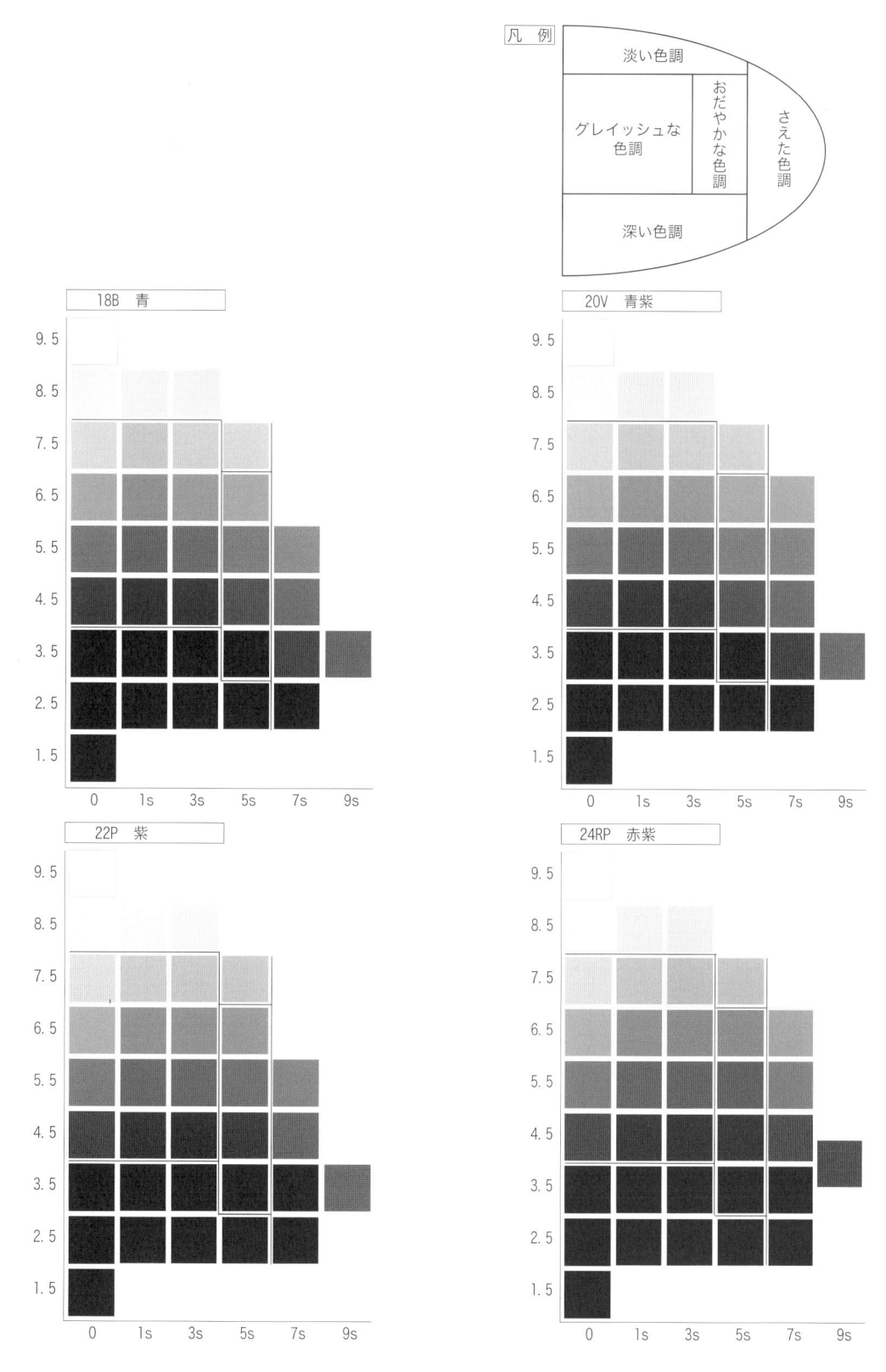

図1・12　PCCS色立体12各色相断面図（3）［カラー p.9］

⑤色の表示方法

　PCCSは色相とトーンで表示します。たとえば、あざやかな赤色はv2（ビビッドトーンの2番の色）、または色相-明度-彩度で表すと2R-4.5-9sとなります。

　PCCSは調和配色を考えやすくすることが主目的なので、厳密な色を指し示す目的には使用されていません。インテリアや建築業界で色相-明度-彩度で表す場合は、マンセル表色系で表示します。

4 オストワルト表色系

　触媒の研究でノーベル賞を受賞したドイツの化学者オストワルト（Ostwald）が1919年に考案。表面色の平均混色による表色系で、色票も作成されています。

①色の捉え方

　入射光を完全に反射する理想的な面を白色、すべての入射光を完全に吸収する理想的な面を黒色とします。一定の波長を境として、各波長の反射率が0または1になるような、実際には存在しない理想的な純色（完全色）を仮定します。そして、白色、黒色、純色の混合比（混合量）で、すべての色が表現できると考えます。

　　白色量（W）＋黒色量（B）＋純色量（C）＝100%

②色票による表現

　色相は、ヘリング（Hering）の色覚の反対色説（心理四原色）である赤と緑、黄と青の対を基礎とした24色相で表現します。色相環の対向する色は、混色すれば無彩色になる物理補色の関係になっています。

　混色系でありながら色票も製作されています。円板回転混色による面積比色を作り、それと同等の色を色票化しました。

　等色相面は、純色を端に置き、明度段階を一辺とした正三角形になります。

　色立体は、各色相の純色を同位置に置くので、そろばんの玉のように均整のとれた立体となります。

　同じ色調の色を選びだしやすく、カラーハーモニーを考えるには便利です。反面、すべての純色が、色立体のなかで同じ高さに位置するため、各々の色の明度と無彩色の明度段階とは対応していません。

【参考】混色系と顕色系

　色を記号や数値化して体系化したものを表色系といい、2種類に分類されます。

- 混色系—色を色光として捉え、色刺激の混色の割合に基づいて作られた表色系。測色、色管理に利用される表色系。CIE（国際照明委員会）LAB表色系。オストワルト表色系。
- 顕色系—物体色を感覚的・心理的な色の見えで区分して、色相、明度、彩度を手がかりに色票

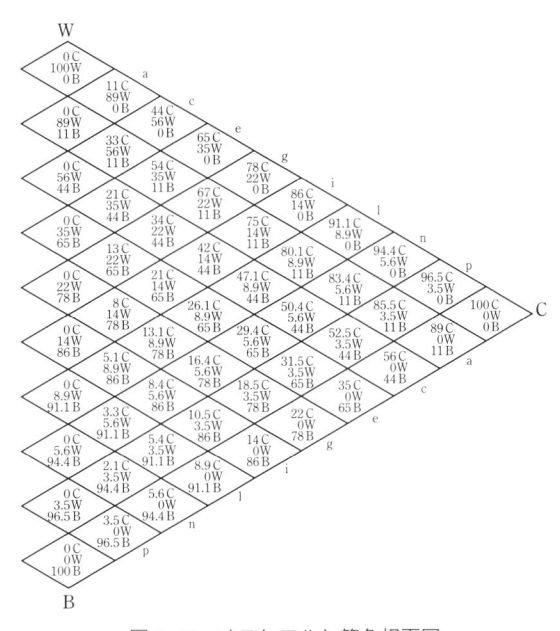

図1・13　オストワルト等色相面図

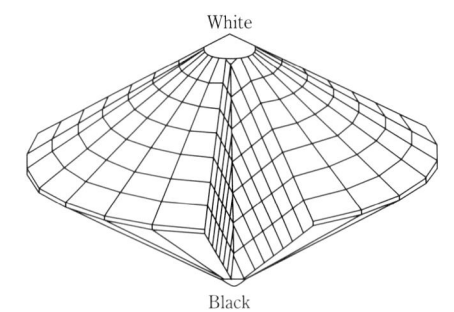

図1・14　オストワルト色立体

が作成され、色表示やデザインに利用される表色系。マンセル表色系、PCCS、NCS など。

5 NCS

ヘリングが創案した Natural Color System を表色系として体系化したもので、スウェーデン工業規格に採用されています。

①色の捉え方

すべての色は、6 主要原色（白 w、黒 s、黄 y、赤 r、緑 g、青 b）の心理的な混合量によって示されます。

無彩色（w + s）と有彩色（c = y + r + g+b）の総量を 100 とします。

　　w + s + c = 100

ただし、赤 r と緑 g、黄 y と青 b は、心理補色で同時に知覚されることはないので、白 w と黒 s を加えて最大で 4 つの原色で表示されます。

②色票による表現

色体系の外観はオストワルト表色系と似ていますが、オストワルトは混色系、NCS は顕色系で、NCS は、感覚的（心理的）な割合で色の差が等間隔になるように色票を配列しています。

色の表示は、黒色量：純色量：色相の順に表記します。

◆表示例

ある色が感覚的に白 w = 30％、黒 s = 20％、純色 c = 50％の割合であれば、S2050（w = 100 − s − c なので w の量は略す）。色相 c の内訳が、純粋な赤 60％と純粋な黄が 40％混ざっていると感覚的に評価すれば、Y60R（y = 100 − 60 なので y の量は略す）、これを「-」でつないで、S2050-Y60R と表示します。

有彩基本色と同じ色相の場合は、

　　たとえば、S2050-R（S = 20、C = 50、色相＝赤）。

無彩色の場合は、

　　たとえば、S3000（S = 30、C = 0）。

純色の場合は、

　　たとえば、C- Y50R。

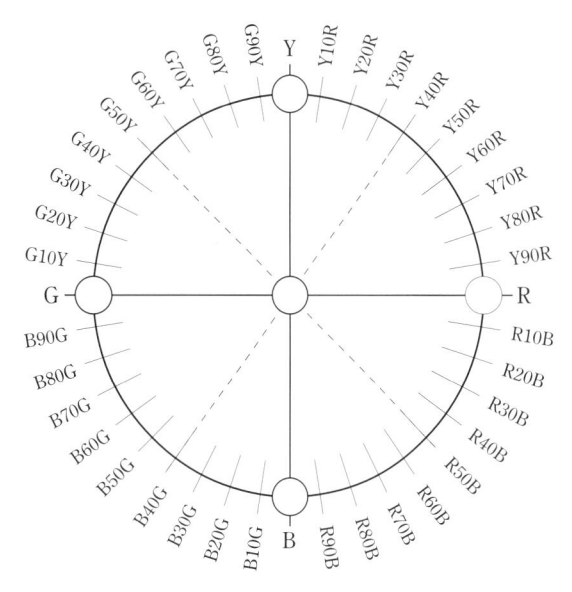

図 1・15　NCS 色相環

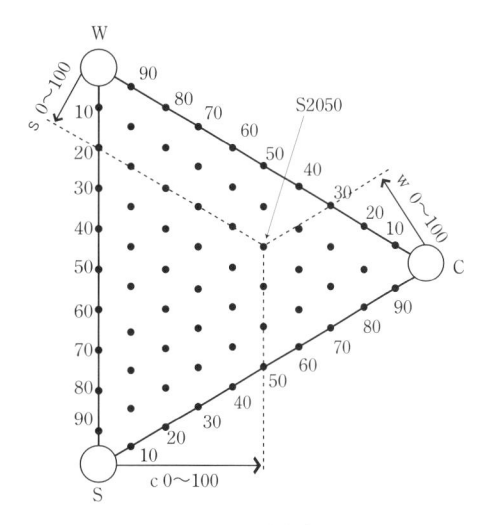

図 1・16　NCS 等色相面図

2章 色彩調和

色彩調和論は、古い時代から多くの学者が発表しています。それらは現代の配色デザインの基礎になっています。それらの共通点を学ぶことで、実践的な配色調和の考え方や手法を把握することができます。

❶ 混色・色彩調和に関する歴史

色彩を学ぶうえで、よくでてくる人名と業績を年代を追って記載しました。主要な人物と内容は、個別に後述します。

1665	ボイル（Robert Boyle、イギリスの科学者） ・「色料の三原色説」赤・黄・青論文発表。
1666	ニュートン（Isaac Newton、イギリスの物理学者） ・プリズムでスペクトル発見と混色実験。 ・プリズムで得た7色の混色ですべての色が成り立っていると説いた。スペクトルの7原色を基本とし、スペクトルの両端をつないだ色相環を考案した。
1802	ヤング（Thomas Young、イギリスの医学・物理学者） ・「色覚の三原色説」発表。 ・すべての色は赤・緑・青の混色で成り立っている。網膜には赤・緑・青の3種類に感じる機能があり、3種類の刺激の程度により様々な色を感じているという仮設を発表。 ・光の干渉現象を波動説で説明した。
1791-1810	ゲーテ（Johann Wolfgang von Goethe、ドイツ） ・「色彩論」発表。
1831	ブリュースター（Sir David Brewster、スコットランドの物理学者） ・著書「光学」発行。 ・色光の三原色として、赤・黄・青（実際は間違い）を主張した。偏光の研究で有名（偏光：一定の方向にだけ偏って振動する光波。偏光顕微鏡などに応用される）。
1838	フェヒナー（Gustav Theodor Fechner、ドイツの物理学者） ・円板を用いて「主観色」を発見（1894年ベンハムが主観色円板を作成）。 ・実験心理学の基礎を作り、「精神物理学」を確立した。
1839	シュブルール（Michel Eugene Chevreul、フランスの化学者） ・「色の調和と対比の法則」を発表。
1865	マクスウェル（James Clark Maxwell、イギリスの物理学者） ・「色光の三原色（R赤・G緑・B青紫）」を特定した。 ・今日のカラーテレビやカラー写真の原理が確立した。マクスウェル以前は、光の三原色も色料の三原色も混同されていた。
1868	ヘルムホルツ（Ferdinand von Helmholtz、ドイツの生理学・物理学者） ・「ヤング-ヘルムホルツの三色覚説」。 ・ヤングの三色覚説を発展させ、赤によく反応する機能は、他の色には反応を低下させる。緑、青ともこのような特性を持ち、その複合で色覚は成り立つという三色覚説を完成させた。
1869	オーロン（Louis Duclos du Hauron、フランスの科学者） ・三原色カラー印刷の原理確立。 ・カラー印刷の三原色としてイエロー・シアン・マゼンタを選定し、加法混色と減法混色を組み合わせ、三原色カラー印刷の原理を確立した。

1878	ヘリング（Karl Ewald Konstantin Hering、ドイツの生理学者） ・「反対色説」発表。 ・赤・黄・緑・青の心理四原色は互いに対立した独立色。赤を見ている時は緑を感じない、黄色を見ている時は青を感じない。このような特性をもった物質が合成と分解を行なっている。 ・赤（分解）-緑（合成）、黄（分解）-青（合成）、それに加えて明るさ（白-黒）を感じる受容器があり、すべての色を感じている（灰は白も黒も感じるという矛盾がある）。 ・現在は、ヤング-ヘルムホルツ説とヘリング説両方を組み合わせた機構が備わっていると考えられている。
1879	ルード（Ogden Nicholas Rood、アメリカの化学物理学者） ・「近代色彩論」発表。 ・それ以前の色彩論をまとめた。色光の混色による表現方法示唆は、スーラーをはじめとする印象派画家に影響を与えた。
1905	マンセル（Albert Henry Munsell、アメリカの画家、美術教師） ・「色彩表記法」発表。
1923	オストワルト（Friedrich Wilhelm Ostwald、ドイツの化学者） ・「色彩学」発表。
1944	ムーン・スペンサー（P.Moon & D.E.Spencer、アメリカの色彩学者夫婦） ・色彩調和論発表。
1955	ジャッド（D.B.Judd、アメリカの色彩学者） ・色彩体系に根ざした調和の原理を4つに類型化。
1961	ヨハネス・イッテン（Johannes Itten、スイス生まれの画家、ドイツバウハウスで教育活動） ・「色彩の芸術」を集大成。
1964	財団法人日本色彩研究所 ・「日本色研配色体系PCCS」発表。

❷ ゲーテの色彩調和論

　プリズムを覗いた際、ニュートンが言うような虹色に見えず、ニュートンは間違っていると思い込んだことが、色彩研究のきっかけとなりました。

　色彩現象をあるがままに見るべきだと考え、視覚現象の観察に重点を置き、1810年「色彩論」を発表。研究例は、補色残像（"目が要求する色"と言っている）、明暗対比、遠近の大きさの錯視（たとえば、地平線の月と真上の月の大きさの違い）、影の彩り（影が青みをおびている）など、多くの観察考察を行なっています。

　色彩調和については、残像による心理補色関係"目が要求する色"が調和の典型で、最もよく調和する色の関係だと述べています。

　ゲーテは、黄と青が色彩の根元とするギリシャ的色彩観で色相環を構成し、"高進"という作用により、それぞれ橙、菫を経て深紅に至ると考えました。

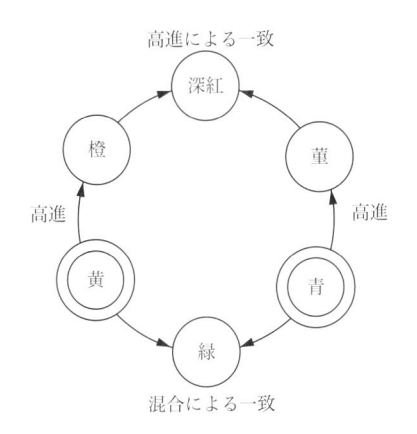

図2・1　ゲーテの色相環

❸ シュブルールの色彩調和論

　有機化学者でゴブラン織り研究所所長でもあったシュブルールは、織の配色の観察実験から、1839年「色の調和と対比の法則」を発表。対比による色の見え方の変化や、トーンの概念に基づく色彩調和を展開し、色相だけでなく、明るさや純度（彩度）と関連させながら、初めて色立体を用いて調和を考察した人です。その後の調和論の礎となり、現代の配色理論にも通用する部分が多くあります。

①色彩調和の6類型

　赤・青・黄の三原色を一次色、橙・緑・菫（紫）を二次色。そして赤橙・黄橙・黄緑・緑青・青紫・赤紫の計12色相で、調和に"類似"と"対比"の概念を普及させた。

- 類似の調和　(1)同一色相のトーン差配色
　　　　　　　(2)同一もしくは類似トーン配色
　　　　　　　(3)ドミナント配色
- 対比の調和　(1)同一色相の対比トーン配色
　　　　　　　(2)類似色相の対比トーン配色
　　　　　　　(3)補色配色および補色色相の対比トーン配色
- 純色＋白＝ティント、純色＋黒＝シェードをトーンと名づけた。

②その他、調和を得るためのポイント

(1)対比調和を得るためには、2つの補色を組み合わせるとよい。
(2)一次色同士の配色は、一次色と二次色の配色よりもよい調和となる。
(3)一次色と二次色の配色は、一次色の方が二次色よりも純度が高ければよく調和する。
(4)二色の配色が不調和な場合は、間に白を挿入すると調和の度合が増す。
(5)黒は、純度の高い2色の間に挿入すると調和する。
(6)黒は、青や紫の暗濁色と配色しても調和しやすい。

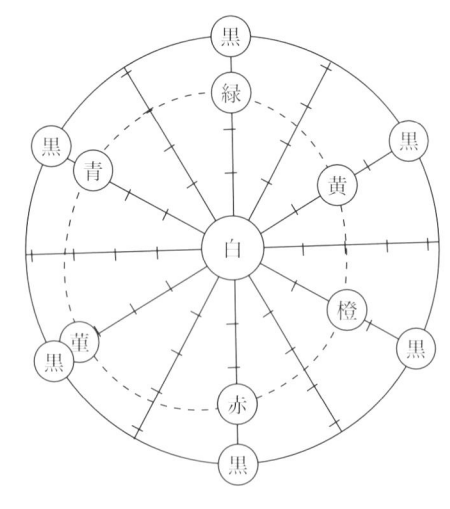

図2·2　シュブルールの色相環

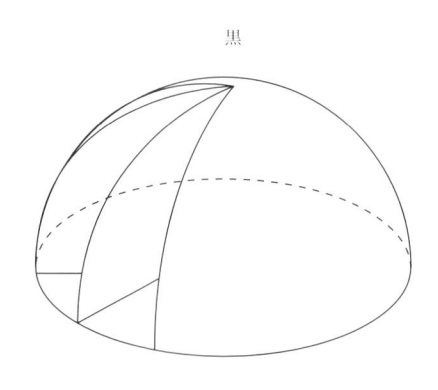

図2·3　シュブルールの色立体
　半球形の色立体で、内部は、平面上の色相環（ティント、純色、シェード）の各色に1/10ずつ黒を加えて純度を減じた階調が並んでいます。外観は真っ黒の色立体になります。

(7) 黒と純度の高い色と暗濁色との配色は、純度の高い2色との配色より劣る。
(8) 灰色は、純度の高い2色との配色、純度の低い2色との配色でも調和する。
(9) 灰色を2色の暗濁色の間に挿入する配色は、黒を挿入する場合より劣る。
　この場合は、灰色を大きく挿入して、2色の距離を遠ざけるとよい。
(10) 灰色と純度の高い色と暗濁色の配色は、白や黒を用いるよりよい配色となる。
(11) 2色配色で不調和の場合は、その間に白、黒または灰色を挿入すれば配色をよくすることができる。この場合は、色調の明暗や純度の高低を考慮する必要がある。

❹ オストワルトの色彩調和論

「色の調和は秩序（法則性）である」ということを示しました。「2つ以上の配色間に、系列的な秩序が存在するとき、快い感情が生まれる、このような配色関係を調和色と呼ぶ」と述べています。1916年『色彩入門』から毎年多くの論文を発表しており、1923年『色彩学』は、後にイギリスで『色彩科学』として翻訳出版されました。1942年には、アメリカで色見本帳『カラーハーモニーマニュアル』が作られました。

「混色の法則性で成り立っている色空間で、等差間隔で色を選ぶと調和する」という基本的な考え方から、以下の配色調和を導きだしました。

① **無彩色の調和**
- 等差間隔の明度段階で選んだ無彩色は調和する。

② **色相における調和**
- 類似色調和（24色相の中で、2、3、4間隔対の配色）
- 異色調和（6、8間隔対の配色）
- 反対色調和（12間隔対の補色配色）

③ **等色相三角形における調和**
- 同じアルファベット記号をもつ色同士は調和する。
- 等白量系列調和：図の左下から右上がりの同一線上の色同士は調和する（どれも白色の量が同じ）。
- 等黒量系列調和：図の左上から右下がりの同一線上の色同士は調和する（どれも黒色の量が同じ）。
- 等純度系列調和：別名シャドウ系列ともいわれ、自然にみられる明暗の階調に似た美しさになる。図の同一縦線上の色同士は調和する（純色／白の比が同じ）。
- 有彩色と無彩色は調和する。
- 純色と白および黒は調和する。

④ **等値色環における調和**
- 白色量と黒色量の等しい等値色環上の色は調和する。
- 純度が減るほど調和の度合いは弱くなる。

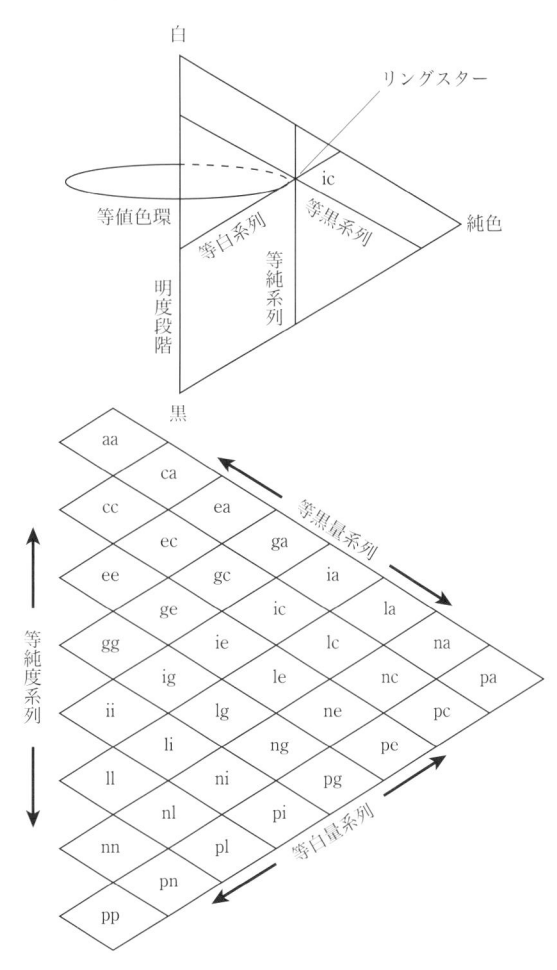

図2・4　オストワルト等色相断面
同じアルファベットをもつ色同士が調和する（p.20参照）。

- リングスターの位置にある色は、他の等価色相 23 色と等白色・等黒色・等純度系列上のどの色とも調和する。

オストワルト調和論の欠点として、明度の調和が求められない、面積比の問題に触れていない、またより高彩度の色が出現した場合に断面（28 色）のどこかに当てはめることができない、などがあげられます。

❺ ムーン・スペンサーの色彩調和論

ムーンとスペンサーが、マンセル表色系をベースに 1944 年に発表しました。

①色彩調和の区分選定

- 色相・明度・彩度それぞれについて、「同一調和」「類似調和」「対比調和」の3つの〈調和領域〉に分類しました。"あいまい"という概念を導入し、調和領域に属さない、あいまいな関係が生じる部分を〈不調和領域〉としました。
- 「同一調和」はおとなしい調和です。「対比調和」は明瞭で明快な配色で、補色同士の色相、明度差や彩度差の大きい配色です。「類似調和」は同一と対比の中間的な存在で、対比の調和よりも強さを抑えた配色調和です。
- 「あいまい」の領域は、同一、類似、対比にあてはまらない不明瞭な関係の配色。また、色の差が極端に大きく眩しさを感じる（眩輝）配色も不調和領域になります。

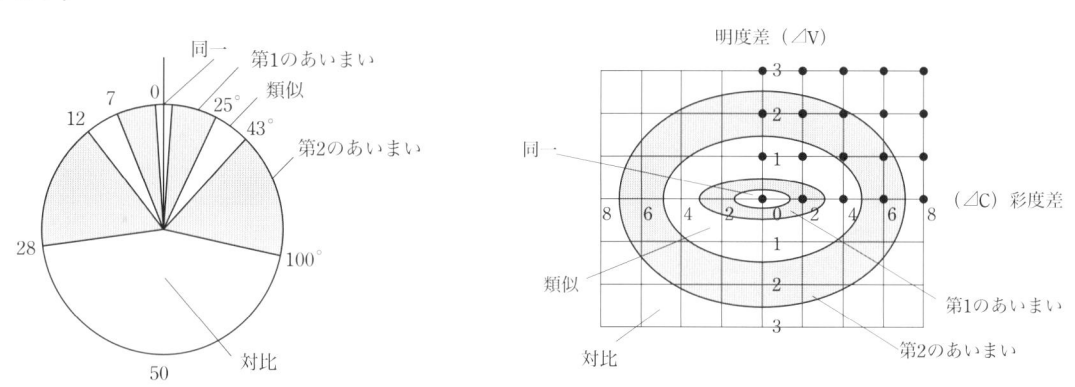

図2・5　色相の調和と不調和の範囲・明度彩度の調和と不調和の範囲
調和は各々の面積が等しいことが前提。

②色彩調和の面積効果

- 数値処理で、色相・明度・彩度の感覚上の差を、色空間上でも等しい差で表わした円筒形の空間（ω：オメガ空間）を設定し、これを基に調和論を構築しました。
- 配色間の快いバランスは、それぞれの色の面積と順応点（N5）からの距離の積が、ω空間上で等しい場合、または簡単な倍数になったときに得られる。また、順応点から離れた色ほど小面積でバランスする力が大きい。これは、「大面積は控えめな色で、目立つ色は小面積にする」という現代の配色調和の基本手法に通じます。
- 面積比にしたがって作られた配色を回転混色したときに生じる全体色調（バラ

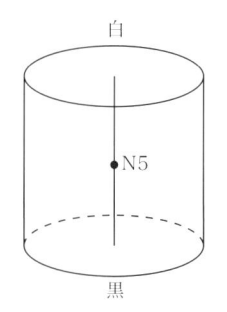

図2・6　ω空間

ンスポイント）が、無彩色（灰色）になれば、バランスがとれた結果で調和する。また、回転混色で生じた全体色調から配色の心理効果が読み取れる、としました。

③色彩調和に適用した美度
- アメリカのバークホフが提唱した美しさの度合い（美度）をもとめる公式を、配色調和に導入しました。秩序と複雑さを構成する要素の数を公式にあてはめ、0.5以上が美しいとしました。

現在、実践的にこれを利用して配色する人はみかけませんが、色彩調和を科学的、定量的にアプローチした最初のものとして高い評価を受けています。

❻ ジャッドの色彩調和論

伝統的な調和論を要約類型化し、4つの基本原理（1955年）をまとめました。これらをまとめれば、統一と変化の要素が、適度なバランス状態にある配色が好ましいということになります。

①秩序の原理
　　等間隔性で成り立つ色空間から、規則的に選ばれた色、または簡単な幾何学関係によって選ばれた配色は調和する。

②親近性の原理（熟知の原理、なじみの原理）
　　光と陰がつくりだす見慣れた自然な明暗の諧調（シャドウ系列）、たとえばトーンにおける明暗のグラデーション、天空色の時間的変化など、体験的によく知られている配色は調和する。

③共通性の原理（類似の原理）
　　共通の要素を持つ配色は調和する。

④明白性の原理（明快の原理）
　　あいまいさのない配色は調和する。

調和の重要性についてジャッドは、「色彩調和は、色彩計測など他の色彩管理より、はるかに商品の売れ行きに影響する」と述べています。

❼ ヨハネス・イッテンの色彩調和論

ドイツバウハウスで美術教育に携わった後、『色彩の芸術』（1961年）を集大成しました。和音と同じように色彩も調和すると考え、12色相を正確に見分ける能力が基本と考えました。

イッテンの色相環は、赤・黄・青の三原色から、その混色による2次色、さらに混色した3次色の計12色相で、絵の具の混色によって現実的に作られています。色立体は球体です。

イメージ表現や配色に応用しやすいように、教育のために単純化してあります。明度、彩度および灰色には、主眼が置かれていません。イッテンは、「色彩調和とは、相対する色を正しく選んで、最も強い効果を発揮することにある」と述べています。

① 2色配色（ダイアッド：dyads）
　12色相環の補色の2色の組み合わせは調和する。ポイントは明暗の差をつけること。
② 3色調和（トライアッド：triads）
　色相環に内接する正三角形、色相環上の120度色相配色（三等分）。その応用で、二等辺三角形で選ばれた3色配色も調和的な性質を示す。
③ 4色配色（テトラッド：tetrads）
　色相環上の90度色相配色（四等分）。長方形で選ばれた配色も調和する。
④ 6色調和（ヘクサッド：hexads）
　テトラッド配色に白と黒を加えた配色。
　イッテンは5色配色については述べていない。

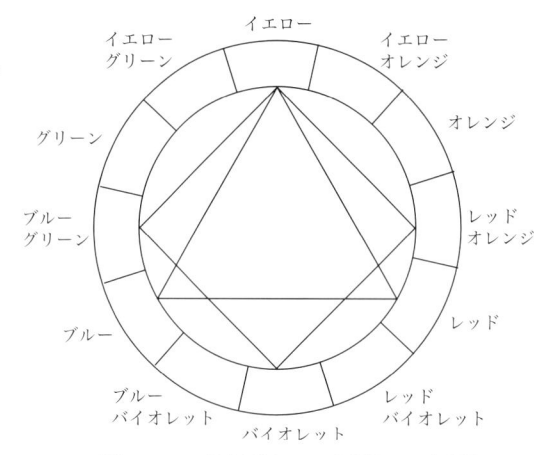

図2・7　12色相環上の3色調和、4色調和

❽ PCCSの色彩調和論

　調和に関わる要素として"あざやかさ感"を共通とするトーンの概念を設定しました。

　特徴は、色相とトーンの2つの要素から成り立っていることで、色相の同一、類似、対照と共に、トーンの同一、類似、対照で配色を考えることができます。

① 色彩調和の形式（p.16 図1・11 及び p.33 図2・13 を参照）
⑴同系の調和
　色相が同系の配色は調和する。
　トーンが同系の配色は調和する。
⑵類似の調和
　色相が類似の関係の配色は調和する。
　トーンが類似の関係の配色は調和する。
⑶対照の調和
　色相が対照の関係の配色は調和する。
　トーンが対照の関係の配色は調和する。

② トーンを基本にした配色
⑴同一トーンによる色彩調和
　同じトーン内の類似色相を配色すると、明度が近似した調和が得られます。
　同じトーン内の対照色相の配色では、色相の変化は大きいが、同じ彩度なのでまとまります。
⑵類似トーンによる調和
　トーン分類図で縦横に隣り合うトーン同士の色を配色する。
　縦の類似トーンの配色は、彩度が共通でやや明度差がある配色になる。

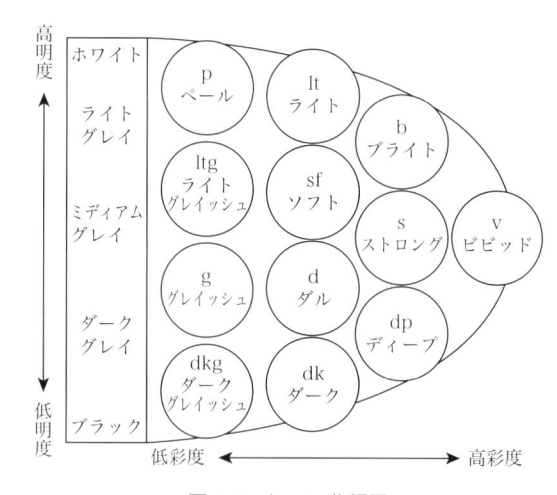

図2・8　トーン分類図

横の類似トーンの配色は、やや彩度差がある配色になる。
　トーン分類図で、斜めに隣り合うトーンも彩度・明度に関連性があり調和しやすい。
(3) 対照トーンによる調和
　トーン分類図で、縦横斜めに遠く離れたトーン同士の色を配色する。
　明度差を強調した配色、彩度差を強調した配色、明度も彩度も対照的な配色になります。
　どれも対比効果が強調された配色です。

❾ 実践配色調和の考え方

　いろいろな配色調和論を記載しましたが、実際の仕事の場での選色や配色作業は、基本的な色相、明度、彩度、色立体、トーンの概念を理解していれば、決して難しいものではありません。PCCSの配色調和論を基に、他の調和論の実用的部分も取り入れながら、建築内外装における実践配色の考え方のポイントをまとめます。

■1 美しさの条件

　まず、私たちが美しいと感じるものにはどのような共通要素があるでしょうか。
　西洋ではギリシャ以来、美は「多様性の統一」(Unity of Variety) という考え方があります。言い換えれば、美しく感じるためには、「統一と変化の適度なバランス」が必要であるといえます。これは、色はもとより、形状、大きさ、質感など、すべての造形要素に共通する必須条件です。
　たとえば、形状で考えてみると次のようになります。
　図1… 整然とした強い統一感は感じられますが、デザイン的な魅力は乏しくなります。
　図2… 変化だけだと雑然としたイメージが強まり、美しくありません。
　図3… 部分的にみると大きい小さいといった変化があり、全体的にみると統一感もあり、デザイン的な魅力が感じられます。
　このように、美しく見せるには、統一だけでもだめ、変化だけでもだめで、統一と変化の両方の要素が同時に必要なのです。統一と変化が適度なバランス状態にあり、その結果、秩序が保たれているものを見て、私たちは美しいと感じているのです。
　では、この条件を色彩にあてはめてみましょう。

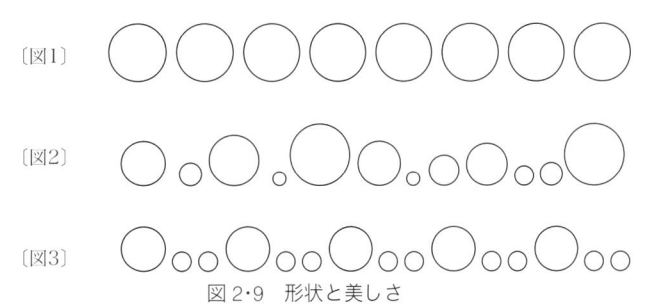

〔図1〕
〔図2〕
〔図3〕

図2・9　形状と美しさ

類似色相で類似トーンの配色
　高彩度のクッション小物がアクセント。

類似色相で類似トーンの配色
　高彩度のクッション小物がアクセント。

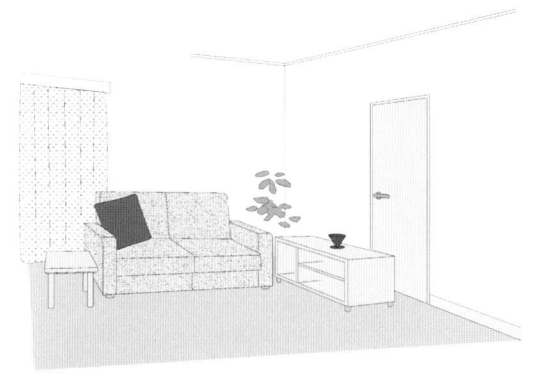

類似色相で類似トーンの配色
　暖色で明度差の少ない配色は、ソフトなイメージになる。クッション小物がアクセント。

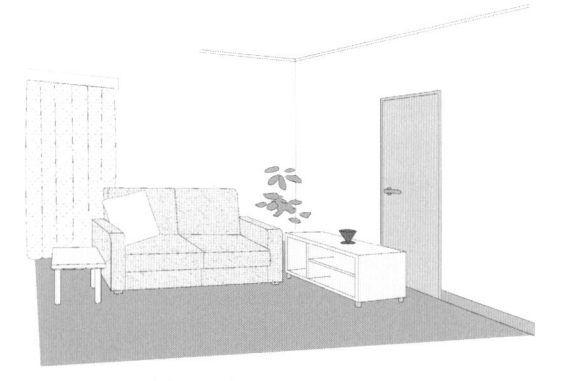

大きく異なる色相の配色
　ソファーがアクセント。高彩度色は若々しくカジュアルなイメージが強まる。

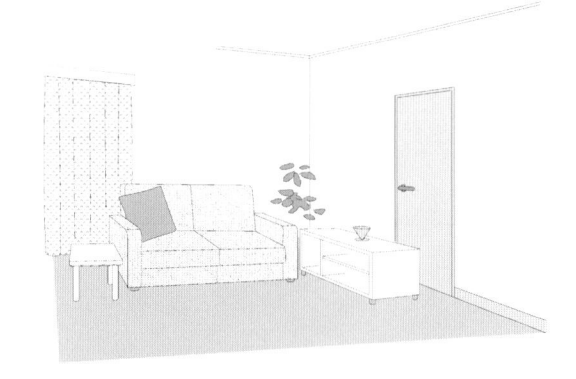

大きく異なる色相の配色
　多色相の場合は、白色か、ほとんど白に近い色(オフホワイト)で全体を整える。

類似トーンの配色
　グレイッシュな色調は、落ち着き感が強まる。

図 2・10　インテリアの配色例 [カラー p.10]
（配色解説のために、扉は家具の後ろに描いています。本書掲載の色替図版はすべて、色彩教育及び建築景観用カラーシミュレーションソフト「Color Planner」(㈱エスティイー) を使用して作成しています）

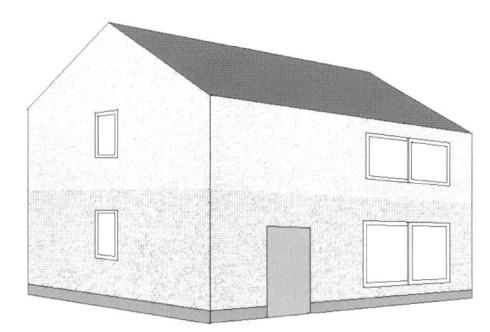

同一色相で類似トーンの配色 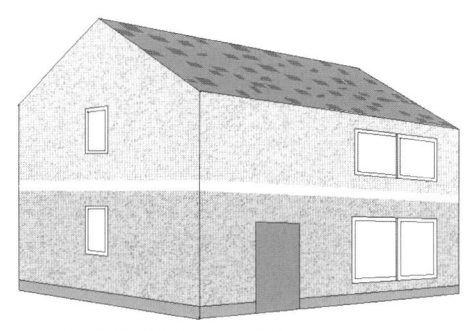　　　　　　　　　同一色相で類似トーンの配色

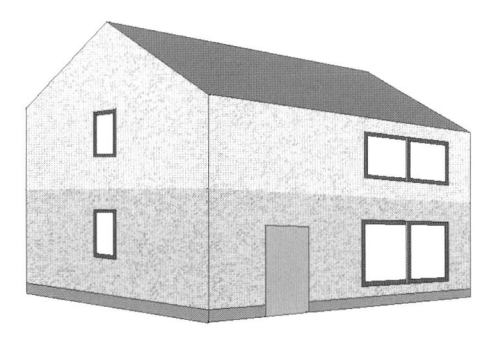

類似色相で類似トーン 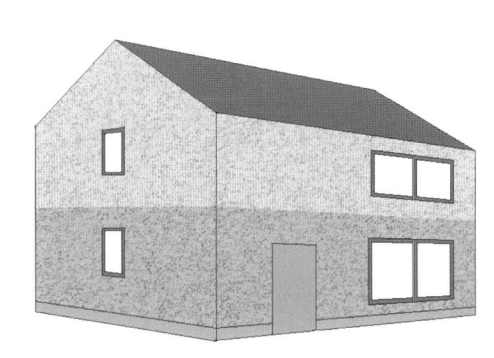　　　　　　　　　　　　類似色相で類似トーンの配色

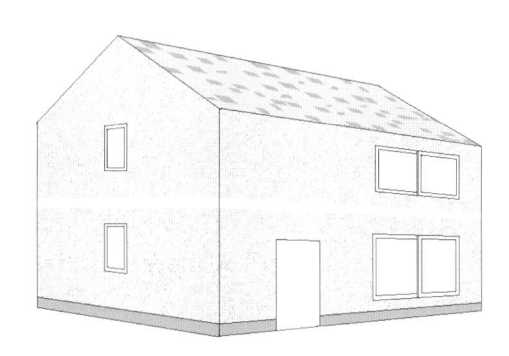

同一トーンで類似色相 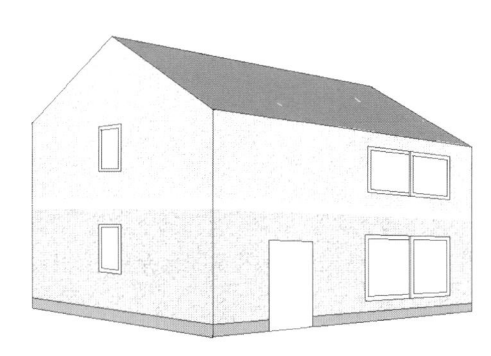　　　　　　　　　　　　対照色相は彩度差を大きくする
　　　　　　　　　　　　　　　　　　　　　　白色によるセパレーション効果

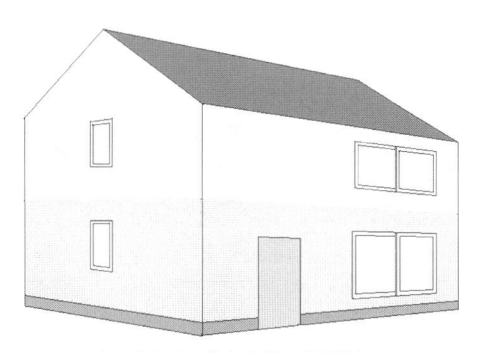

なじみにくい色をクリーム系色と　　　　　　　高彩度一色のとき、白色によるメリハリ感と、
配色し、違和感を軽減　　　　　　　　　　　　面積分節化によるなじみやすさ

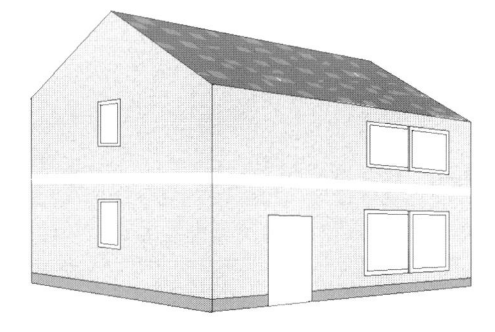

図2・11　外観の配色例［カラー p.11］

2章　色彩調和　31

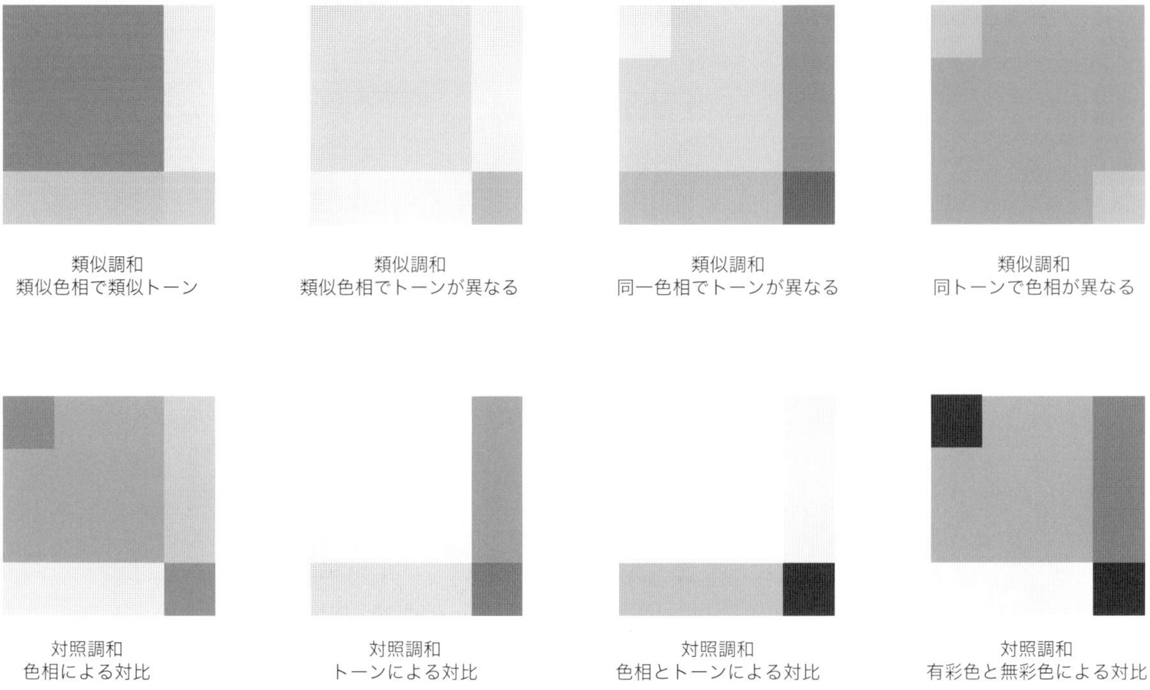

類似調和 類似色相で類似トーン	類似調和 類似色相でトーンが異なる	類似調和 同一色相でトーンが異なる	類似調和 同トーンで色相が異なる
対照調和 色相による対比	対照調和 トーンによる対比	対照調和 色相とトーンによる対比	対照調和 有彩色と無彩色による対比

図 2・12　類似調和と対照調和　[カラー p.12]

2 配色調和の2分類

すべての配色は、単純に「類似調和」と「対照調和」の2つに分類すると考えやすくなります。PCCS の「同系の調和」は類似調和に含めます。

①類似調和（harmony of analogy）

「おだやかな調和」ともいえます。統一と変化の"統一"の方に重きを置いた配色方法です。

建築は、外装、内装ともに、基本的に類似調和の考え方で配色を行ないます。
類似調和の状態を表現する言葉として、次のようなイメージ言語があげられます。

> おだやかな、落ち着いた、おとなしい、ナチュラル、地味な、品の良い、エレガント、シック、渋い、やさしい、重厚な…など。

配色手法は、次のような考え方で選色します。

色相、明度、彩度、トーン（トーン＝明度＋彩度）のどれかの要素を同じ、あるいは近くすることで、まとまりのあるイメージを演出します。

同一色相でまとめる、類似色相でまとめる、あるいは似た明度の色同士を配色する。似た彩度の色同士を配色するわけです。

(1)同一色相で異なったトーンの色を選びます。
(2)類似色相で異なったトーンの色を選びます。

(3) 同一トーンで異なった色相を選びます。

大きく異なる色相でも、低彩度領域の同一トーンから選ぶ配色は、比較的おだやかにまとまります。

素材や質感もそろえると、よりまとまり感が強調されます。

色相やトーンを段階的に変化させるグラデーション配色は、類似調和の一手法です。

②**対照調和**（harmony of contrast）

「きわだちの調和」ともいえます。統一と変化の"変化"の方に重きを置いた配色方法です。

対照調和の状態を表現する言葉として、次のようなイメージ言語があげられます。

> 派手な、華やかな、楽しい、若々しい、カジュアル、大胆、刺激的、躍動的、動的、スポーティ、装飾的…など。

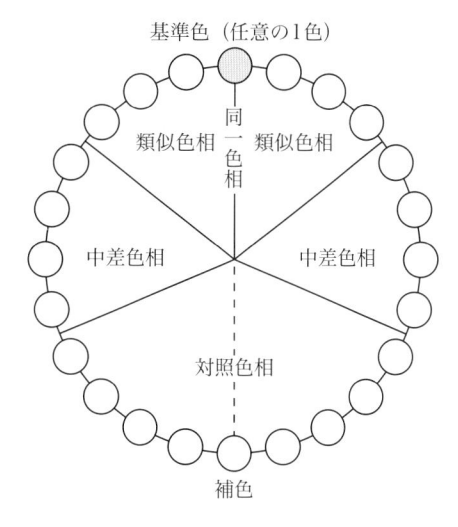

図2・13 色相の相互関係（PCCS色相環）
v2（赤）とv14（青緑）、v8（黄）とv20（青紫）の補色関係にある4色を覚えておけば、色相環上の各色はイメージできます。

配色手法は次のような考え方で選色します。

色相、明度、彩度、トーンのどれかの要素が大きく離れた色を組み合わせます。

"要素が大きく離れる"とは、色相環、トーン一覧表など図で表したとき、遠くに離れた色相同士、トーン同士ということです。

コントラストを大きくつけ、メリハリのある強い印象のイメージになりますが、変化ばかりを強調すると不調和になりやすいので、秩序感を維持するための配慮が必要です。

(1) 中差色相、対照色相（色相環上で大きく離れた色相）を選色します。

この場合、トーンや質感をそろえて統一感（秩序）を維持します。

(2) 明度か彩度が大きく異なる色を選色します。

この場合、色相や素材をそろえたり、面積割合を調整します。

(3) 色相もトーン（明度彩度）も大きく異なる色を選色します。

この場合、面積割合を調整し、バランスのよい調和を演出します。

建築関係で、アクセント配色、ワンポイント配色といわれる手法は、このような場合が多くあります。

アクセントは、高彩度色とは限りません。全体を暗い色でまとめて、そのなかに真っ白いものを配すると、明度差によって、白は強いアクセントになります。逆に、明るい色の中に黒色を入れると、黒がアクセントになります。

3 色選びの考え方

配色調和の考え方は、化粧、ファッション、グラフィック、プロダクツ、インテリア、建築外観から都市の色彩景観計画まで、すべての分野に共通します。選色は「類似調和」か「対照調和」で考えればよいのです。

たとえば、設計対象のインテリアを「落ち着いたイメージにしたい」と思えば、

まず、基本的に類似調和でまとめることを念頭に置きます。次に、類似調和でまとめるには、色相、明度、彩度、トーンのどれかの要素が同じか似た色を選びます。そうすると自ずと落ち着いたインテリアイメージになります。あるいは、「若々しいイメージにしたい」と思えば、基本的に対照調和で、色相、明度、彩度、トーンのどれかの要素に大きく差をつけて選色すればよいということです。

　センスだけに頼らず、このように理屈で順を追って考えれば、自信を持って選色を行なえます。色に自信のない人は、とかく色あい（色相）ばかりに目が向きがちですが、明度差、彩度差、あるいはトーンを意識して配色すると、魅力的な配色をつくりやすいものです。加えて、具体的配色のコツは後述します。

★ 著者の環境色彩調和3大ポイント

(1) マンセル明度差1.5が、類似調和と対照調和の境界です （97ページ参照）
　　類似色相配色が主になるインテリアや外観などの環境色彩では、明度差を小さくしてソフトにする、明度差を大きくつけて明瞭、シャープにするというように、目的やイメージに応じて、明度差を意識して配色します（図2・14）。

(2) ナチュラルカラーハーモニーに則った配色を行ないます （100ページ、111ページ参照）
　　違和感や不自然さのない、自然なイメージの配色表現を心掛けます。

(3) ウォームトーン（イエローアンダートーン）、クールトーン（ブルーアンダートーン）のどちらかに揃えた色使いをします （101ページ参照）
　　ごく淡い色、低彩度色など、ウォーム、クールの判断がしづらい色は、無理に分類する必要はありませんが、常に意識して配色します。

　　魅力を感じる環境色彩デザインは、以上の3条件を全て満たしていることが多いです。

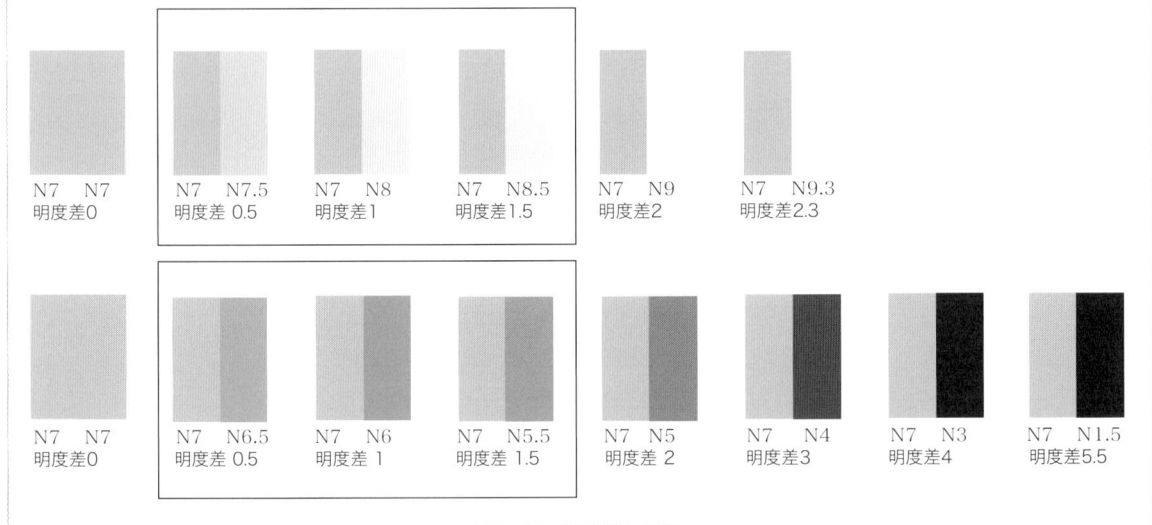

N7 N7	N7 N7.5	N7 N8	N7 N8.5	N7 N9	N7 N9.3
明度差0	明度差0.5	明度差1	明度差1.5	明度差2	明度差2.3

N7 N7	N7 N6.5	N7 N6	N7 N5.5	N7 N5	N7 N4	N7 N3	N7 N1.5
明度差0	明度差0.5	明度差1	明度差1.5	明度差2	明度差3	明度差4	明度差5.5

図2・14　明度差と調和

配色を白黒写真にして、明度差が1.5より小さければ、ソフト、繊細なイメージになります。明度差が1.5より大きければ、メリハリがある、シャープ、硬いイメージになります。

3章 美的造形手法

美しく見せるコツは、色彩だけではありません。全体構成とあわせて色彩を選びましょう。また、簡単な日々のセンスアップのコツを紹介します。

❶ 西洋の美的形式

美しい状態とは、統一と変化のバランスがとれた状態です。造形美を演出する際に用いられる用語は、次のようなものがあります。

①図と地
形や色が図形として見える部分を「図」、それに対して背景となる部分を「地」といいます。ポスター、サイン（標識）の絵柄や文字と背景との関係をいうときに使います。図の色を「図色」、地の色を「地色」といいます。

②バランス（balance：釣り合い・均衡）
視覚的、感覚的な釣り合いで、大‐小、軽‐重、明‐暗、濃‐淡、質感などの釣り合いをいいます。配色が補色関係の場合、ハレーションを起こして強烈な状態（アンバランス）になります。この場合、面積調整、セパレーション効果などを用いてバランスをとります。

形状は、バランスのとり方で、線対称、放射対称、非対称があります。

⑴ シンメトリー（symmetry：対称・相称・均斉）

形や位置などが、直線を軸として均等に対応する左右対称は、安定感、整然、静的、単調、重厚さ、堅苦しさなどのイメージが強調されます。トンボやチョウの羽根、眼鏡、ルネサンス時代のインテリアなどはシンメトリーです。点を中心とした放射対称（点対称）もあり、これは動的で変化が大きいイメージになります。

線対称　　　放射対称

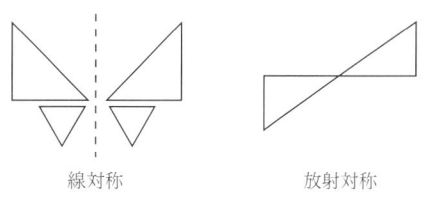

図3・1　シンメトリー

⑵ アシンメトリー（asymmetry：非対称）

自由、軽快、動き、流れなどが感じられます。ロココ時代のインテリア、日本の伝統的建築（書院造）、日本庭園、和服の模様などは、典型的な非対称のバランスです。

③プロポーション（proportion：比例・比率・割合）
部分と部分、または、全体と部分の長さ、面積割合、比例関係などが良ければ、その形は美しく快く感じられます。また、それらが一定の比率で構成されると、規則性の美も感じられます。

⑴ 黄金比

線分を2分し、短 a：長 $b = 1 : 1.618a$ のとき、1.618…を黄金比 ϕ（ファイ）といいます。古代ギリシャから最高の美的プロポーションとして尊重されています。縦横の長さが黄金比の長方形を黄金比長方形といいます。トランプや名刺など。

⑵ ルート長方形

長方形のプロポーションとして $1:\sqrt{2}$、$1:\sqrt{3}$、$1:\sqrt{5}$、黄金比などが利用さ

れています。1：√2 は身近な紙サイズの JIS 規格に利用されています。

A1	594 × 841mm	B1	728 × 1030mm
A2	420 × 594mm	B2	515 × 728mm
A3	297 × 420mm	B3	364 × 515mm
A4	210 × 297mm	B4	257 × 364mm
A5	148 × 210mm	B5	182 × 257mm
A6	105 × 148mm	B6	128 × 182mm

A判B判とも縦：横＝1：√2、面積比 A：B＝1：1.5
印刷用原紙の寸法は、規格寸法より一回り大きくなります。
　A1の2枚分（A0）＝1㎡
　B1の2枚分（B0）＝1.5㎡

(3) 簡単な整数比による分割

1：2：3……、1：4、2：3のような整数の比率を持つものは、静的で明快な分割になります。

建築土木関係でも、長さの比や面積比を簡単な整数比で色分割すると、意外と美的効果の高いデザインになります。

(4) 級数比による分割

級数関係（一定の規則で並んだ数）から比例の美を求めたものです。
　等差級数　　1：3：5：7……
　等比級数　　1：2：4：8……
　相加級数（フィボナッチ級数：fibonacci's sequence）　1：2：3：5：8：13……
これは、前2項の和を次の数にしたもので、5：8＝1：1.6、34：55≒1：1.618
……というように黄金比に収束します。

図3・2　規格紙の紙取り

④ **リズム（rhythm：律動）**

構成要素が一定の間隔で規則性を持って周期的に表現され、動きを感じる状態。動的で活気が生まれ、美的な効果があがります。

(1) リピテション（repetition：反復）

形や色など同一要素の反復。秩序感と共に連続感や運動感があります。

(2) オルタネーション（alternation）

2つ以上の要素の交替反復。

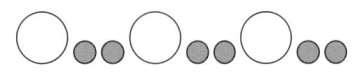

図3・3　オルタネーション

(3) グラデーション（gradation：諧調、漸増）

形や色が少しずつ段階的に変化していく構成法。秩序的な移行性が感じられるとともに、流動感や進行感が強く、動的に感じられます。日本には、仏教伝来と共に伝わった繧繝模様（うんげんもよう）といわれるグラデーションの彩色手法があります。

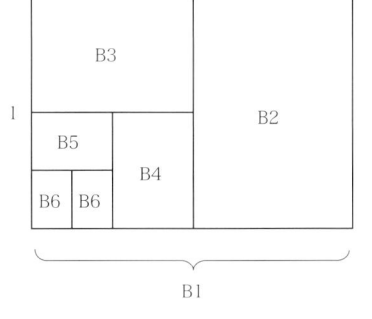

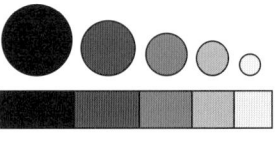

図3・4　グラデーション

⑤ **エンファシス（emphasis）**

全体の中で部分的に強調したり、強い変化を与える構成法。アクセントカラーがその代表で、緊張感を持たせたり、注目させるなどの効果があります。

⑥ **ユニティ（unity）**

全体の統一のこと。色でいえば、各色の相互関係を保ちながら全体の秩序を保つこと。

⑦ハーモニー（harmony：調和）
　全体の調和やバランス、雰囲気を壊さずに配色などを行なう構成法。
⑧コントラスト（contrast：対比、対照）
　色、形、質などが極端に異なるものを配し、変化や対比を強調する構成法。変化を求め過ぎて極端になると、不調和になりやすい。
⑨セパレーション（separation：分割、分離）
　隣接した2色の差異が大き過ぎたり、逆に小さ過ぎるとき、2色の接合部分へ無彩色（白黒灰）のラインを挿入して色を分離すると、互いの魅力が相殺されることなく、互いに映える。クリームやベージュ、オフホワイトなどのような低彩度色でも、金属色などの光沢のある色でも無彩色と同様の効果があります。
⑩アクセント（accent：強調）
　単調なときや広いスペースのとき、極端に異なる色、形、質のものを配すると、そこに視線が向く。画面にポイントをつくったり、全体を引き締める効果があります。

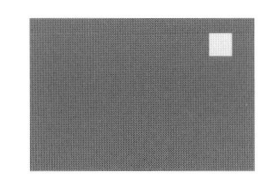

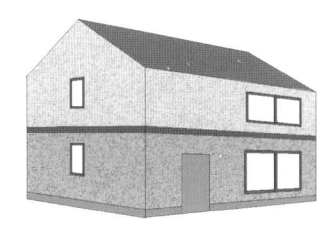

図3・5　セパレーション［カラー p.13］　　図3・6　アクセント［カラー p.13］　　図3・7　濃いブラウンによるセパレーション効果［カラー p.13］

❷ 配色デザイン用語

　これらの用語は、ファッション分野でよく使われます。建築分野で、選定色を伝えるためによく使用する言葉は、ベースカラー、サブカラー、アクセントカラーです。

①ベースカラー（base color：基調色）
　配色のなかで最も大きい面積を占める色。基調となってイメージを支配します。建築では、全体色調のなかで最も抑えた色（低彩度色）の場合が多い。
②アソートカラー（assort color：従属色、配合色、サブカラー）
　ベースカラーに次いで面積比の大きい色で、ベースカラーを引き立てたり、変化や特徴をつける色。建築ではサブカラー（副基調色）ともいいます。
③アクセントカラー（accent color：強調色）
　小面積で、全体を引き締めたり、きわ立たせたり、全体の調子を強調します。視点を集中させる効果も持ちます。装飾効果も高まります。
④ドミナントカラー（dominant color：主調色）
　出現頻度が最も高い色。あるいは大きい面積を占める色。たとえば、全体が赤みを帯びている、青みを帯びているというように、統一的な色印象を与えます。

ドミナントとは「支配する」という意味です。

⑤**トーン・オン・トーン（tone on tone）配色**

同系色相の濃淡配色。同一色相あるいは隣接色相で統一感を保ちながら、トーンを変えて変化をつける配色です。

⑥**トーン・イン・トーン（tone in tone）配色**

同一トーンか類似トーンで統一感を保ちながら、色相を変えて変化をつける配色です。

⑦**ドミナントトーン（dominant tone）配色**

多色使いで、同一トーンまたは類似トーンの配色。トーン・イン・トーン配色の一種です。

⑧**トーナル（tonal）配色**

トーン・イン・トーンやドミナントトーンの一種。特にダルトーン（中明度、中彩度）の色を中心に同系トーンでまとめた配色。

⑨**トライアド（triads）配色**

色相環上を3等分（120度）する位置にある色を用いた3色配色。

⑩**テトラッド（tetrads）配色**

色相環上を4等分（90度）する位置にある色を用いた4色配色。

⑪**ペンタッド（pentads）配色**

色相環上の5等分（72度）する位置にある色を用いた5色配色。応用として、トライアド配色に白と黒、あるいは、テトラッド配色に白または黒を加えた5色配色も含まれます。

⑫**ヘクサッド（hexads）配色**

色相環上の6等分（60度）する位置にある色を用いた6色配色。テトラッド配色に白と黒を加えた配色も含まれます。

⑬**スプリットコンプリメンタリー配色**

コンプリメンタリー（complementary：補色）の両隣色相との配色。ある色に対して、その補色ではなく、補色の両隣りの色を用いた配色です。補色の関係より調和しやすいともいわれています。補色関係を分離（split）させるという意味合いで、対照色相配色の一種です。

⑭**カマイユ（camaïeu）配色**

色相、明度、彩度ともに微妙なわずかな差の配色。トーン・イン・トーン配色の一種で、ぼんやりとしたあいまいな配色になります。カマイユとは18世紀のヨーロッパ中心に描かれた単色画の絵画技法で、カメオのように一見、一色に見える微妙な配色のことです。

⑮**フォカマイユ（faux camaïeu）配色**

フォとは「偽りの」という意味で、カマイユ配色に色相やトーンの差を少しつけた配色。カマイユもフォカマイユも実際には同類とみなされます。

⑯**ビコロール（bicolore）配色**

2色配色のことで、英語のバイカラー（bicolor）と同じ意味。テキスタイルの配色で、地色に1色の柄色をプリントした場合などにいいます。

⑰トリコロール（tricolore）配色

　3色配色。通常はフランス国旗（青白赤）やイタリア国旗（緑白赤）をさします。明快な配色効果が得られます。

❸ 色彩センスアップ方法

　建築関係の仕事をする際は、たくさんの情報を持っているほうがよいのですが、それを活用しないのであれば意味がありません。私たちは、実にさまざまな色彩に囲まれて生活しているのですから、日常生活のなかで、色に意識を向けるだけで、センスアップにつながるのです。配色の理屈に加えて、センスアップに努めれば、より魅力的な配色や作品をつくりだすことができます。

①**スクラップブックをつくる**

　建築雑誌、ファッション雑誌、そのほか何でも、目にとまった部分を切り取る。ある程度ストックできたら、自分で使いやすいように項目分けしてスクラップブックをつくる。これを継続すると、他人は持っていない自分だけのアイデアやヒントの宝庫になります。

②**写真を撮る**

　小さなカメラをいつも持ち歩く。目にとまったものを撮る。デジタルカメラの普及で、簡単にたくさんの情報を得ることができます。街並、看板サイン類、ストリートファニチャー、建物ファサード、外構、植栽、ホテルロビー、レストランなど、参考になるデザインはいくらでもあります。ただし、デパート、ブティックなど、許可なく撮影はできない店内や場所もあるので注意してください。

③**良いものをたくさん見る**

　博物館、美術館、展覧会などへ積極的にでかけます。作品を眺める際に、自分が気に入った理由、好みではない理由を客観的に分析しながら眺める習慣をつけると、自分の価値観を明確にすることにつながります。また、目の前の作品について、コンセプトの良否とその表現方法の良否に分解してみるのも、評価方法のひとつです。

④**自然に親しむ**

　自然の造形は、それ自体が芸術です。人間も自然界の一部なので、自然の摂理から逸脱したところに美的造形はありません。自然界の配色は、人間にとっても違和感がなく心も安らぎます。草花や樹木、自然景観の配色構成を観察すると、配色のヒントになります。また、プロは、そのときどきの体調や感情に左右されず、常に一定レベル以上の作品を生みだす必要があります。インドアグリーンも含めて植物は、精神を安定させリラックスさせる作用があります。

⑤**自分で色再現をしてみる**

　気に入った色や配色を見ながら、筆で絵具を混色してその色を作ってみます。手間はかかりますが、色の面白さや配色の奥深さを実感できます。塗料の色指定など、望む色が色見本帳にない場合は、自分で絵具やポスターカラーで望む色を作って紙に塗り、それに合わせて塗料の調色をしてもらいます。混色に慣れると、そのような場合にも役立ちます。

4章　色と心理

　設計に際しては、配色調和だけでなく、色が人間に与える心理的影響や生理的影響を十分に考慮して、目的にあった色を選定しなければなりません。紫外線や赤外線が人体に影響を与えるのと同じく、紫外線と赤外線の間の波長領域である可視光線も、見る人に感情的反応を引き起こさせるとともに、人体に生理的影響を与えます。

❶ 色の生理・心理効果

①暖色・寒色（温冷感）

　主に色相が影響します。赤〜黄赤〜黄は暖かく感じるので暖色、青系色は冷たく感じるので寒色と呼びます。同じ温度の赤色と青色の水を2つのビーカーに入れ、それに指を浸けさせると、指先で確認しているにもかかわらず、赤色の方が摂氏3度ほど高く感じられたという実験があります。同様に、赤系色と青系色それぞれを主にしたインテリアでも、3度ほど体感温度が違ったという実験もあります。視覚による情報が、触覚に影響を与えているわけです。

　具体例でみると、夏に浴室を設計するとクールな色使いになりがちですが、それは冬には大変に冷たく感じるということになります。高彩度色や大面積では、寒暖感がより強まるということを念頭に置いておくべきです。寒暖感は、浴室に限らず、居室やオフィス、公共空間の冷暖房経費にも影響します。

　白、灰色、黒色の無彩色は、連想物や配色により温冷感が異なります。白色は、雪をイメージすると冷たく、綿をイメージすると暖かくも感じます。また、青色に白色を配色すると白は冷たく、赤色に白色を配色すると白は暖かく感じます。

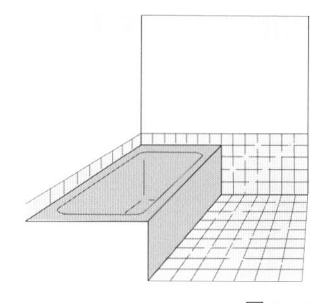

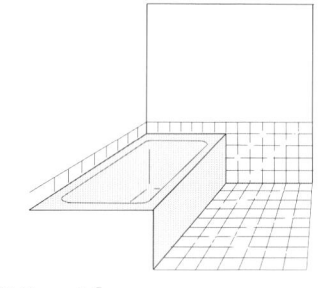

図4・1　温度感　[カラー p.14]
極端な暖色と寒色では、体感温度が3℃も変わる。

②興奮色・鎮静色

　暖色系で高彩度の色は、交感神経を刺激して脈拍（血圧）を高めます。その結果、緊張したり攻撃的になります。

　青緑や青色などの寒色系、あるいは中〜低彩度色は、副交感神経を刺激して血圧を下げ、心を落ち着かせておだやかな状態にします。

　淡いピンクやクリームなど、低彩度のソフトな色調は、リラクゼーションに効果があります。

③派手な色・地味な色

　あざやかな赤や黄色は派手に感じ、グレイがかった色（低彩度色）は地味に感じます。彩度が大きく関係します。

　配色の場合は、明るい色と暗い色、純色と無彩色、補色同士など、互いの色の三属性のコントラストが大きいと派手に感じます。逆に、似た明度同士、低彩度同士の配色のように、コントラストが小さいと地味に感じます。

④強い色・弱い色

　彩度が主に関係します。高彩度色は強く、低彩度色は弱く感じます。また、低明度色は力強く、高明度色は柔らかく弱いイメージになります。

　配色では、三属性のコントラストが大きいと強く感じ、コントラストが小さいと弱い感じになります。

⑤軽い色・重い色

　重量感は、明度に関係します。色相彩度はほとんど関係ありません。低明度色は重く、高明度色は軽く感じます。クラシック演奏会のステージには黒いピアノ、ポップ調のコンサートでは白いピアノが似合うのは、この心理によります。

　現代住宅においては、基本的に床を暗めに、それに対して壁や天井を明るくしますが、これは、地面は暗く下にあり、空は明るく上にあるという自然環境から、おのずとバランスがとれた安心感を醸成できます。飲食店など短時間の滞在に供する非日常空間では、あえて天井を暗くし、隠れ家的な落ち着き感を演出することも多いのですが、毎日の生活を営む一般的な現代住宅では、天井に暗い色は不適切です。

⑥柔らかい色・硬い色

　明度が主に関係し、高明度色は柔らかく、低明度色は硬く感じます。加えて、暖色や低彩度色のほうが柔らかく、寒色や高彩度色のほうが硬く感じます。淡いクリームや淡いピンクのベビー服は、柔らかく感じ、柔らかい赤ちゃんの肌にピッタリということになります。

　無彩色は、連想するものによって異なります。白色から雪や綿を連想すると柔らかく、陶磁器をイメージすると硬い色になります。黒から石炭や鉄を連想すると硬く、ビロードやハンドバックなどでは柔らかく感じたりします。

⑦進出色・後退色

　同じ距離に離れていても、高明度色は手前にあるように、低明度色は遠のいて見えます。また、暖色や高彩度色は手前に、寒色や低彩度色は遠のいて見えます。

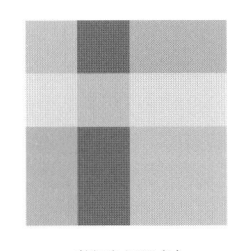

〈派手な配色〉　　〈地味な配色〉　　〈軽い配色〉　　〈重い配色〉
〈強い配色〉　　　〈弱い配色〉　　　〈柔らかい配色〉　〈硬い配色〉

図4・2　派手・地味と軽い色・重い色［カラーp.14］

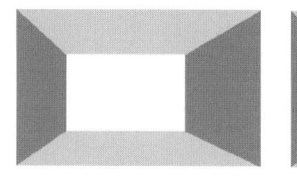

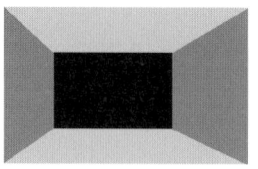

図4・3　長方形「白」が〈進出・膨張〉、「黒」が〈後退・収縮〉
［カラー p.14］

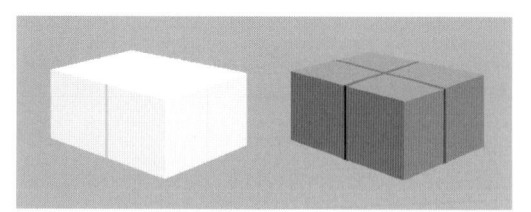

図4・4　明るい色は〈膨脹・軽い〉、暗い色は〈収縮・重い〉
［カラー p.14］

　進出・後退は、あくまでも対面した場合であって、周囲を取り囲むと状況が変わります。たとえば、狭い部屋の壁四面を紺色など低明度寒色で仕上げても、部屋は広がって見えず、暗さによる圧迫感のほうが勝ります。

⑧膨脹色・収縮色

　進出・後退は空間的な感覚ですが、膨脹・収縮は物体としての感覚で、やはり明度に大きく影響を受け、色相にも関係します。高明度で暖色は大きく、低明度で寒色はより小さく見えます。

　同形であれば、黄色の石鹸は他の色の石鹸よりも膨らんで大きく見えます。パッケージや包装紙で包まれたものも同様に、明度の高い方、暖色系のほうが大きく見えます。白いルーズソックスが流行しましたが、白色は明度が高く、膨脹色の最たる色であり、それをルーズにはくことで、足元のソックスがより膨張して見えます。その結果、ソックスより上にでている素足は相対的にほっそりと見えるという心理が背景にあります。

⑨経時感

　高彩度色や暖色は、視覚への刺激が強く、疲労感につながるので時間を意識しやすい。ファーストフードショップなど滞在時間を短くさせる店舗は、高彩度色が使われていることが多いようです。一方、教室は、時間を意識することなく勉強に集中できるように、クリーム系などの低彩度色が一般的です。

⑩色から味覚への感覚転移

　色は、味覚にも影響を与えます。自然の実りの色は暖色系ということから、赤、黄赤系、黄系は、食欲を増す色です。レストランなど飲食店の内装は、クリーム、ベージュ、ブラウンなど黄赤〜黄系色が中心になっています。これらは食欲増進の色相です。本来の自然界には少ない紫系色は、警戒心も呼び起こし、食欲を増す色相ではありません。

　具体的な色と味覚の関係は、赤色は、「からい」と「あまい」の両方のイメージを持っています。唐辛子はからく、赤いパッケージのチョコレートはあまく感じます。ピンク系やベージュ系など赤みのあるソフトな色は、あまく感じます。黄色はレモンのイメージで「すっぱい」。緑系色も熟していない柑橘類のイメージからすっぱく感じます。黄色から緑色にかけての色相はすっぱく感じやすいといえます。「にがく」感じる色は、茶系や緑系、青系などの暗く濁った色です。「しょっぱく（塩からく）」感じる色はブルー系。また、塩鮭や塩辛を連想する色もしょっぱく感じる人が多いようです。これらは、経験から得られた視覚から味覚への感覚転移（連想）です。

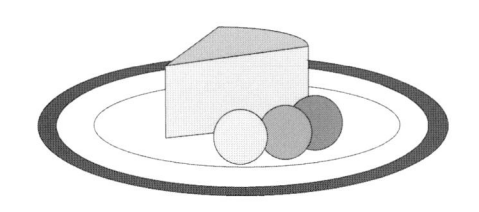

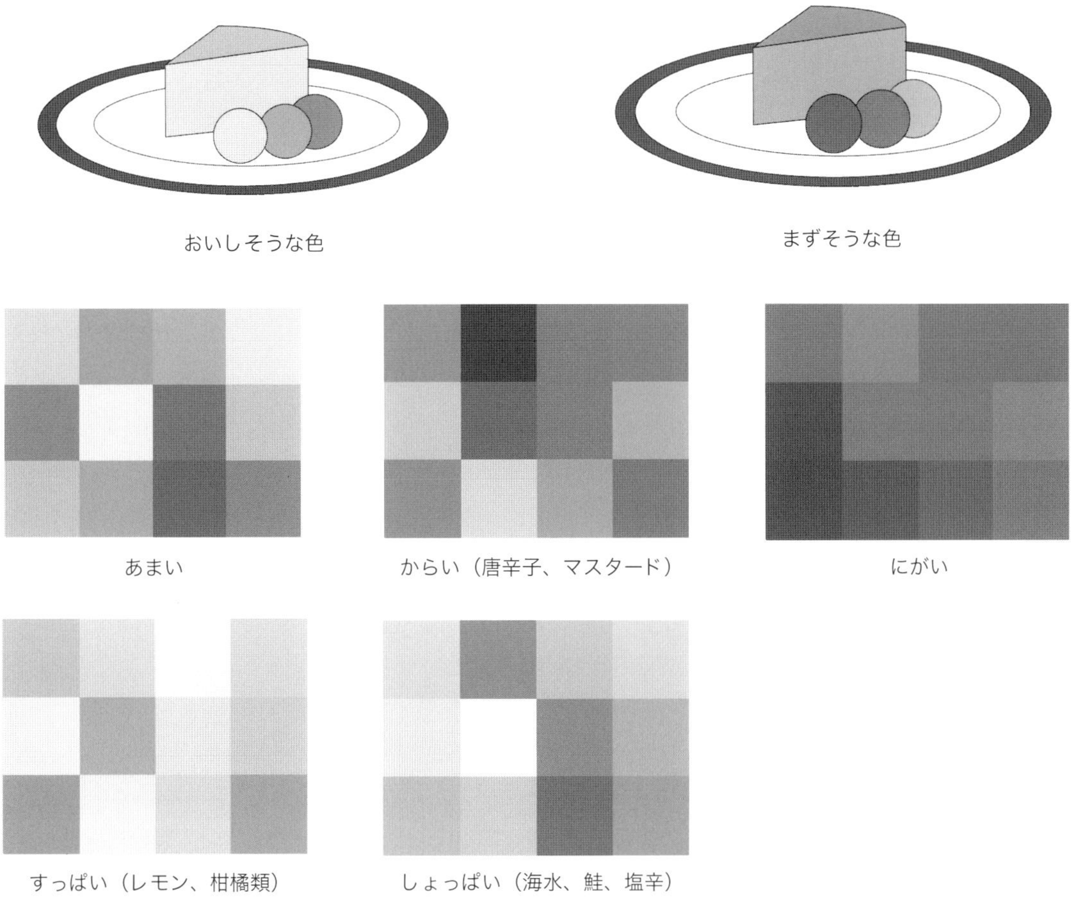

おいしそうな色　　　　　　　　　　　　　　まずそうな色

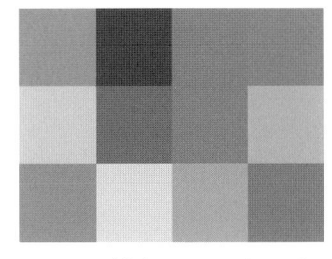

あまい　　　　　　　からい（唐辛子、マスタード）　　　　にがい

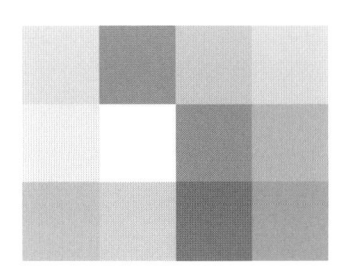

すっぱい（レモン、柑橘類）　　しょっぱい（海水、鮭、塩辛）

図4・4　色と味覚［カラー p.15］

⑪色から嗅覚への感覚転移
　色と匂いも連動します。コーヒーの香を嗅ぐとコーヒー色を思い浮かべます。黄緑色はすがすがしい香り。キンモクセイの香りと花の色。これらも経験によって培われたものです。

❷ 色彩連想・象徴

　赤を見て火や血をイメージしたり、青を見て空や水をイメージする精神作用です。これは、年齢、性別、環境、国民性のほか、個人的経験、記憶、思想、関心事などの違いに起因するので、個人差も大きくなります。幼児や子供は、動物、植物など具体的な連想物を多くあげます。大人は、物だけでなく、抽象的な連想が増えます。女性は食べ物をあげる傾向もみられます。

①色相によるイメージ
　p.45の表4・1を参照してください。

4章　色と心理

紅梅色（こうばいいろ）	鳶色（とびいろ）	納戸鼠（なんどねず）
桜色（さくらいろ）	黄櫨染（こうろぜん）	鉄色（てついろ）
鴇色（ときいろ）	砥の子色（とのこいろ）	新橋色（しんばしいろ）
紅色（べにいろ）	象牙色（ぞうげいろ）	浅葱色（あさぎいろ）
蘇芳色（すおういろ）	梔子色（くちなしいろ）	納戸色（なんどいろ）
猩々緋（しょうじょうひ）	山吹色（やまぶきいろ）	藍色（あいいろ）
茜色（あかねいろ）	鬱金色（うこんいろ）	縹色（はなだいろ）
臙脂色（えんじいろ）	刈安（かりやす）	藤色（ふじいろ）
朱色（しゅいろ）	鶸茶（ひわちゃ）	桔梗色（ききょういろ）
杏色（あんずいろ）	鶯色（うぐいすいろ）	藤鼠色（ふじねずいろ）
黄丹（おうに）	海松色（みるいろ）	モーブ
蒲色（かばいろ）	若草色（わかくさいろ）	古代紫（こだいむらさき）
柑子色（こうじいろ）	鶸色（ひわいろ）	江戸紫（えどむらさき）
丁子色（ちょうじいろ）	萌葱色（もえぎいろ）	葡萄色（えびいろ）
黄土色（おうどいろ）	苔色（こけいろ）	利休鼠（りきゅうねず）
柿渋色（かきしぶいろ）	海松藍（みるあい）	鳩羽鼠（はとばねず）
海老茶（えびちゃ）	錆浅葱（さびあさぎ）	

図4・6　伝統的な色［カラーp.16］

表4・1 色相によるイメージ

色		
赤	抽象的連想	情熱 活力 興奮 危険 緊張 怒り 嫉妬 愛 燃える 革命 強烈 禁止
	具体的連想	太陽 炎 血 リンゴ イチゴ バラ だるま 消火器 消防車 トウガラシ
橙	抽象的連想	活発 幸福 陽気 快活 喜び 明朗 開放的 あたたかい はしゃぎ 家庭 だんらん
	具体的連想	みかん 柿 人参 オレンジジュース 夕焼け 太陽 炎
黄	抽象的連想	楽しい 陽気 明朗 元気 希望 甘美 イライラ かわいい にぎやか 騒がしい 注意
	具体的連想	レモン バナナ 黄身 ひまわり 菜の花 イチョウ カレー 信号 ミツバチ
緑	抽象的連想	若々しい やすらぎ 新鮮 さわやか 生命力 健康 自然 平和 安全 安息
	具体的連想	樹木 山 森林 葉 芝生 高原 信号 野菜 キュウリ ピーマン 非常口
青	抽象的連想	冷たい 誠実 落ち着き 清潔 清涼 爽快 透明 理知的 忠実 孤独 平静 深遠
	具体的連想	空 海 湖 水 水中 宇宙 トルコ石 プール 夏 ガラス
紫	抽象的連想	優雅 神秘 高貴 高級 崇高 上品 エレガント 大人っぽい 不安 病的 伝統的
	具体的連想	パンジー アジサイ 藤の花 ブドウ ラベンダー 僧衣
白	抽象的連想	清潔 純粋 潔白 公明 明るい 新しい 冷たい フォーマルな 永遠 空虚
	具体的連想	雪 ユリ ウエディングドレス 白無垢 豆腐 シャツ 白衣 病院 雲 歯
灰	抽象的連想	都会的 ソフト 落ち着き あいまい 憂うつ 孤独 不安
	具体的連想	ねずみ 灰 雲
黒	抽象的連想	落ち着いた フォーマル 厳粛 重々しさ 荘厳 恐怖 強さ 失望 罪 不安 死 悪
	具体的連想	礼服 夜 黒髪 墨 石炭 煤 闇夜 カラス タイヤ 学生服

表4・2 トーンによるイメージ

	トーン	イメージ	慣用色名例
淡い色調	ペールトーン (p) ライトトーン (lt)	明るい、清らかな さわやかな 幸福な 甘美な かわいい 軽い 楽しい	桜色 ピンク 肌色 クリーム色 アイボリー 水色 藤色 オーキッド
グレイッシュな色調	ライトグレイッシュトーン (ltg) グレイッシュトーン (g)	地味な 弱い おとなしい 優雅な 洗練された 良質な 落ち着いた 渋い 上品な	ピーチ ローズグレイ 茶ねずみ ベージュ 砂色 あいねずみ(藍鼠)
おだやかな色調	ソフトトーン (sf) ダルトーン (d)	おだやかな 落ち着いた やわらかい にぶい	すおう(蘇芳)色 あずき(小豆)色 バーントシェンナ 小麦色 コルク色 ブロンド からし(芥子)色 抹茶色 新橋色 納戸色 ラベンダー 古代紫
深い色調	ダークトーン (dk) ダークグレイッシュトーン (dkg)	深みのある 重厚な 充実した 暗い 男性的な 重々しい 地味な 伝統的な	マルーン えび(蝦)茶 べんがら(紅殻・弁柄)色 さび(錆)色 カーキ色 焦茶 バーントアンバー かっ(褐)色 チョコレート色 オリーブ 松葉色 あい(藍)色 鉄紺 なす(茄子)色
さえた色調	ビビッドトーン (v) ブライトトーン (b) ストロングトーン (s) ディープトーン (dp)	強烈な あざやかな 派手な 華やかな 陽気な 若々しい 深みのある 生き生きした 積極的な 自由な 濃い	ワインレッド 紅色 あかね(茜)色 えんじ(臙脂) オレンジ 山吹色 クロームイエロー レモン色 若草色 もえぎ(萌黄) エメラルドグリーン ターコイズブルー コバルトブルー ビリジアン シアン はなだ(縹)色 群青色 ききょう(桔梗)色 モーブ マゼンダ ぼたん(牡丹)色

②トーンによるイメージ

トーンごとに共通のイメージがあります。p.45 の表 4・2 では、PCCS の 12 トーンを 5 つの色調に収斂して、わかりやすくしました。

③色彩象徴

色彩が特定の内容を示し、社会的に用いられて習慣や制度となったもの。たとえば、国旗、紋章、シンボルマークなどが色彩象徴です。単色ではなく配色や特定の形態を伴うと、より象徴性が高まります。たとえば、共産主義を象徴する赤色、赤白や白黒の慶弔色、陰陽五行思想の五色など、色彩象徴は国、風土、宗教、時代などによって異なります。建築に関係するものとして、JIS 安全色彩も色彩象徴といえます。

❸ 色彩嗜好

嗜好色は、年齢、性別、民族、職業、教養、個性、地域、経験、幼い頃の経験の潜在意識、生活地域、時代、その他、社会環境によって異なります。また、日用雑貨と建築物の色を同一に扱えないように、対象物によっても異なります。

また、嗜好の根底には、快さ追求の衝動、自我の関与、体面の維持などの心理も働いています。

- 快さ追求の衝動

その色の魅力に酔っているときや、幼児の嗜好色などがこれにあてはまります。

- 自我の関与

単に快さだけでなく、自分に似合う色の服、化粧の色など、自分を引立ててくれると感じる場合。あるいはその色によって一層の魅力や価値を感じるときなど。

- 体面の維持

権威づけられたことに同調することによる満足感や優越感など。流行に乗っているという安心感はこれにあたります。

①年　齢

幼児期から小学校低学年頃までは、生き生きとした高彩度の配色を好む傾向があります。自分を引き立てるとか、体面を保つという意識はなく、本能的な快適さ追及の衝動が勝っています。テレビ幼児番組のヒーローの衣装は、まずレッド（赤）、それからブルー、イエローという定番があるそうです。成長すると、自我が関与するようになり、皆がよいという色を好きだと言ったり、自分の価値観から好みが変わります。小学校中学年から中学生頃までは、中間色の配色のほうへ移行する傾向があります。20歳前後になると、本人がエネルギッシュなため、必ずしも強い配色は必要としません。かえって地味好みという場合もあります。年をとると、若々しいイメージのものにひかれる傾向があるので、高齢になるほど地味好みになるとはいえません。

②性　別

幼児期は、男女差はありません。本能的な快感や情緒で嗜好色は変わります。5 歳頃になると、男色と女色といった区別もするようになり、色彩嗜好も違って

きます。ただ最近は、赤色に関しては、ヒーローは赤色が多いことからもわかるように、短絡的に赤色は女色といった見方はあまりしなくなったように思われます（ちなみにスペインでは、赤色は男の色です）。しかしピンクは、やはり女性的イメージが強いようです。またこの年齢は、親の嗜好色を子供に押し付けているような部分もあります。小学校中学年頃から、男児は青系色へ、女児は赤系色へとひかれる傾向がありますが、これも個人差が大きくあります。

③経験・幼児期の体験
ある色の服装のとき、良いことがあった。そうすると以後、それがラッキーカラーと思えます。おもちゃなど、特定の色について楽しい思い出があるといった幼児期の体験が、無意識のうちの嗜好色につながる場合もあります。

④職業・教養
デザイナーは色にこだわるように、色彩への関心の有無で好みも変わります。色彩への関心が高い人は、細かく色を見分けて満足する色を用います。関心の低い人は、色を見分ける能力が低いわけではありません。細かく区別して使用する必要がないので、微差にこだわらないだけです。毎日鏡をのぞきこみながら化粧やファッションを楽しむ女性は、それだけ色彩にもこだわるといえます。

⑤対象物の種類
飲食店内装の紫色は食欲を減退させますが、化粧品パッケージの紫色は高級感につながります。文房具で赤白緑のトリコロールカラーは楽しいですが、そのままの配色は、インテリアには無理です。当然ながらこのように、対象物によって好まれる色使いは違います。

⑥季　節
夏は涼しげな色、冬は暖かい色への嗜好率があがります。

⑦文化風土
イスラム教では、緑は天国を象徴する色。キリスト教では、神の色は白で、赤、青、紫も聖色。共産主義のシンボルは赤色。このように宗教文化や国情によって異なります。砂漠地域や豪雪地域の人々は緑に憧れるなど、気候風土による嗜好差もあります。また、自分の生まれ育った地域の土の色は、違和感がないので、無意識のうちの嗜好色ともいえます。建築外観の色彩設計を行なう際は、その地域の土、石、樹木、空や海の色などの風土色もおおいに参考にすべきです。

建築部材や商品メーカーは、地域による売れ筋の色に対応して、関東用、関西用などとカタログを使い分けている場合もあります。

⑧ 時代・流行
「冠位十二階」（603年）の位階の当初の色順は、染色技術の進歩にともなって後に一部変更されるなど、色の好みも変化します。その時代、そのときの社会状況で好まれる色が流行色だといえます。現代でも、ファッションはもとより建築にも流行色があります。ただし、建築は耐用年数が長いので、流行色の時間サイクルは長くなります。

❹ 嗜好色調査

　関西在住女性を対象にした筆者による毎春の嗜好調査結果から、特徴を考察します。調査方法は、提示色票から選ぶのではなく、日常使用する色名や自由表現で、好きな色、嫌いな色、それぞれ1色または2色を回答してもらいました。回答色名を、有彩色10色相と無彩色（白、灰、黒）に分類集計し、さらに、各色相を5色調に分類分析しましたが、詳細は省きます（調査対象：平均年齢24～26歳の女性、最大186人、最少52人、平均127人）。

①嗜好色順位

　掲載色相順位は、たとえば「赤」は、単に赤色ではなく、赤系色のいろいろな色名の総合数を表しています。

②分析結果の概要

⑴日本では、白と青系色は一般的に好まれる色であり、この調査でも同様な結果が表れています。

⑵1980年代の白黒、1990年代後半からの黄・黄赤系色への嗜好率の高まりは、流行色といえます。

⑶好きな色の理由は、さわやか（ブルー）、元気がでる（オレンジ・黄）、落ち着く（茶・緑）など、各々の色の持つ良いイメージ特性から、あるいは自分に似合う色は好き、似合わない色は嫌いという身近なファッション感覚で選ぶ人が多いようです。一方、嫌いな色はないと答えた人が多いのですが、嫌いな理由として、どぎつい、ケバイ、落ち着かない、はっきりしない、汚いなどの言葉が目立ちます。

⑷個々の色相をみると、赤系色は、好まれると同時に嫌われる色でもあります。赤系色のなかで過半数を占めるピンクについては、ベビーピンク、サーモンピ

表4・3　毎春の嗜好調査

調査年	好きな色（％）			嫌いな色		
	1位	2位	3位	1位	2位	3位
1988	白 17.5	黒 16.9	赤 16.2	なし	赤	黄
1989	白 19.6	青 18.1	赤 14.7	なし	赤	黄
1990	青 15.7	赤 14.2	白 13.9	黄	黄赤	なし
1991	青 28.7	白 15.6	赤 10.8	赤	黄	黄赤・紫・灰
1992	青 30.1	赤 15.1	白 12.7	赤	なし	黄
1993	青 25.1	白 13.6	黄 12.4	赤	なし	黄
1994	青 31.3	白 13.4	赤 12.7	赤	紫	黄赤
1995	青 26.5	白・黄 16.1	―	紫	赤	黄赤
1996	青 30.7	赤 13.5	白 13.1	紫	赤	なし
1997	青 24.4	黄 21.2	白 13.9	赤	紫	なし
1998	黄 24.0	青 23.1	黄赤 13.9	赤	紫	なし
1999	青 21.2	赤 19.1	白 15.2	赤	紫・黄赤	―
2000	赤 24.7	白・黄 12.4	―	黄赤	黄	紫・灰・黒
2001	青 26.6	赤 16.8	黄 14.2	赤	黄	灰

ンクなどの慣用色名以外にも、うすい、淡い、やわらかい、けばけばしい、濃い、灰みの…など、さまざまな形容詞を併用しながら、自分の思い描く微妙なイメージの差異を表現しようと努める傾向がみられます。
(5) ピンク系とブラウン系色は、色相環には載らない色ですが、日常生活においては、独立した色相として意識されています。
(6) 20歳代の女性には紫系色は嫌われ、濁った色も嫌われる傾向があります。好き嫌いともに出現数が少ない青緑系、青紫系、赤紫系は、日常生活ではあまり意識しない色相といえます。同じ色でも、和名は印象が悪く、カタカナ名にすると良い印象に感じるようです。グレー・ブラウンは好き、灰色・ねずみ色・こげ茶は嫌い。これは残念なことであり、日本文化の再認識を促したいものです。

❺ 流行色

社会状況に応じて、人々の意識や考え方が変化します。それを反映して色彩に対する嗜好も変化し、そのときどきの色の流行が発生します。社会背景と合わせてみると、大きな流れがわかります。

①流行の発生心理

流行色発生の背景には、(1)変化欲求、(2)同調化欲求、(3)個別化欲求の心理があります。変化欲求は、異なる新鮮なものに変化したいという欲求。同調化欲求は、他人と同じにしたい、時代に遅れたくないという仲間意識。個別化欲求は、他人と異なることで自己顕示欲を満足させたい欲求です。

②流行の発生と広がり

流行は、まず、他に先駆けてとりいれる人が現れ（革新者の個別化欲求）、それに影響を受けて同調化欲求から多くの人へ広がります。ファッションの流行は、まず同世代に広がり、次に年齢を越えて普及します。相反する同調化欲求と個別化欲求とは、どちらかが優勢化されると、その反動が生まれます。その結果、相反する2つの欲求をくり返しながら時代は進んでいます。

家電機器や生活用品などの商品は、初期開発段階と機能性能が向上して成熟商品となった段階では、色に対する意識が異なる場合が多くみられます。商品が成熟して、他社と機能で差別化ができなくなると、色彩に目が向けられ、色彩によって差別化を図ることが行なわれます。昨今は、一般の人々の色彩意識向上に伴い、商品コンセプトの段階から色彩を重視し、コンセプトに合った色彩を選定している商品が増えてきました。

近年は、商品色に限らず、インテリア、建物外観など環境色にも"遊び心"の要素が多くとりいれられる時代になったように思います。

③流行の予測

ファッション業界では、ファッションカラーの流行予測を行なう機関として、1953年に日本流行色協会が創設され（現在は一般社団法人 日本流行色協会）、国際的には、1963年、日本、スイス、フランスが発起国として発足したインターカラー（INTERCOLOR：国際流行色委員会）があります。当該シーズンの2年前に参加国によってトレンド予測提案を行ない、決定色をまとめます。参加国は、その情報

を自国に持ち帰り、業界へ発信するということを行なっています。

④建築業界の流行色

日本では、昭和20年代後半から30年代にかけて工場で、主に生産効率をあげたり、事故率を下げるために、アメリカから導入された機能配色の考え方が流行し、「色彩調節」と呼ばれました。現在でも多くの工場で、機械や床が緑色に塗装されていますが、これは当時の考え方の名残りです。

建築分野では、ガラス、ステンレスなど新素材の出現にあわせて、その建材が多用された結果、その素材の固有の色が流行色になったともいえます。

国内の戸建住宅をみると、2000年頃から和洋折衷の住宅外観は、外壁に赤みや黄みの強いオーカー系色を使用する物件が増えてきました。屋根も含めて、全体に彩度がやや高めの暖色系へ移行しています。さらに、外観はタイル、サイディングボード、現場塗装、石張りなど、異素材をミックスして使用し、一戸の外観に多色が使用される傾向があります。

この傾向の背景としては、大手ハウスメーカーがそれまで展開していた無彩色系のクールで堅い外観イメージへの飽きや、豊富な海外住宅情報などに刺激を受けた個性化欲求、主婦の好みを優先した住宅購入、さらに購入年齢層の若年化、住宅へも遊びごころの浸透などの影響が考えられます。

❻ 色と癒し

近年は、色彩療法（カラーセラピー：color therapy）、色彩による癒し（カラーヒーリング：color healing）といった言葉をよく聞くようになりました。ストレス解消や病状改善などに色の効果を積極的に利用するケースが増えています。たとえば、色をいくつか選ぶ順で、そのときの心理状態や身体の状態を推察したり、症状に応じた特定の光を患部やツボに照射する可視光線療法もあります。

色を目で見るだけでなく、肌に密着させて赤色をまとうことでも冷えを防ぎます。人体細胞は、波長の違う各色の波動の刺激によって、冷暖、活性化などの生理的反応を引き起こしています。それは生まれて以来、絶え間なく生体に与えられる刺激と反応です。それぞれの波長に共鳴する根源的で微細な細胞の生理感覚を、私たちは目に見える「色」という表現に置きかえて、認識しているといえるのかも知れません。

オーラとかチャクラといった言葉も一般化してきました。生体エネルギー（これも波動）であるオーラを、色として感じることのできる特種能力を持った人も存在します。その能力を持った人が見る状態

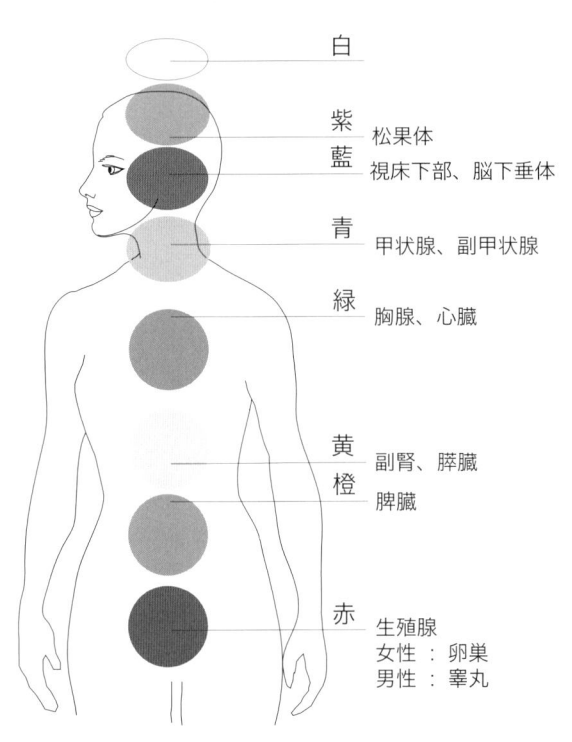

白 —
紫 — 松果体
藍 — 視床下部、脳下垂体
青 — 甲状腺、副甲状腺
緑 — 胸腺、心臓
黄
橙 — 副腎、膵臓
　　 脾臓
赤 — 生殖腺
　　 女性：卵巣
　　 男性：睾丸

頭部については、藍と紫をまとめて紫と表現したものもある

図4・8　チャクラと色［カラーp.17］
健康体は、この色のバランスがとれている状態といえる。

と同じように、オーラを可視領域の波長に移調し、色に置き換えて写真撮影するといった器具もあります。これらは、信じ難い部分も多分にありますが、いずれ近いうちに科学的に解明される日がくると思われます。

　私たちは、理屈はわからなくても現象として、赤い色で興奮し、あたたかく感じます。自然の緑を眺めればリラックスします。そこで、それぞれの色の特性やセラピー効果をまとめると、p.52の表4・4のようになります。

　住宅、病院、介護施設、幼稚園、学校などにも、目的に応じて心理生理効果を活用すればよいのですが、マニュアルはありません。なぜなら、実際に施工されても、複合的な環境要素のなかから、純粋に特定の色による効果だけを切り離して検証することは困難です。また、一言で「緑がよい」といっても、それは、濃いか、淡いか、青みの緑なのか、黄みの緑なのか、自然の緑とペイントの緑は同じ効果があるのか？…などのあいまいさもあります。さらに、色に対する過敏症もあり、反応には大きな個人差があります。

　これらのことからわかるように、色彩環境と心理生理との関係を、単純にマニュアル化して利用できるわけではありません。ある目的にこの色が良いとなれば、そればかりを使用して、極端に偏った色使いをするのではなく、バランスのとれた色彩環境をつくりだすことが肝要です。

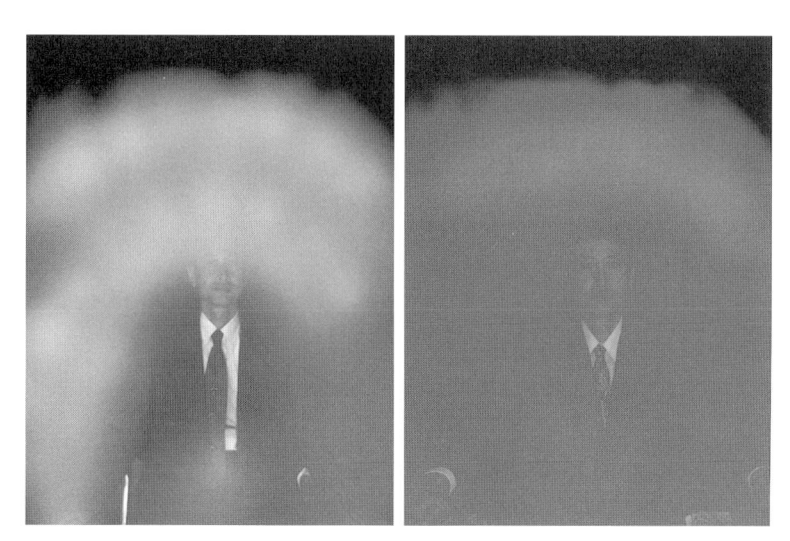

図4・9　オーラ写真［カラーp.17］
体調や気分によって、光の強さや色が変わる。

表4・4　色の特性・セラピー効果

色	特性・効果
赤	①情熱、愛、活気、意欲、興奮、怒り、勇気、闘争心、強烈な感情、行動、ストレス、力、体力、肉体的エネルギー、第1チャクラ（基底チャクラ）の色。 ②努力家。頑固。精力家。感情激しい。外向的で積極的。物事をやり通す。集団のリーダー。世話好き。行動力がある。パイオニア精神がある。改革者。 ③意欲にあふれているとき。緊張興奮しているとき。情熱的に没頭しているとき。自己顕示欲の強いとき。肉体的スタミナがあるとき。逆に情熱気力をなくしたときは、赤のエネルギーが欠けている。 ④血圧を上げる。血液循環をよくし体温を上げる。強心効果。意識を高ぶらせる。注意を促す。活力を与える。刺激し興奮させる。冷え性、貧血、体温の下降時によい。目覚めのわるい人は、枕元に赤い花を置き、寝起きに眺めるとよい。発熱や炎症の症状には不向き。過度になると刺激に対する緊張で疲労感をもたらす。オフィスやストレスのかかる場所には不向き。
ピンク	①やさしさ、明るさ、甘え、かわいい、無条件の愛、慈しみ、あこがれ、ロマンティック。 ②明るくおだやか。年上に可愛がられる。思いやりと気づかいがある。相手と自分の両方を大切にする。ロマンティックだが現実味がない。 ③やさしくされたいとき。甘えたいとき。可愛がられたいとき。人と争いたくないとき。明るさの中に不安感のあるとき。結婚願望。可能性を実現する心の準備ができているとき。 ④心をなごます。穏やかな活性化。元気づけ慰める。憂うつや孤独を晴らす。胃を温める。食欲増進。
橙（オレンジ）	①創造、表現、独立心、陽気、躍動、喜び、娯楽、温和、寛容、思いやり、知識、第2チャクラの色。 ②陽気で明るい。個性豊か。創造性がある。前向きな楽天主義。マイペース。親しみやすく庶民的。グループの中心的存在。社交的だが協調性はうすい。自由独立を求める。自己表現が好きな芸術家タイプ。スポーツマンタイプ。 ③アイデアが浮かんだとき。挑戦意欲がわいているとき。目立ちたいとき。あわただしいとき。期待感で気分高揚しているとき。社交的でありたいという願望があるとき。 ④血圧を上げる。身体を温め活力を与える。陽気にさせ快感を強める。楽天的にさせる。高揚感を誘う。精神的うつ状態を改善し深刻さをやわらげる。血糖値を上げて強心作用がある。腸の消化作用を促進させ食欲を増進させる。娯楽を楽しむ場所や食卓に適する。落ち着きの必要な場には不向き。
茶（ブラウン）	①信用、信頼、実質的、強い意志、堅実、保守的、地味、現実的。 ②良識人。堅実。まじめでおだやか。包容力がある。安全を求め保守的。強い意志を内に秘めている。受け身の姿勢。持久力がある。粘り強く着実に発展する。 ③気分が安定しているとき。自信があり穏健なとき。落ち着きのなかに不満を持っているとき。物質的な欲求が強いとき。食欲の強い（飢え）状態のとき。 ④安心感を伴いながら沈静させる。はだしで土の上を歩いたり庭土いじりは、自然に身をゆだねた自分を取り戻し、活力や希望につながる。
黄	①陽気、明るい、楽天的で移り気、輝き、無邪気、自我、意志、知性、幼児的依存心、強い注意力、第3チャクラの色（太陽神経叢チャクラ）。 ②明るく陽気で子供っぽい。融通がきき順応性がある。単純。甘えがある（依存的な愛情欲求）。勢いよく前進と自己防衛の二面性がある。 ③楽しいとき。笑っているとき。希望に満ち溢れているとき。遊び気分のとき。幼児が甘えたいとき。さみしさや軽い孤独感から協調性を望むとき。 ④血行をよくし身体を温める。胃腸の調子を整える。明るく元気にさせる。うつ病症状を改善する。前進の希望や活力を与える。洞察力や決断力を増す。呼吸を浅くしイライラさせる。
緑	①バランス、調和、安心感、公平、救済、変化、再生、満足、暖かくも冷たくもない均衡（可視光の中央に位置する）、精神と肉体をつなぐエネルギー、第4チャクラの色（心臓チャクラ）。回復と蘇生のシンボル。 ②思慮深く慎重派。社交的で機転がきく。バランス感覚がよいのでグループのまとめ役。献身や奉仕精神がある。優しさ、同情、思いやり、分かち合いの精神がある。誠実で頼りがいがある。現実的で堅実な生き方を求める。社会的価値ある人間として認められる。 ③精神的に少し疲れているとき。持久力がなくパワー不足のとき。風邪の治りかけや精神的な落ちこみからの回復時期。食後など精神的肉体的に満たされているとき。生活や心情の変化がスタートのとき。 ④心が癒される。ほっとする。血液や循環器を助ける。浄化作用、解毒作用がある。ショックや疲労を回復させる。心臓に関する事柄のヒーリング。ストレスを解消して心を和ませる。行動力の伴う決断力を与える。変化しない大面積の人工緑色は、癒しというより無力感になるので、日常生活や活動の場には不向き。

色	
青	①理性的、知性的、高潔、名誉、誠実、平和、慈悲、静穏、愛、思いやり、内向的、保守的、不安、精神的エネルギー、第5チャクラの色。 ②洞察力が優れている。優しい。愛情深い。感受性豊かで涙もろい。きちょうめん。慎重で計画的。哲学者、文筆家タイプ。水色の場合は、人に対して優しい。情緒的でナイーブ。自己主張できず妥協的。 ③リラックスしているとき。心が穏やかな気分のとき。愛情に包まれているとき。憂うつなとき。義務感にとらわれているとき。感動、感銘を受けたとき。不安。 　水色の場合は、争いを避け、精神的なものやロマンティックなものを求めているとき、あるいは体力、自信、気力を失っているとき。 ④神経の高ぶりを鎮めリラックスさせる。呼吸を深くさせ血圧を下げる。緊張を和らげ不安を軽減する。運動神経の鎮静。筋肉と精神の両方をリラックスさせる。静寂、安らぎ、ほっとさせる。落ち着きをもたらす。眠気をさそう。想像力と精神力を高める。解熱。イライラや情緒不安定などの自律神経失調症を改善する。喘息や頭痛を改善する。新生児の黄疸治療には、450ナノメータの青色光を照射することで、肝臓の毒素（ビリルビン）の除去能力が上がり、交換輸血手術の必要がなくなった。娯楽を楽しむ場所には不向き。
藍色	①真実、道徳、繊細、意識、混乱、内向的、孤独感。 ②敏感。物理的な概念よりも精神的な概念を重視する。内向的でもの静か。 ③瞑想状態。意識が高まっているとき。精神不安定なとき、思いつめて絶望感にとらわれているとき。 ④炎症をおさえる。霊感や直感を助ける。熱をさまし、セキをとめる。
紫	①直感、感性、美意識、芸術性、精神集中、内観、高潔、病的、ストレス、第6チャクラの色。 ②感性が優れている。直感が鋭い。芸術的才能がある。デリケートで自意識や自尊心が高い。人を引き付けるカリスマ性がある。音楽・旅行に興味を持つ。より高貴で美的なものを求める。個性を追求する。好き嫌いが激しい。 ③高揚感に包まれているとき。空想にふけっているとき。神経が集中され直感力が高まっているとき。周囲の人の注目を集めたいとき（カリスマ性を求めている）。病的な精神状態（憂うつ）で元気のないとき。体調がすぐれず自己治癒力のエネルギーを必要とするとき。 ④喜びを高める。ストレスを取りのぞき、身体を落ち着かせ、精神のバランスと集中に効果がある。洞察力や知覚能力の発達を促す。
白	①調和、統合、清潔、善、究極の純粋さ、空虚、自閉心、抑制、神、敗北、感情の麻痺。 ②純粋な心と意識を持っている。順応性がある。スポーツ好き。相手に合わせて自分の欲求を抑えてしまう。自我の確立ができていない。 ③すべての色が意味するエネルギーの調和がとれているとき。自我をなくして献身的に人に尽くしたいと思うとき。神を信じたいとき。無の境地。パニックになっているとき。あわてているとき。迷って決められないとき。無関心、孤独、逃避、悲観的な意識のとき。相手が自分から離れていくのではないかという不安感。緊張、失敗感、警戒心の強いとき。 ④イライラやのぼせを鎮める。ストレス性の神経疲労を鎮める。消炎作用。白い部屋は空虚な感じになるので、絵画や装飾品や観葉植物などで補う必要がある。
灰	①孤独、神経質、不安、防衛、抑制、意気消沈、無気力、ちゅうちょ、内気、上品。 ②人当たりがよく穏やかで理知的。感情を外に出さずに抑えるストレスから神経質にみえる。肉体労働が苦手。要領がよい。静かで堅実な生活を送る。感情や心の豊かさに欠けている場合もある。 ③自己否認。無関与、憂うつなとき。感情を抑えているとき。人に干渉されたくないとき。不安、不信などの気持ちを抱いて悩み、神経質になっているとき。現状からの逃避願望のあるとき。 ④関わらず、責任からの逃避を促す。
黒	①重厚さ、厳粛、高尚、神秘性、洞察力、力強さ、抑圧、恐怖心、頑固、不機嫌、自己否定、裏切り。 ②合理的に割り切って考えることができる。確固たる信念を持ち真剣に取り組む努力家。自分の人生に何か欠けているという無意識がある。 ③自分を強く見せたいとき。思うようにならない反抗心のあるとき。強い不信感や疑念から恐怖心を抱いているとき。 ④情緒的な反応を高める。心配事が解決するまでの休息待機。

凡例
①その色の象徴・特性（色彩連想と合致する）。
②その色が好きな人の性格。
③その色で表されるエネルギーが出やすい、あるいはその色を求める心理状態。
④その色が持つ生理的効果・セラピー。色が淡くなると効果はソフトになる。

5章　目の構造と視覚

今の時代に要求されるユニバーサルデザインを考えるうえで、目の構造と視覚の知識は不可欠です。

❶ 色と波長

色は、光が目に対して刺激を与えることで生じ、目で見て認識できる感覚です。目に見えるものすべてに色があります。しかし、真っ暗闇では色は見えません。

色を見るためには、①光があること、②眼が働いていること、③見る対象物があること、の3つの条件が必要です。

では、どのような段階を経て色を感じているのでしょうか。

1 色知覚

例として、イチゴを見る場合を考えます。イチゴは真っ暗闇では見えません。まず、自然光か人工照明光が必要です。その光がイチゴに当たって反射し、反射光が、眼球網膜に分布している視細胞を刺激します。その感光情報は脳へ伝わり、それを意識すると中枢神経が興奮し、赤いイチゴがあることが認識されます。

しかし、なぜイチゴは赤色に見えるのでしょうか。太陽光（自然光）は、すべての波長の光（いろいろなすべての色）が混合されて、無色透明の光（白色光という）になっているのです。物体に白色光が当たると、さまざまな波長の光が、物体の表面で反射あるいは吸収されてしまいます。その各々の波長の光の反射吸収の程度で、それぞれの物体の色が決まります。イチゴは、波長の短い緑みや青みの光の大半を吸収し、波長の長い赤みの光は多く反射するので、赤色と認識されるわけです。

植物の葉は、中波長の緑みの光を多く反射しているので緑色に見えます。また、すべての波長をすべて反射すると、色はつかず明るくなるので白色、逆にすべて吸収すると黒色に見えます。

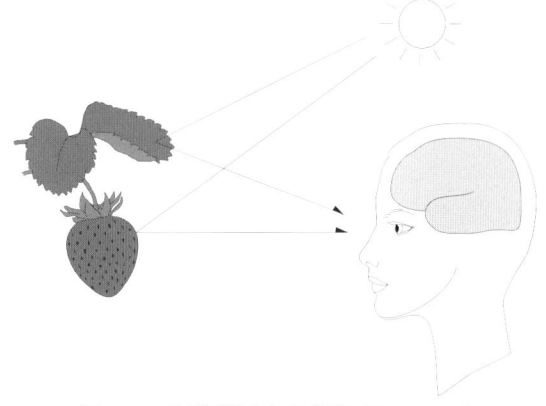

図5・1　色が感じられる経路［カラー p.18］

2 光とは

イギリスの物理学者ニュートンは、1666年、プリズムを用いて、自然光には、赤、橙、黄、緑、青、藍、紫の色光が含まれており、それぞれの色は、それ以上は分光できない単色光（スペクトル）である。それらをすべて集光すると、元の無色の光になるということを発見しました。ニュートンは、論文「光学」で、光について、微粒子が四方八方に飛び散る現象だという微粒子説で説明しました。

その後、オランダの物理学者ホイヘンスが、光は音と同様に触媒を振動によっ

て伝わるという波動説を唱えました。イギリスの物理学者マクスウェルは、1864年に光は電磁波であると発表しました。現代では、光は、テレビ電波やX線と同じように波長を持った電磁波の一種であり、微粒子でありながら、波動性を備えているという両説を合体させた考え方に至っています。

人間の目は、さまざまな波長の電磁波のなかで、380〜780nm（ナノメートル：1ナノメートルは10億分の1m）を色として感じています。この波長範囲を可視光線といいます。短波長（380nm寄り）が紫色光で、中波長（500nm付近）が緑色光、長波長（780nm寄り）が赤色光です。紫より波長が短い領域が紫外線、赤より波長が長い領域が赤外線で、どちらも目には感じません（色として見えません）。

3 屈折、散乱、回折、干渉

①屈 折

虹は、太陽光が空気中の水滴の中を通過する際に、屈折率の違いで、赤、橙、黄、緑、青、藍、紫の各波長に分光されて反射してきた色を眺めているわけです。青など波長が短い光ほど、屈折率が大きく曲がりやすく、赤など波長が長い光ほど、屈折率が小さくて曲がりにくいので、各色のスペクトルに分光されます。

なお、「虹の七色」とは、似た色の順に連続して変化していくさまざまな色を7色に集約して「七色」と呼んでいるのであって、明確に区分された7色しかないということではありません。

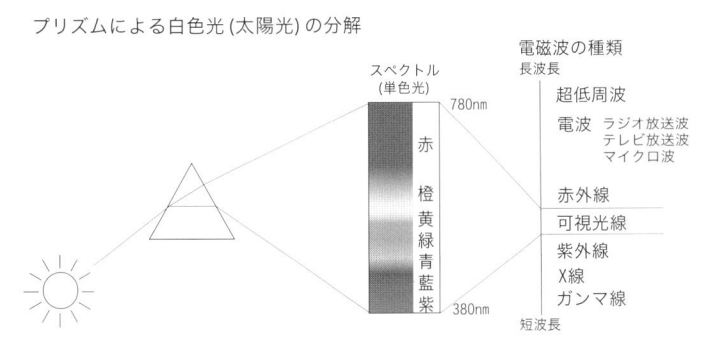

図5・2　可視光線は電磁波 ［カラー p.18］

②散 乱

光は波動となって伝わるので、波長以下の障害物に出会うと散乱します。大気中の窒素や酸素の分子により、短波長の青色光は、長波長の赤系色光よりも大量に散乱します。散乱の程度が波長によって異なる散乱を「レイリー散乱」といいます。

空が青い理由は、太陽光が、上空の水蒸気やちりなどの粒子、あるいは大気の窒素や酸素の分子に当たり、短波長である青色光が散乱したものを地上から眺めているからです。朝夕は、太陽は地平線に近い角度にあり、眺める人の位置までの太陽光の大気通過距離が長く、長波長も地上に届く前に散乱し赤く染まります。これが朝焼け夕焼けです。

逆に、浮遊水蒸気など障害物の大きさが光の波長より大きいと、波長の長短に関係なく一様に散乱します。これを「ミー散乱」といいます。雲がすべての波長を含んだ白色に見えるのはこのためです。

③回 折

光が鋭く尖った物体の縁に当たると、波長の長い光ほど進行方向が曲げられま

す。この現象を回折といいます。電柱など障害物の裏まで光が回り込み、影の先の方がぼやけるのは、このためです。

④干　渉

同じ波長の2つの光が、少しだけ位相がずれて進む場合に、波形が合わさって生じる現象。

シャボン玉は、せっけん膜の表面で反射された光と、膜の中へ入って内側の面で反射されて戻ってきた光が、互いに干渉していろいろな光の色をつくりだします。

4 赤外線と紫外線

紫外線は、細菌やウイルスに対する殺菌作用があり、皮膚病などに紫外線療法として用いられています。大量に受けると、日焼けや皮膚癌の原因にもなります。しかし一方で紫外線は、体内でビタミンD（ホルモン）の生成に欠かせないもので、ビタミンDが不足すると、カルシウムやミネラルの吸収ができず、骨粗しょう症などの原因にもなります。

チョウやハチは、紫外線が見えています。花は、紫外線の反射の有無で視認性を高めて昆虫を誘い、受粉します。一方、昆虫は蜜にありついています。人と昆虫は、同じ花でも異なって見えていることになります。また、植物の葉は、光合成に長波長と短波長を利用しており、光合成には効率の悪い中波長の緑色光を反射しています。言い換えれば、植物にとって緑色は不要ですが、それを見る人間にとっては、植物の緑色は必要不可欠です。ここにも地球上の生態系の連鎖をみることができます。

長波長の赤外線は、見えませんが、熱として肌（触覚）で感じています。太陽光やストーブで身体が暖かく感じるのは、赤外線のおかげです。このように考えると、赤外線と紫外線にはさまれた可視光線の領域の光も、身体の生理現象になんらかの影響を与えているはずだと考えることができます。

❷ 目の構造

目は、可視光線の領域の波長をとらえ、脳で色の情報処理ができるように、電気信号に置き換える器官です。

前述のイチゴの赤色を目の構造からとらえると、イチゴからの反射光は、まず、角膜を通過し、次に水晶体を通過します。水晶体でピント調整された屈折した光が、網膜の中心窩（ちゅうしんか）に結像されます。網膜に届いた光は、視細胞で長・中・短波長の3つの波長域のそれぞれの刺激量に分解されて脳に伝わり、脳が3つの刺激量の総和で、特定の色として認識しているのです。イチゴは長波長の刺激量が多いので、赤色として感じているのです。

1 各部の名称と働き

眼球は、直径21～25mmの球状で、外側は強膜によって

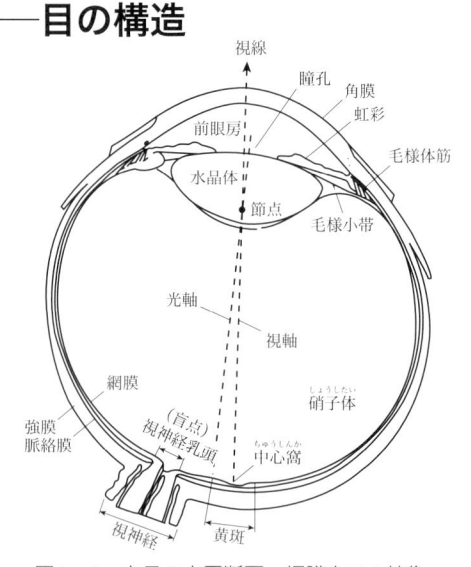

図5・3　右目の水平断面─網膜上での結像

覆われています。強膜の前面は、無色透明で半球状になっており角膜とよばれます。

脈絡膜は、一面に血管が分布しています。脈絡膜の前眼房部分に張り出した部分が虹彩(こうさい)となります。虹彩は、人種によって色が異なります。これが円形の瞳孔を形づくり、入射光が適切量になるように、また、水晶体(レンズ)の中心を光が通過するように、瞳孔の大きさを調整しています。

入射光はまず角膜で大きく屈折します。角膜の奥に水晶体があります。遠くを見るときは、水晶体が毛様体筋によって引っ張られ、厚みが薄くなることで屈折力が弱まります。近いものを見るときは、水晶体自身の弾力によって、厚い凸レンズ状になって屈折力が増します。このように水晶体の厚みを変化させることでピントを合わせ、無色透明のゼリー状の硝子体(しょうしたい)を通過して、網膜に結像させます。網膜の中心部分にあり、ものが細かくよく見え、視力が最高の部分が中心窩です。ものを見るときは、常に中心窩に結像するように目が動いています。

網膜の感度と瞳孔の径の調整で、1ルクス以下から10万ルクスの明るさまで、ものを見ることができます。厚さ0.3mmほどの網膜に届いた光は、網膜内の視細胞によって識別されます。

視神経乳頭は、視細胞の情報を束ねた視神経の通り道です。この部分に視細胞はないので盲点とも呼ばれ、盲点に結像しても見えません。

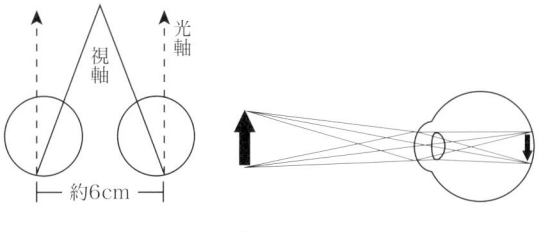

図5・4

●　　　　　　　　　　　　　　　　　　　　　　　　　　★

盲点の観察
　右目をつむり、左目で、右の★印を見つめながら、目を至近距離からゆっくり離していくと、ぼんやり見えていた●印が、どこかで消えます。同様に、右目で、左の●印を見つめてください。どこかで★印が消えます。盲点に結像したとき見えないのです。

図5・5

2 視細胞

網膜に分布する視細胞は、錐状体と桿状体の2種類があります。

①錐状体(すいじょうたい)

円錐状の細胞で、直径約0.003mm、約650万個あり、中心窩に集中しています。

錐状体に含まれる視物質(イオドプシン)は、560nm、530nm、420nm付近で、それぞれ強く反応する3種類があり、それによって、L錐状体(赤錐体)、M錐状体(緑錐体)、S錐状体(青錐体)の3種類に分類されます。明るいところで働き、色を識別します(0.03lx以上、輝度が2cd/m²以上で働く)。3種の錐状体の刺激の総和で明暗もわかります。

錐状体が働いている状況が、明所視です。

②桿状体(かんじょうたい)

棒状の細胞で約1億2千万個、網膜の周辺に存在しています。明暗の感覚だけに関与する視物質(ロドプシン)があり、暗いところで働き、明暗を見分けます。

色を見分けることはできません。

暗いなかで桿状体のみが働いている状態が暗所視です。暗い夜道では、ものは見えますが、色はわかりません。

【参考】　ロドプシンは、ビタミンAを材料としてできるタンパク質で、バラ色のタンパク質という意味。十分に暗順応したロドプシンは、光が当たると赤紫→薄黄色→無色へ変化し分解されます。光がなくなると再合成します。ビタミンAが夜盲症（トリ目）の研究から発見されたことからもわかるように、視力にビタミンAは不可欠なものです。

3 情報の伝達経路

情報の伝達経路は、複数個の視細胞の情報がまとめられて水平細胞へ伝達され、視神経を通って眼球の外へでます。

現在は、視細胞レベルの情報処理では、ヤング-ヘルムホルツの3色性が働き、その情報が水平細胞から脳へ伝わる経路で、ヘリングの赤-緑、青-黄の反対色性の処理機能が加わると考えられています。

①ヤング-ヘルムホルツの「三原色説」（1868年）

ヤングは、赤、緑、青の3色に対応する3種類の受容器を仮定し、その刺激の程度でさまざまな色を感じるという仮説を立てました。ヘルムホルツは、この説を発展させ、3色のどれかによく反応する機能は、その色以外の2色への反応は低下するということを示しました。可視光線のうちの長波長、中波長、短波長の光の刺激に、それぞれが反応し、その刺激に応じた神経の興奮量の比較によって色を知覚するという説です。2人の名前をとってヤング-ヘルムホルツ説といいます（現在、3種類の錐状体が確認されています）。

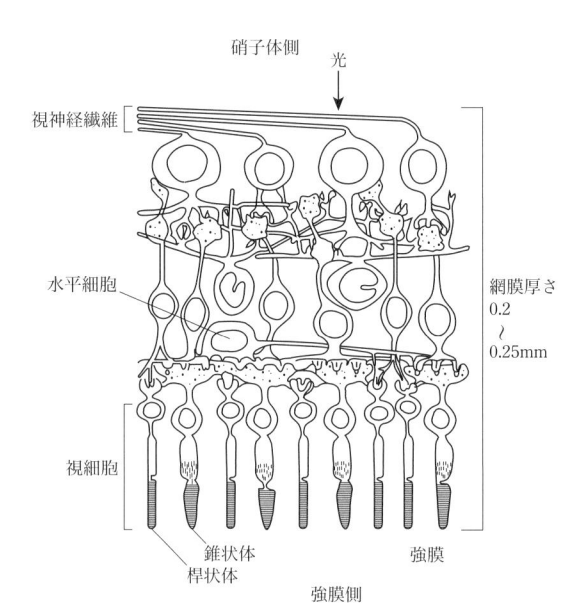

図5・6　視細胞

②ヘリングの「反対色説」（1878年）

「三原色説」では、黄色は赤と緑の刺激から得られる色となっていますが、黄色から赤と緑の存在を感じることはできません。この矛盾点に着目し、3種類の受容器（錐状体）の存在を認めたうえで、それぞれ、赤または緑、黄または青、白または黒に反応すると考えました。赤と緑は反対色で、赤を感じているときは緑を感じない（赤緑はない）。黄と青も同様に反対色です。そのうえで、白または黒を感じる受容器が、明るさに関する情報を与えるとしました。白黒は同時に存在しないとしていますが、灰色は両方の存在を感じることができるという矛盾点があります（基本色相を赤、黄、緑、青の4色としたので、ヘリングの四原色説ともいいます）。

4 近視・遠視・老人性遠視・弱視

近視は、眼軸の長さが長すぎる軸性近視と、角膜か水晶体の屈折力が強すぎる

屈折性近視があります。網膜の手前で結像してしまい、網膜上ではぼけてしまうので、凹レンズの眼鏡や、角膜の曲面よりゆるやかなコンタクトレンズを使って補正します。

遠視は、角膜の曲面がゆるやかで、光が十分に屈折しないので、凸レンズを使用します。若いときは水晶体を膨らませて対応できるので、凸レンズ眼鏡やコンタクトを用いる人は少ないようです。

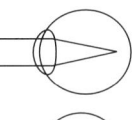

老人性遠視（老眼）は、年齢とともに水晶体の弾力性がなくなり、水晶体自身の弾力で十分に膨らまず、近くのものにピントが合い難くなった状態です。正視の人は、足りない膨らみを凸レンズで補い、遠くを見るときは眼鏡は不要ということになります。近視の人は、近くを見るときは眼鏡不要で、遠くを見るときに凹レンズが必要となります。

弱視は、乳幼児期になんらかの理由で、視細胞が正常に発達せず、視力の発達が止まってしまった状態です。眼鏡で視力矯正できる近視は、弱視とはいいません。視力が乏しいので、たとえば、インテリアのフローリング色と腰壁を同色にすると、床と壁の境界が区別しにくいといったことが起こります。

床や歩道面の視覚障害者用誘導ブロックは、視認性が高い色ということで、黄色が用いられていますが、床面が白っぽく明るい色の場合は、コントラストがつかず、黄色でも識別しにくい状況になります。

【参考】 視覚障害者用誘導ブロックについて、行政では「黄色や橙色を選択することを原則とする」というガイドラインが多く、東京都の道路整備基準には、「輝度比 1.5 から 2.5 程度であれば、弱視者が識別でき、健常者が見た場合にも違和感が少ない」という一節があります。建物整備基準には、「弱視者に配慮し、色は黄色、橙色を原則とするが、他の色を選択する場合は、周辺の色との明度の対比などを考慮する」とあります。

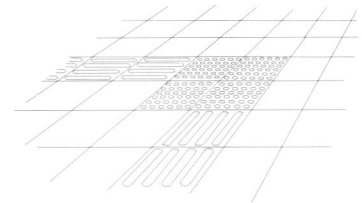

図5・7 軸性近視・屈折性近視

軸性近視—眼軸の長さが長すぎる場合
大部分の近視はこれ
凹レンズで補正する

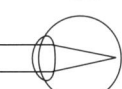

屈折性近視—角膜、水晶体の屈折力が強すぎる場合
凹レンズで補正する

図5・8 視覚障害者用誘導ブロック

❸ 色覚特性

通常色覚に比べ、遺伝の関係で、色を見分ける能力が異なる場合があります。3種類の錐状体の感度が同等ではなく、どれかひとつに感度差があり、その差の程度が小さいときは三色型色覚異常、差が極端な場合は二色型色覚異常といわれ、色覚障害が起こります。

❶ 三色型色覚異常

第一色弱（赤色弱）、第二色弱（緑色弱）、第三色弱（青黄色弱）があり、第二色弱が最も多いのです。

第二色弱は、黄系と青系は容易に見分けられますが、赤系茶系色と緑系色を混同しがちで、特定の赤や茶色と緑は無彩色と混同します。

色弱は、ものを見る条件の悪いとき、たとえば、小さな面積の色を見分けるとき、暗いとき、瞬間的にしか見えないとき、低彩度のときなどに、色識別がしにくい状況が生じます。

2 二色型色覚異常

　第一色覚異常（赤色覚異常）、第二色覚異常（緑色覚異常）、第三色覚異常（青黄色覚異常）に分類されます。

　第二色弱の次に多いのが第二色覚異常です。第二色覚異常は、緑錐状体の感度が大きく異なります。そのため、水平細胞でのR（赤）-G（緑）がうまく機能せず、すべて黄系と青系で識別していることになります。したがって、黄色色と青系色は容易に見分けられますが、緑系色と赤系茶系色を混同し、さらに、特定の赤や茶色と緑は無彩色と混同します。

　第一色覚異常は、第二色覚異常と同様な見え方をしますが、赤系色（長波長の色）が暗く見えることが第二色覚異常とは異なります。第三色覚異常は、現実には極めて少ないといわれています。

　このような先天的な色弱や色覚異常は、遺伝子のX染色体の異常で、女性は少なく、男性に多く出現します。出現率は、黄色人種の男性で約5％、女性で0.03％です。日本人の男性の約20人に1人が、このような色覚特性をもっていることになります。サイン標識をはじめとして、色覚特性への色彩デザイン配慮は、今日までほとんどなされていません。今後、ユニバーサルデザインを考えるうえで、留意すべき問題です。基本的な対応方法は、明度差をはっきりとつけ、必要な情報表示部分を識別しやすくします。

❹ 目の老化

1 老化による見え方の変化

①水晶体の白濁・黄変

　加齢すると、老化や紫外線の影響で、水晶体の透明なタンパク質の分子が大きくなり、水に溶ける性質を失ってきます。同時にビタミンCなどの減少や、逆にカルシウムなどの増加があり、酸化して白く濁ってきます。また、タンパク質の中のアミノ酸の一部は紫外線で分解され、水晶体は、黄色に着色されてきます。

　白濁は、水晶体の周辺部に、頂点を中心に向けた、くさび形をした白い濁りが現れ始めるのが一般的で、次第に全面に広がります。これが白内障（老人性白内障）です。これは病気ではなく、老化現象のひとつなので、手後れということはありません。本人が不便に感じたら手術で水晶体を摘出し、人工レンズを入れることになります。白内障は、個人差が大きいのですが、40歳代から始まり、70歳代になると80～90％の人が白内障だといわれています。

　白内障による弊害として、次のような症状があらわれます。

　濁りによる光の透過率の低下で視力が下がる。ものが二重三重に見える。うすい絹のベールを通じてものを見ているように、ものがボヤッとかすんで見える。ものがよく見えないので目が疲れやすくなります。明るいところでは、水晶体の濁りに光が乱反射、散乱してまぶしさを感じます。まぶしく白っぽく感じるということは、彩度が下がって見えているともいえます。

　白内障の手術直後に、テレビ画面の色があざやかすぎて目が疲れるなどという感想が聞かれますが、これは短期間で順応して意識しなくなります。

②短波長の透過率の低下

　水晶体の黄変は、青系色の短波長の透過率がより悪くなるということです。すべての色が、やや黄色みをおびて濁って見えています。黄色があざやかになるのではなく、すべての色の彩度が下がって見えています。しかし、本人は順応して、白は白として認識しているので、その変化には気づきません。弊害としては、青緑系色の微妙な識別が難しくなります。白と黄、青と紫や黒の区別がつきにくくなります。低彩度色は、濁ってグレイに見えるなどがあげられます。

③瞳孔の不十分な開き

　虹彩が十分に広がらず、瞳孔が大きく開かない。水晶体の白濁と合わせて、入射光が少なくなるので、暗いところで、物や色が見えにくくなります。

　透過率の低下のため、60歳は20歳の2倍以上の明るさが必要だといわれますが、単に明るくすると眼球内で散乱光が多くなり、不快グレア（邪魔になるまぶしさ）が生じることになります。

④硝子体の濁り

　ゼリー状の硝子体（しょうしたい）が濁り、その濁りの影が網膜に映り、眼球の動きとともに揺れ動きます。浮遊物が飛んでいるように見えるので、飛蚊症（ひぶんしょう）といいます。

⑤視細胞の減少

　高齢になると、視細胞が萎縮し、数も少なくなるともいわれています。他の症状とあわせて、全般的に低彩度色が識別しにくく、色の識別領域が狭くなるといえます。それは暗いところで、より顕著になります。

⑥順応力の低下

　順応に時間がかかります。たとえば、対向車のヘッドライトを直視し、まぶしく感じた直後は、見えにくい状態の時間が、若者より長く、危険な運転をしていることになります。

【参考】　緑内障は、老化現象ではありません。眼圧が高くなったり、視神経の血流が悪くなると、視細胞が障害を受け、その部分の視力が失われる病気です。その症状は、視野の一部が欠けたり、視野が狭くなります。一度障害を受けた視細胞は、ほとんど回復しません。

2 見えの変化への対応方法

　図色と地色との関係は、色相に差をつけるよりも、明度差を大きくつけるほうが認識効果は上がります。サインデザインでは特に配慮すべきです。色だけでなくサイズや形状も考慮することが望まれます。

　手すりなど、安全のために視認性が重視されるものも、取り付ける壁（背景色）との明度差をハッキリつけます。

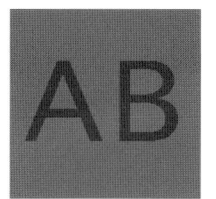

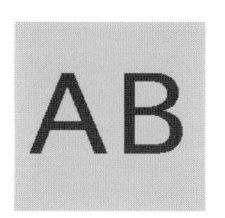

図5・9　高齢者が識別しにくい配色（上段）と識別しやすい配色（下段）（マンセル明度差1以下は識別しにくい）
［カラー p.18］

インテリア照明機具は、光源が直接目に入らないように照明位置を工夫したり、乳白のカバーを使用して、電球のむき出しやキラキラした光のものを避ける、などの対応が望まれます。街路灯も同様な配慮が必要です。

❺ 色の知覚

日常生活では、視野にさまざまな色があり、色同士が互いに影響しあって知覚されています。影響を受けると、同じ色が異なって見える対比現象や同化現象が生じます（錯視）。また目には、見え方を正常に近づけたり、感度を調整する順応機能があります。

1 同時対比現象

2色を同時に見たとき、その2色が互いに影響しあって、差異が強調されて見える現象です。

①色相対比

互いの色相が、色相環上で反発し、遠ざかる方向にずれて見えます。

②補色対比

色相対比の一種。補色同士（PCCS色相環で対向位置にある色同士）の配色では、色相のずれは起こりませんが、互いの心理補色に影響され、本来の見えよりもさえて見えます。赤飯に添えた南天の葉など、料理を彩りよく美味しく見せる工夫は、補色対比です。色彩設計では、補色同士の配色は、コントラストが大きく、より強く派手に見えることを念頭に置いて、選色する必要があります。

図5・10 色相対比：左はオレンジの赤みが強く、右のオレンジは黄色みが強く見える［カラーp.18］

③明度対比

明度差が強調され、高明度の色はより明るく、低明度の色はより暗く見えます。

白色のテーブルの上で、小さな色見本を見ると本来の色より暗く、黒いテーブルの上で見ると明るく見えます。色選びの際に注意が必要です。

図5・11 明度対比：左のグレーは暗く、右のグレーは明るく見える［カラーp.18］

④彩度対比

彩度差が強調され、高彩度の色はよりさえて、低彩度の色はより鈍く濁って見えます。

⑤縁辺対比（えんぺんたいひ）

2色が接する境界部分で、特に対比現象が強調される現象です。色相、明度、彩度のすべての対比現象がより強く起きます。

⑥マッハバンド

縁辺対比の一種。色相や明度の異なる色を隣接させたとき、明るい色との境に暗い帯、暗い色との境に

図5・12 彩度対比：左の水色はさえて、右の水色はくすんで見える［カラーp.18］

明るい帯が見えます。交互に明暗を繰り返した配色では、マッハバンドは見えず、折れ曲がって奥行きが感じられます。

⑦ハーマングリッド

余白の交差するところが、ぼんやりと黒ずんで見えます。

⑧エーレンシュタイン効果

格子の抜けている十字の部分が、特に明るく、また丸い形に見えます。

⑨ネオンカラー現象

エーレンシュタイン効果の十字部分を明るい色の線でつなぐと、丸い形が広がって見え、ネオンが光っているように見えます。

⑩色陰現象（しきいんげんしょう）

色みのある色光で照らされた物の影が、その補色の色みに近づいて見える現象。灰色が、囲まれた有彩色の補色に近づいて見える場合を指すこともあります。

⑪面積対比

面積が大きくなると、面積が小さいときより明度や彩度が高く見えます。

生活空間では、低彩度色は、大面積になると、明るく見えるが、色みを意識しなくなる傾向があります。また、暗い色も、大面積にすると、明るく見えるはずですが、実際には、暗さの印象がより強くなることもあるので注意が必要です。

図5・13　縁辺対比［カラーp.18］

図5・14　ハーマングリッド［カラーp.19］

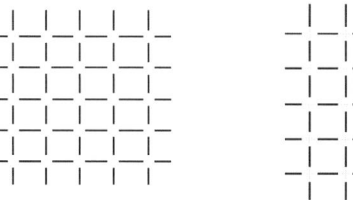

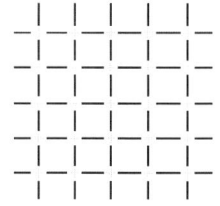

図5・15　エーレンシュタイン効果［カラーp.19］

図5・16　ネオンカラー現象［カラーp.19］

2 継時対比現象

あるひとつの色をしばらく見た後、他の色を見ると、前に見ていた色の影響で、後の色が、本来の色とは異なって見える現象。時間的要素が加わるので継時対比といいます。

①補色残像（負残像）

ある色をみると、色刺激に対応して瞬時に、その色認識の感度が上がります。しばらく見続けると、その色に順応して感度が低下します。その色刺激と補色関係にある色覚の感度は、低下することなく保持されているので、見続けた色を視野から取り去ると、感度の均衡がとれなくなり、補色の残像が現れます。ある色の残像として生じる色を心理補色といいます。たとえばTVコマーシャルで、オレンジジュースの映像の前にブルーの空や海の映像を見せると、補色残像効果で、よりオレンジジュースの色が強調されます。

②正残像

1/16秒以下の短時間は、刺激色と同色の残像が生じます。映画やテレビの画面は、これを利用しています。

左の赤いハートを10〜15秒間ほど眺めて、右のハートに目を向けてください。青緑の色が感じられます。

図5・17　補色残像　［カラー p.19］

3 同化現象

①同化現象

　対比とは逆に、ひとつの色が他の色に囲まれたとき、周囲の色に似て見える現象です。赤いネットに入れられたみかんは、ネットの色がみかんの色に同化して、より赤みの強いみかんに見えます。ネットが見えなくなるわけではありません。囲まれた色の面積や線や模様が細かく、2色の色相明度が近いほど、この現象が起こりやすくなります。

②リープマン効果

　配色された色同士の明度差がさらに小さくなると、図と地の区別が見極めにくくなります。その現象をリープマン効果といいます。

4 視認性

　同じ条件の下での存在認識や形の見えやすさの程度、あるいは読みやすさの度合のことをいいます。識別性や可読性、あるいは、図形の視認では明視性という言葉も視認性と同様の意味で使われます。サイン計画、高齢者、色覚特性などへの対応の際に重要です。

　配色によって、はっきり見えたりぼんやり見えたりします。色相が大きく異なっていても、明度差がなければ、遠方からは識別しにくいといえます。対象（図色）と背景（地色）の明度差が大きいほど、視認性や可読性は高くなります。

　JIS 安全標識は、安全に関する情報を発信するもので、高彩度色であると同時に、文字やパターン（図色）と背景色（地色）の明度差を大きくしてあります。

5 誘目性

　誘目性は、注目性ともいいます。目を引きつける性質で、どの色がより知覚されやすいか、目立ちやすいかの程度のこと。視認性に感情興奮が含まれる状態です。視認性が高く、同時に見慣れない異常な配色は、誘目性が高いといえます。たとえば、JIS 安全色彩では、黄色と黒の組み合わせが注意標識、黄と赤紫の組み合わせは放射能標識として用いられています。

　JIS「安全色彩および安全標識」では、安全色とは、安全に関する意味が与えられている特性をもつ色と定義されており、安全色を引き立たせる対比色、形状、文字などとの組み合わせによって安全標識が定められています。

表5・1 安全色彩の例 [2018年4月改訂]

安全色	(参考値)	表示事項	使用個所例
赤	8.75R5/12	防火、禁止、停止、高度の危険	防火警標、配管識別の消火表示、消火栓、火災報知機、緊急停止ボタン、禁止警標
黄赤	5YR6.5/14	危険、航海の保安施設	危険標識、危険警標、スイッチボックスのふたの内面、救命ブイ、救命具
黄	7.5Y8/12	注意	注意標識、電線の防護具
緑	5G5.5/10	安全、避難、衛生、救護、進行	安全指導標識、非常口の方向を示す標識、保護具箱
青	2.5PB4.5/10	指示（義務的行為）、用心	保護めがね着用、修理中を示す標識
赤紫	10P4/10	放射能	貯蔵施設、管理区域に設けるさく
白	N9.3	通路、整とん、対比色	通路の区画線、地色、記号、文言
黒	N1.5	対比色	記号、文言

図5・18 明度差の大きい配色、明度差の少ない配色 [カラー p.19]

図5・19 安全標識の例 [カラー p.19]

6 順応

明るさや色の変化に伴い、網膜上の視細胞の感度が変化して、ものを見やすくする視覚反応を順応といいます。

①暗順応

明るい所から暗い所に入った場合、10分ぐらいで目が慣れますが、完全に細部まで見えるようになるには30分ぐらいかかります。まず、錐状体が5〜7分ぐらいで暗順応し、0.01 lx程度以下では感じなくなります。代って、桿状体が順応してきて、暗い所でも見えるようになります。上映中の映画館に入った直後は、足元や空席が見えにくいのはこのためです。

強い光に順応していた場合は、弱い光に順応していた場合よりも、暗順応するまで長く時間がかかります。光の強さを徐々に弱めていくとより早く暗順応状態になることから、トンネル照明は、入口付近から徐々に暗くしてあります。

暗順応によって、暗い場所に順応している場合の視覚を暗所視といいます

②プルキンエ現象

明所視から暗所視への移行期の中間の明るさの状態（薄明視の状態）に、錐状体と桿状体の両方が働いている状態の視覚をプルキンエ現象（発見者の名前）といいます。暗順応への移行時には、明るいときにはよく見えていた赤や橙が、暗くなるにつれて濁って見えにくくなり、青緑や青などが明るく見えます。黄昏どきにこのような見え方になります。暗いところで働く桿状体の最大感度の波長域は、錐状体よりも短波長側（507nm 青緑）にあるからです。薄明視や暗所視の状

5章 目の構造と視覚 65

態では、遠近感や立体感は弱くなります（p.70 図 6・5 を参照）。

③**明順応**

　暗い所から明るい所に出た場合、感度対応が桿状体から錐状体へ移行します。出た瞬間はまぶしく感じますが、0.2 秒程度でその明るさに順応します。明順応はごく短時間で順応するので、暗い映画館から出た後、明るすぎてものが見えないという状況はありません。

　明順応によって明るい状況に順応している場合の視覚を明所視といいます。錐状体は、555nm（黄緑）付近が最も明るく感じるので、黄色から緑色へかけての色が明るく見えます（p.70 図 6・5 を参照）。

④**色順応**

　周囲の色に順応すること。経験や知識によって知覚修正され、物理的な色刺激が変化しても、色の見えは変化しないように見える現象です。

　白熱電球で照明された部屋へ入った直後は、モノは黄赤みを帯びて見えます。白熱電球は黄赤のスペクトルを多く含むためですが、しばらくすると目の黄赤系感度が低下し、黄赤スペクトルの多い電球光との複合によって、赤、緑、青の三種の感度がほぼバランスした状態になります。その結果、自然光で見えていた色に近く見えます。

　同様なことは、サングラスをかけたときにもいえます。かけた直後は、サングラスの色が気になりますが、しばらくすると、見るモノは自然光で見ているように見えます。恒常性を保つために順応しているわけです。

7 恒常性

　照明や観察条件が変わっても、網膜像に依存しないで物体そのものを知覚すること。主観的にはあまり変化を感じない現象です。

①**明るさの恒常**

　白色の紙は、薄暗い状態で見ても、灰色ではなく白色に見えます。目は、照明による明るさと物体表面の明るさとを区別して知覚しています。物体表面色の明るさ知覚（明るさ感覚）は、物理的な光の反射量ではなく、その物の光を反射する割合（反射率）で判断しているのです。

②**色の恒常**

　色を見る環境や照明条件が異なっても、主観的にはほとんど同じ色に見える現象です。白い紙に赤色光を当てても、紙自体が赤いとは思いません。目は、記憶に基づいて、物の固有の色を照明光とは区別して判断しているのです。

8 主観色

　光が存在しなくても、知覚として色が見える現象を主観色といいます。「ベンハムのコマ」が有名で、図 5・20 のように、白黒の線模様がある円板を回転させると、同心円状に線の輪ができ、それらの線にうすく色がついて見えます。速度や回転方向を変えても見える色が異なります。細かいストライプを見るときも色が見える場合があります。主観色の原因は、視神経の色覚の発生や残存時間が色によって異なるためとか、光の収差、回折によって起こるなどの説があります

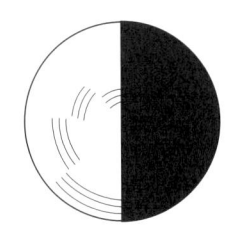

図 5・20　ベンハムのコマ

が、完全には解明されていません。

【参考】　収差とは、一点から種々の方向に放射された光線が、レンズ・鏡などの収斂光学系を通過した後に、正確に一点に集まらず、幾何学的な点像を生じない現象。

9 ベゾルト-ブリュッケ現象

輝度が高くなると、黄赤や黄緑が黄系に、青紫や青緑は青系に寄って見える現象。たとえば、600nmのオレンジ色の光は、強く明るくすると黄色みが増して見えます。波長によって輝度の影響は異なり、474〜478nmの青、503〜507nmの緑、571〜575nmの黄は、輝度によって見えの色相は変化しません（不変色相）。

10 アブニー効果

色刺激の純度（あざやかさ）が変化すると、色相が変化して見える現象。たとえば、緑色の光をあざやかにすると黄色みが増します。同じ緑の色相に見せるには、あざやかになるにつれて青方向の波長へ移行させる必要があります。この現象も不変色相（577nm 黄）があります。

11 スタイルズ-クロフォード効果

瞳孔の中心を通って入射する光は最も明るく見え、中心からずれて周辺部へ入射する光ほど暗くなる現象です。

白色光の光軸が、瞳孔の中心から1mmずれると、感じる明るさは90％弱になります。これは、視細胞に入射角特性があり、網膜へ入射する角度が、瞳孔の中心を通ったときに、最もよい感度で機能することに起因するといわれています。

12 記憶色

特定の事物と結びついて記憶されている色のこと。記憶するためには、本来の色よりやや彩度を上げて印象を強めて記憶する傾向があります。写真の肌色や印刷などの色再現では、実際の肌の色よりも記憶色の方へずらしたほうが好まれます。

6章　混色と測色

❶ ―――――――――――――――――色と波長

　色を混ぜ合わせることを混色といいます。色光と絵具などの色材では、同じ色を混ぜても異なった色になります。混ぜ合わせることでは、その色が作れない色を、原色といいます。色光と色料は、それぞれ3色の原色があり、その三原色の混色ですべての色が表現できます。

1 加法混色

　色光による混色。光の三原色は赤（R）、緑（G）、青（B）。複数の色光を同じ場所に照射し混色すると明るくなります。光の三原色を適量の比率で混色すると、色みがなくなり白色光になります。各波長でのエネルギーの足し算による混色なので、加法混色といいます。

　PCプロジェクター、舞台照明などの色表現は、加法混色です。

2 減法混色

　顔料や染料などの色材による混色。色料の三原色はマゼンタ（M）、イエロー（Y）、シアン（C）。混色するほど反射してくる光量が減り濁って暗くなります。

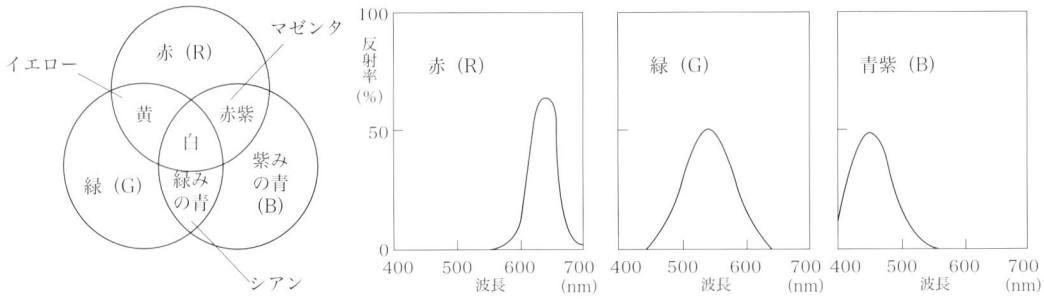

図6・1　加法混色：光の三原色と分光分布図

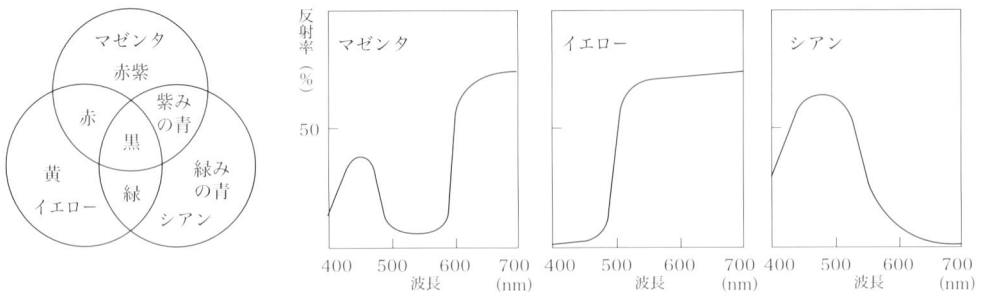

図6・2　減法混色：色料の三原色と分光分布図

色料の三原色を適量の比率で混色すると、ほぼ黒に近い色になります。エネルギーを吸収することで混色されるので、減法混色といいます。

印刷のインクの重なった部分、写真、マーカー、絵の具などの色表現は、減法混色です。

3 中間混色

中間混色は、加法混色の一種です。

①平均混色（継時加法混色）

塗り分けられた円板をコマ状に回したときなど、目の時間的分解能力を超えた短時間（速い速度）での混色は別の色になります。それぞれの色が面積比に応じて平均化された色になり、明るさも平均化されます。

②並置混色（並置加法混色）

小さな色点を敷き詰めて遠くから見た場合に、目の空間的分解能力の限界以上に細かくなると、個々の色は識別できずに混色して別の色になります。分量比率の関係で、色相、明度、彩度は中間になるとは限りません。

ブラウン管テレビ、液晶画面、カラー印刷を見るとき、ジョルジュ・スーラに代表される点描絵画、色の違う縦糸と横糸による織柄などは、並置混色です。

【参考】カラーテレビの色再現　蛍光体を利用したCRT（ブラウン管）と液晶を利用した表示画面があります。個々に見分けられない小さな赤（R）、緑（G）、青（B）の三原色の光の点の発光強度を変えることで、色を再現しています。並置加法混色と正残像との複合で見ていることになります。

【参考】カラー印刷の色再現　すべての色は、イエロー、シアン、マゼンタの3色の混色で表現できます。そこで、カラー原稿を色分解して、イエロー、シアン、マゼンタの網版をつくります。最近は、原稿をスキャナー入力し、コンピュータで簡単に色分解処理できるようになりました。原理的にはこの3色すべてを重ねると黒色になりますが、実際は、インクの特性から完全な黒は再現できません。そこで、もう1色、シャドウ部分を主にした黒版をつくります。そうして、イエロー（Y）、シアン（C）、マゼンタ（M）、ブラック（K）の4色のプロセスインキで、それぞれの色を順に重ねて印刷します。

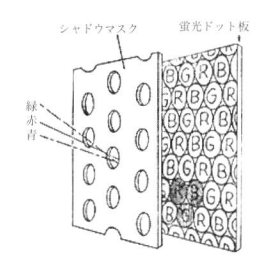

図6・3　ブラウン管テレビのRGBドット

印刷物をルーペで拡大してみると、それぞれのインク色の細かいドットで成り立っているのがわかります。紙の白地部分とインクのついた部分の面積割合で、色の濃淡が表現されています。各色のインクの重なった部分は減法混色、インクと余白の関係は並置加法混色となって、我々の目に届いています。インクジェット方式は、インクの微細な粒子を紙上に飛ばし、そのインクの面積を変えて色を再現しています。

これら印刷物の白色部分は、インクのついていない印刷用紙そのものの色です。インクは透過性が高いので、紙の表面からの反射光が含まれます。そのため、印刷用紙の白さの度合いによって、表現された色は、微妙に異なって見えます。

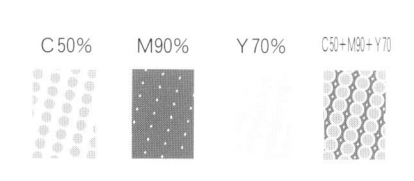

図6・4　印刷のCMYKドット［カラーp.21］

❷ 色の測定

人が色を見る際は、それぞれの人の目の感度に個人差があります。モノの色は、そのモノを照らす光が変わっても、光の当て方や見る角度が変わっても、異なって見えます。一方、工業製品の製造現場での色管理は、厳密さが要求されます。条件によって異なって見える色を厳密に特定するためには、目の感度、光などを限定した一定条件で測定する必要があります。測色器は、このような諸条件を厳密に規定して作られています。それらの諸条件や測定された色の表示方法などを、順を追って説明します。

■1 測色条件と測色値表示方法

モノの色を認識するには、光源、モノ、目が必要です。光源は、どの波長をどれだけ含んでいるか、モノは、どの波長をどれだけ反射しているか、目はそれをどのように感じているか、という三者の関係で色の認識が成り立っています。

①標準分光視感効率

目の感度は個人差があるので、CIE（国際照明委員会）が、被験者の平均値をもとにした標準値を定めています。標準値は、測色標準観測者と名付けられた仮想の人間が見た値ということになります。標準値のひとつが、標準分光視感効率です。

我々の目は、目に届く各波長の光が同量であっても、波長によって明るく見えたり暗く見えたりします。錐状体が働く明所視の場合は、555nm（黄緑）付近の光が最も明るく見えます。それより波長が長くなるほど、あるいは短くなるほど暗くなり、780nmを超える赤外線や380nm以下の紫外線は見えません。このような目の明るさ感覚の感度の標準値を、標準分光視感効率といいます。

【参考】　分光とは、光が含んでいるさまざまな波長の光を各々の単色光（スペクトル）に分けること。

②RGB表色系の等色関数

原理的には、色光の三原色によってあらゆる色を再現することができます。そこで、測色標準観測者が見たとき、各波長の色光は、最もあざやかな原刺激のR（赤 700nm）・G（緑 546.1nm）・B（青 435.8nm）の光をどれだけの割合で混ぜれば、各スペクトルと同じ色を再現できるか、ということをデータ化しています（これもCIEによる）。

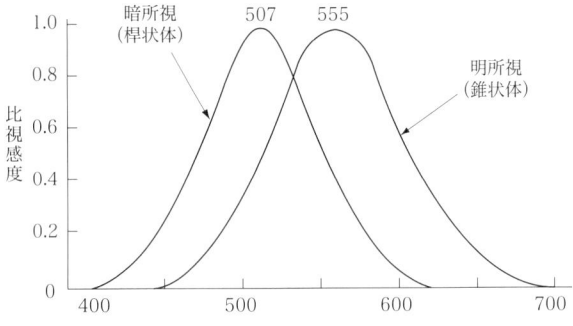

図6・5　標準分光視感効率

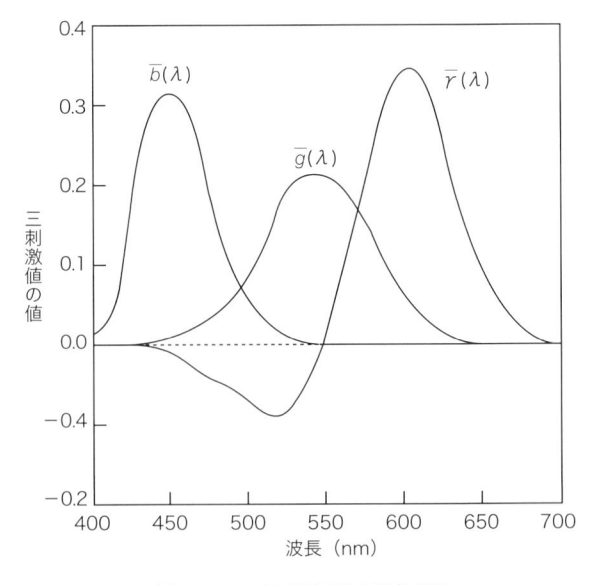

図6・6　RGB表色系の等色関数

被験者が、RGB それぞれの光の量を調整して、各スペクトルの色と等しい色になるように作業してデータを得るので、これを等色関数といいます。

③ XYZ 表色系の等色関数

ところが、440nm～545nm（あざやかな青緑色）の波長のスペクトルは、G（緑）と B（青）の原刺激を混ぜても実際には等色できません（再現できません）。そこで、まず青緑のスペクトルに原刺激 R（赤）を混ぜて薄めて（彩度を下げて）、その薄まった色に合わせるように G（緑）と B（青）の原刺激の光を混色して等色させます。これを式で表現すると、青緑のスペクトル＋rR ＝ gG ＋ bB（青緑のスペクトルに原刺激 R を r の量だけ加えた色光＝緑原刺激を g の量＋青原刺激を b の量）となり、この式を書き換えると、青緑のスペクトル ＝ gG ＋ bB － rR となります。

一般的には、赤い光をマイナスするという考え方は理解できません。そこで、すべての波長の等色関数が正の値で表現できるように、計算上で数値変換し、仮想の原刺激［X］［Y］［Z］を作りました（X は赤、Y は緑、Z は青に相当します）。これを用いて表現したのが、XYZ 表色系の等色関数（CIE 等色関数）です。

④ 物体色の測色

物体の色を測る場合は、目の感度に加えて、光源の色（光源の分光分布）と物体からの反射光の量（分光反射率）が関係します。

物体に照射した光の、どの波長がどの程度反射しているかを、分光反射率といいます。

光源にはどの波長がどの程度含まれているかが、分光分布です。CIE で分光分布が定められた基準になる光がいくつかあり、測色器の光源は通常、標準イルミナント D_{65} の光を使用しています（光源については p.76 の 7 章「人工光源と色」を参照してください）。

光源の分光分布と物体からの分光反射率とを複合させた結果について、可視光線 380nm から 780nm の 5nm ごとに、［X］［Y］［Z］がそれぞれどれだけ含まれているか、そしてその［X］の総和、［Y］の総和、［Z］の総和（三刺激値）を求めて色を表示します。これが XYZ 表色系です。

⑤ Yxy 表色系

XYZ 表色系の実用的な表現方法が Yxy 表色系です。

三刺激値 Y の分光特性は、標準分光視感効率に一致するように調整してあります。言い換えると、完全拡散反射面を照明したとき、Y ＝ 100 になるように数値変換してあります。したがって、Y の値から、緑(G)の量と、明るさ（視感反射率%）の 2 つの情報を読み取ることができます。その結果、Y の値が大きいほど視感反射率が高く、明るい色ということがわかります。

【参考】　完全拡散反射面とは、入射したすべての光をすべての方向に均等に反射する理想的な（仮想の）白色のこと。

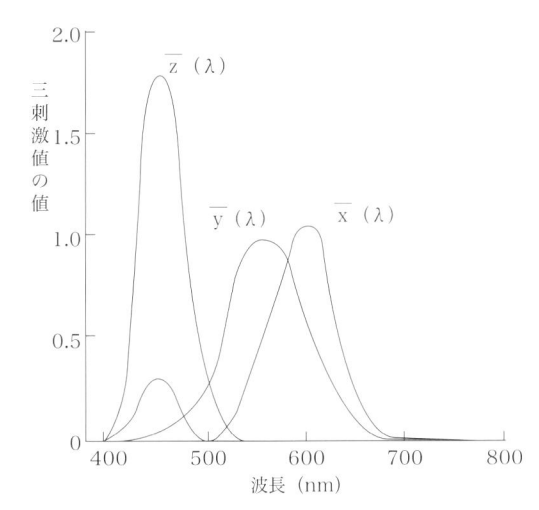

図 6・7　XYZ 表色系の等色関数

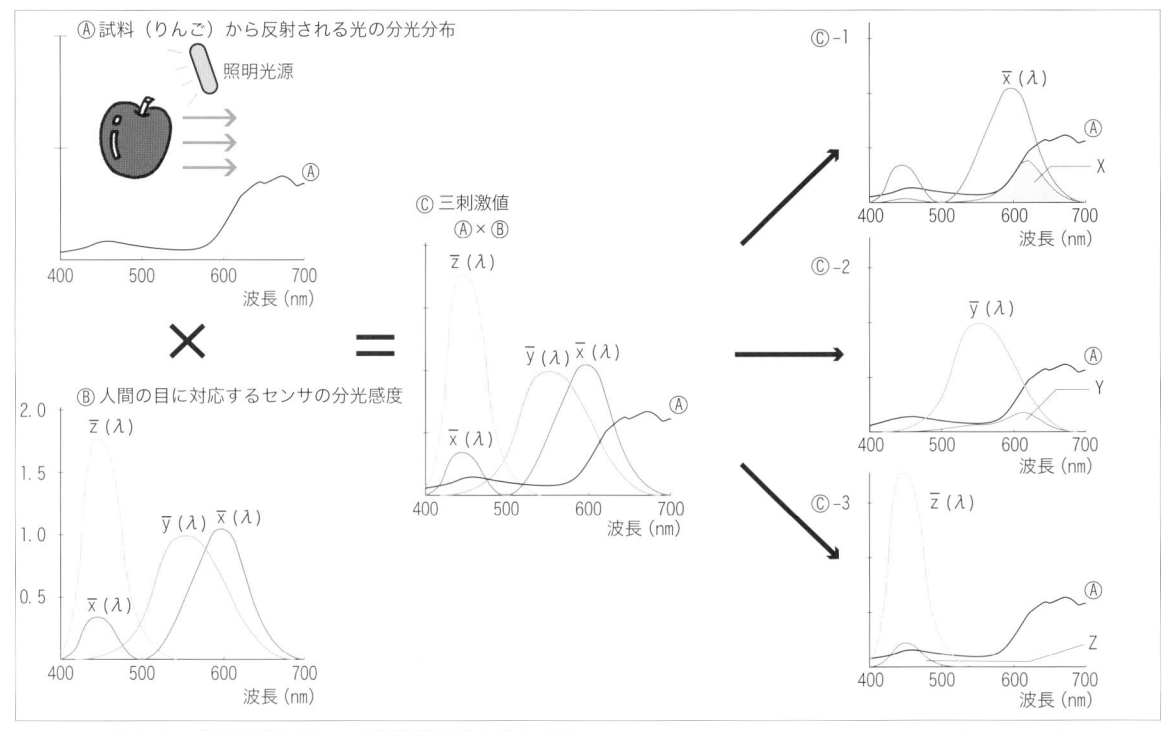

図6・8 色彩測定における三刺激値の求め方の原理（『色を読む話』コニカミノルタセンシング㈱発行より）［カラー p.20］

三刺激値 XYZ の各分量を比率化した値である x 値と y 値で、色度座標の上に表します。色度図は、色みを表していることになります。

$$x = \frac{X}{X+Y+Z} \qquad y = \frac{Y}{X+Y+Z}$$

高さ1の正三角形は $x + y + z = 1$
$z = 1 - x - y$ でわかるので、z の値は色表示には省略します。

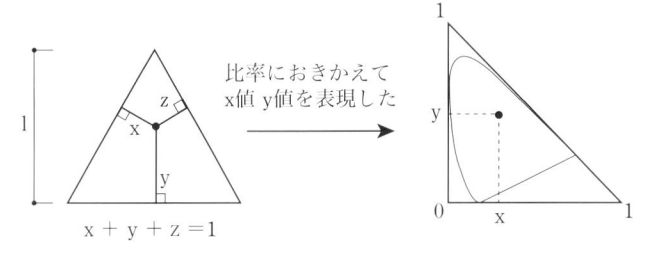

図6・9 色度図作成の概念

⑥色度図の見方

x の比率を横軸に、y の比率を縦軸にして表現したものが色度図です。

釣り鐘状の縁辺は、それ以上は分解できないスペクトル（単色光）を示しています。x の値が大きくなれば赤みが増し、y の値が大きくなれば緑みが増します。z は 530～700nm の斜辺からの隔たりに相当するので、z の値が小さくなるほど黄に近くなります。純紫軌跡は、スペクトルではなく、可視スペクトルの両端の赤と紫の加法混色による色です。

色度図は、色相と彩度の2つの要素だけを表現したもので、相対的な位置関係を知るのに便利です。

測色の例：測色器は、機種によっては、各種表色系の測色値に変換して表示できます。たとえば、マンセル表色系で 2.5R4.2/11.5（リンゴの赤）が Yxy 表色系では、Y13.37、x0.4832、y0.3045 になります。色度図の x0.4832 と y0.3045 の交点（図6・10(A)）が、このリンゴの色度となります。反射率は 13.37 %です。

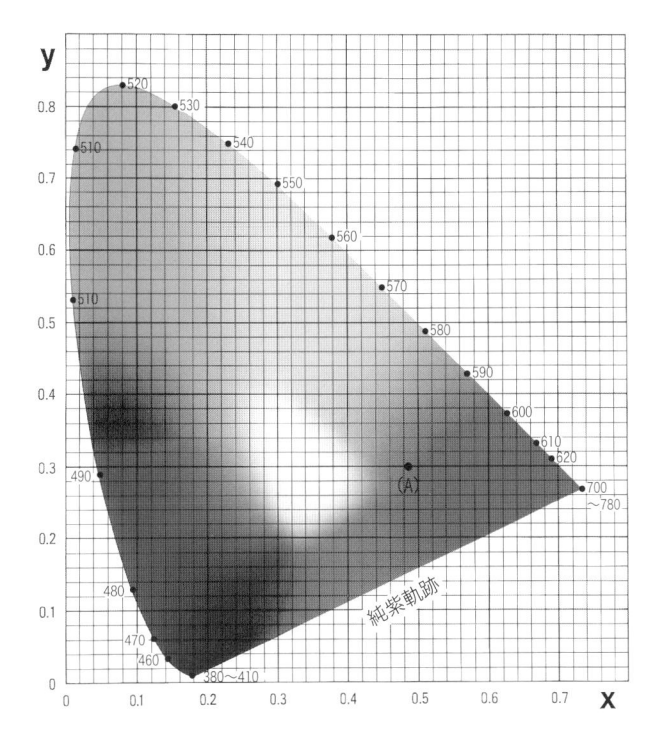

図6・10　XYZ表色系色度図 (資料提供：コニカミノルタセンシング㈱) [カラー p.20]

2 測色器による測色方法

①測色器

測色器には、分光測色方法と刺激値直読方法によるものがあります。

分光測色方法による測色器は、400nmから700nmの範囲で、10nmごとの各波長の強弱が測定できます。分光測色器の内蔵機能によっては、標準イルミナントD_{65}以外の照明光源のデータが内蔵されており、必要に応じて換算し、照明光による違いを比較できるものもあります。

刺激値直読方法による測色器は、分光しないで直接に三刺激値X、Y、Zを求めるので、各波長を比較することはできません。三刺激値X、Y、Zを直接求めるために、測色器に内蔵された照明光源の特性を標準イルミナントD_{65}に一致させ、その反射光を受ける受光器の特性を等色関数に一致させてあります。

また、測色器で色を測定する場合、CIEやJISで「照明および受光の幾何学的条件」が定められており、測色するモノの表面に対する内蔵光源の入射角やセンサで受光する角度が定められています。

図6・11　分光測色計
(製品名CM-700d、資料提供：コニカミノルタセンシング㈱)
[カラー p.21]

②蛍光色の測色方法

蛍光は、物体にあたった光がもとの波長より長波長になって放出される現象です。多くの場合、蛍光体は、紫外線の励起（れいき）によって、いろいろな色の可視光域のスペクトルを発しています。このため、蛍光色を分光測色するためには、紫外域を含んだ平均的昼光である標準イルミナントD_{65}で照明し、蛍光に依存しない反射光成分と蛍光成分とを分離して測色し、三刺激値の計算を行ないます。

③メタリックの測色方法

カラーステンレスやパールマイカ塗料など、光沢があり、干渉により色の見え方が変わるものは、入射角と受光角を変化させ、複数の幾何学的条件で測定します。変角光度計を用いて測定します。

3 色差

工業製品の製造では、厳密な色管理が要求されるので、基準色と再現色の色誤差の程度を表現する方法が必要になります。基準色に対して再現した色は、色相、明度、彩度がどれだけずれているかということが色差です。そこで、色差をビジュアルにイメージできる表現が必要になります。

① CIE LUV 表色系

色度図は、色度図上の2色の位置の距離差が同じでも、色の領域によって見え方の差異の程度が異なります。そこでまず、2色の色度間の距離が等しい場合、それらの色の知覚差も等しくなるように、色度図を調整変換してあります。これが均等色度図です（色度図の赤色の領域を広げて緑の領域を狭めてある）。

色度図は、色相・彩度しか表現していないので、次に、各々の明るさの均等色度図を積み重ねて立体空間にしました。その際、白から黒までの明度差が感覚的に等しくなるように配列された色票と、その反射率Y%との関係を数量化してあります（明度関数といいます）。こうして、明度も含めた知覚的な等色差性が得られる均等な色空間（均等色空間）をつくっ

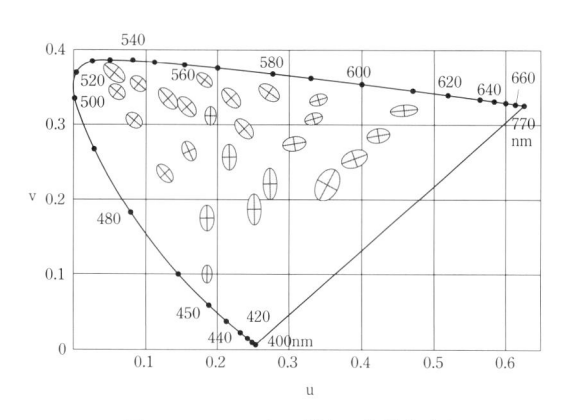

図6・12 マックアダムの均等色度図

たのです。そして、これを用いて色度図上の2色の距離を色差として表現します。これがCIE LUV表色系です。

測色された数値のL^*は明度、$u^* v^*$は均等色度図上の色度座標を表しています。加法混色が成立する分野で、大きな色差を論じるときに有効です。光源、照明、カラーテレビなどで用いられています。

② CIE LAB 表色系

XYZを変換して、マンセル三属性を近似的に表す均等色空間（LAB均等色空間）をつくり、その色空間上の距離を色差とする表現が、CIE LAB表色系です。明度をL^*、色度を$a^* b^*$で表します。これは、小さい色差を論じるときに有効です。物体色の表示に適しており、工業製品や染色関係など多くの分野で用いられています。

LAB均等色空間における色差が、マンセル表色系の色空間（心理量）の色相、明度、彩度に対応する量のことを心理メトリック量といいます。L^*はメトリック明度で、最大値は100です。これはマンセル明度をほぼ10倍にした値に等しい。

色度$a^* b^*$は色相と彩度を表し、a^*は赤方向、$-a^*$は緑方向。b^*は黄方向、$-b^*$は青方向を示しています。数値が大きくなるにしたがって色が鮮やかになり、中心になるにしたがって低彩度になります。見分けられる色差は0.3～0.6で、

L*a*b*表色系の色空間立体イメージ

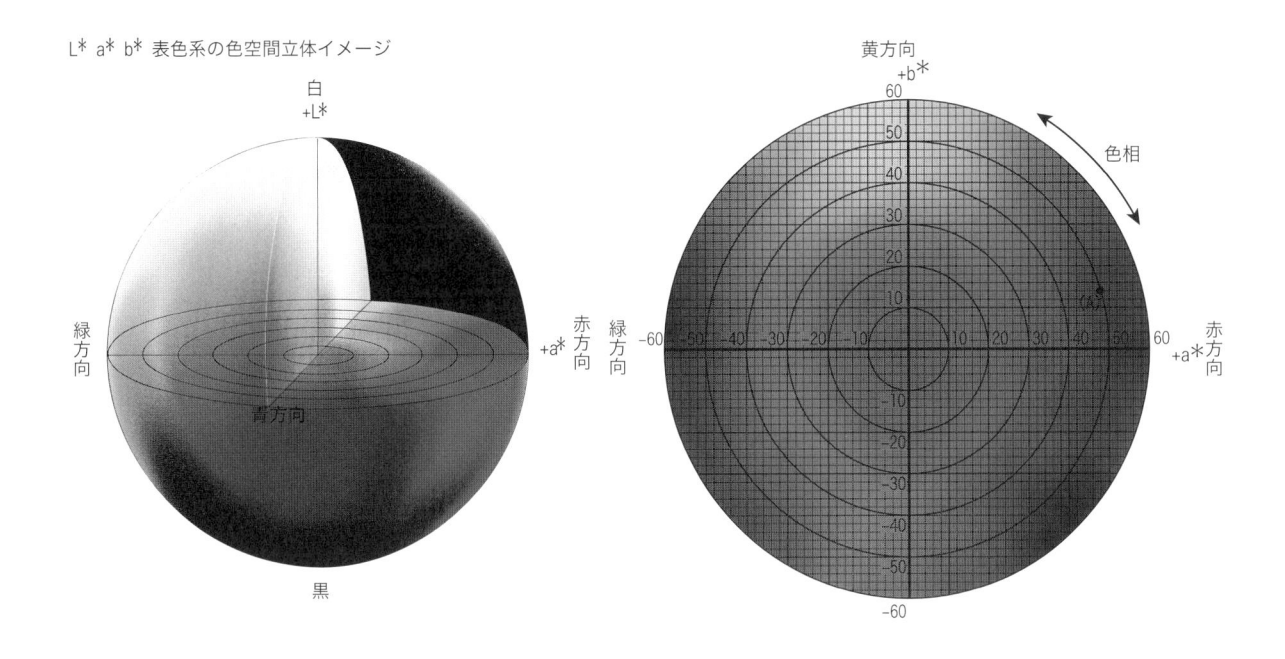

図6・13　LAB表色系図 (資料提供：コニカミノルタセンシング㈱)［カラーp.21］

工業製品での色差の許容範囲の表示に使われています。

測色例：マンセル表色系で 2.5R4.2/11.5（りんごの赤色）の色が、LAB 表色系では、L43.31、a＋47.63、b＋14.12 と表示される（図6・13(A)）。

4 自然光で色を観察する条件

　工業製品などの色管理を行なう際、JIS 標準色票や見本色などと照らし合わせながら、自然光（太陽光）の下で、見た目で色を比較する場合は、「表面色の視感比較方法」（JIS 規格）として、次のような条件が定められています。日の出3時間後から日没3時間前までの北空昼光（直射日光を避けた北窓からの天空光）で、周辺の建物、部屋の内装などの環境色の影響を受けていない状態で行ないます。

7章　人工光源と色

日常生活は、夜間の照明下での活動も長時間になります。インテリアコーディネートを行なう際は、昼間の自然光だけでなく、人工照明の特性も把握しておかなければなりません。測色で用いられる光源も含めて解説します。

❶ 光の色みの表示方法

1 色温度

色温度（いろおんど）は、色光の色みの変化を定量的に表わす尺度。色の温度ではなく、黒体がある温度の状態になったときに発する光の色を表現する言葉です。

黒体とは、赤外線も含めてあらゆる光を吸収する仮想の物体です。黒体を熱すると、赤外線とともに可視光線が放出されますが、その温度と光色は一定の関係があります。黒体が、可視光域で発する光色の色みは、金属物質（タングステン、プラチナ、鉄など）が、熱せられて発する色光の色みとほとんど一致します。発光の色みと、そのときの金属の温度は、厳密に連動しています。

金属を熱していくと、低温から高温になるにつれて光色の色みが変化していきます。低温での赤色光（1,700℃）から、黄赤色、黄色を経て白色（5,000℃）へ、さらに高温になると青白光へと変化します。黒体が、赤外線も放出しない温度が－273℃（絶対温度0度）なので、光の色みを絶対温度K（ケルビン）で表示できます。これが色温度です。色温度が低いと赤みを帯びた光色、色温度が高いと青白い光色ということになります。

ろうそくの光の色みは約1,900K、白熱電球は約2,800K、快晴時の天空光は6,000～6,500K、青空光は11,000～20,000Kです。

イルミナントとは、相対分光分布が規定された測色用の光のことで、実在の光源として実現されるかどうかは問わない概念的な光です。JISで、次の種類が規定されています。

- 標準イルミナントA
  一般照明用タングステン電球の光を代表するもので、その色温度は2,856K。
- 標準イルミナントD_{65}
  紫外線を含む平均昼光を代表する光で、色温度は6,500K。

この他、標準イルミナントを補うものとして、補助標準イルミナントD_{50}（色温度5,000K）、補助標準イルミナントD_{55}（色温度5,500K）、補助標準イルミナントD_{75}（色温度7,500K）、および補助標準イルミナントC（色温度6,800K）があります。補助標準イルミナントCは、北窓からの昼光に相当しますが、紫外線領域の相対分光

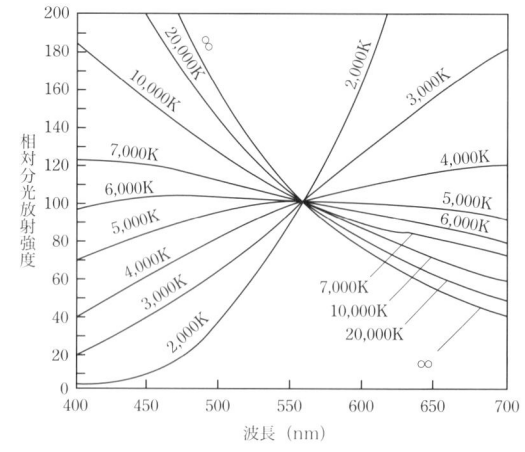

図7・1　色温度ごとの分光分布

分布が少ないイルミナントです。

【参考】　相対分光分布とは、分光分布の最大値を100としたり、特定波長の分光分布の値を100として、それぞれの波長の量を相対値で表したもの。

　標準イルミナントを実現した人工光源を標準光源と呼びます。標準イルミナントAを実現する標準光源は、色温度が2,856Kのガス入りタングステンコイル電球。タングステン電球（白熱電球）は古くからあるので、夜間の人工光源を代表しています。標準イルミナントD_{65}の標準光源は実現されていませんが、近似的に実現した常用光源として、キセノン標準白色光源、または常用光源蛍光ランプD_{65}があります。昼間の自然光を代表しています。

❷ 演色

1 演色性

　自然光は、各波長の光がなめらかな分布で連続して含まれています。私たちは、モノを見る際、太陽光の下での色の見え方を自然な色、あるいは普通の色として捉えています。しかし人工光源、たとえば青色ランプの下では、イチゴは暗い紫に見えます。それぞれの人工光源に多く含まれている波長、あるいは含まれていない波長などの割合によって、自然光の下で見るときとは異なって見えます。このように、照明光が物体の色の見えに及ぼす影響を演色（えんしょく）といい、その光源の特性をいうときは演色性といいます。

　色温度の低い白熱電球は、長波長が多く含まれているので、必然的に反射光は黄赤みが多くなり、モノが黄赤みを帯びて見えます。色温度の高い昼光色蛍光ランプは、短波長が多く含まれているので、モノは青白っぽくクールに見えます。しばらくすると、目の順応や恒常性の働きで、自然光の下と同じように見えます。

　実際の生活空間では、イメージ評価は、第一印象の良し悪しに大きく左右されることを考えると、インテリアの色や装飾品の色は、照明による見え方を念頭に置くことが必要です。たとえば、青系色が多い絵画は、白熱電球の下ではくすんで見えます。

2 演色評価数

　演色性の良し悪しは、演色評価数で評価します。演色評価数とは、ある光源によって照明された物体色の知覚が、基準光源（比較の基準として用いる測色用の光）で照明されたときの物体色の知覚と、どの程度合っているかを示す数値です。さまざまな物体を代表した試験色15色を定め、これを基準光とテスト光源で照明し、その色差の大きさをCIE均等色空間で数値化して求めます。基準光源の数値を100として、試験する光源が100に近いほど演色性が良いといいます。

　色温度が5,000K以上で、演色評価数が90以上のランプなら、どの色についてもほぼバランスよく正確に見えます。

　演色性評価のための基準光源は、テスト光源の色温度の高低に合わせて異なるので、色温度の異なるランプ同士の演色評価数を比較して優劣を論じることはできません。たとえば白熱電球（2,800K）と自然光（6,500K）は、どちらも基準光

源の色温度なので100ですが、実際の色の見え方は異なります。ランプの演色性は、器具の構造や材料などによっても大きく変わります。

人間の目は、555nm（黄緑）付近の波長を多く含む光ほど明るく感じ、また、自然光の分光分布に近いほど自然に感じます（演色性が良い）。そこで、赤、緑、青の発光スペクトルを持つ蛍光体を組み合わせることで、明るさと演色性を同時に改善したものが、三波長形蛍光ランプです。

3 条件等色

同じ色材で着色されたもの同士は、どのような光源の下でも、その2つは同じ色に見えます。しかし、たとえば、単色のオレンジ色と赤と黄を混色して作ったオレンジ色など、混色して同じ色にした場合は、ある光源の下では等しい色に見えても、分光反射率が異なっているために、別の光源では異なった色に見えます。これを条件等色（メタメリズム）といいます。

別の工場で作った部品同士を組み合わせたり、旧部品の色に合わせて新部品を製作するなど、同時に見比べる場合があるような製品の色管理を行なう際には、同じ色材を用いるなどして、見え方の色誤差を少なくする必要があります。

❸ 照明ランプの種類

照明計画は、インテリアに限らず、外観、道路、公園などにおいても、照射方向、照度（単位 lx：ルクス）、色温度、演色性などを念頭に計画しなければなりません。照明ランプやその配光によって、色の見え方のみならず、立体感や表面テクスチャーの効果が大きく左右されます。

1 人工光源の分類

人工光源は、白熱と放射に分類できます。

白熱は、フィラメントを高温にし、その熱放射により可視光線を放射する光源です。タングステン電球（白熱電球）と、それにハロゲンを封入して寿命を長くしたハロゲン電球があります。自動車のヘッドライトは、ハロゲン電球です。

放射は、気体中で電極間に電気放電を起こして、熱を伴わずに可視光線を放射する光源です。放射は、さらに低圧放電と高圧放電に分類されます。一般の蛍光ランプが低圧放電、高圧放電は HID ランプ（高輝度放電ランプ）とも呼ばれ、高圧水銀ランプ、メタルハライドランプ、高圧ナトリウムランプ、キセノンランプなどがあります。昨今は LED ランプが急速に普及しています。

表7・1

光色	相関色温度（K）
昼光色（D デイライト）	約 6,500
昼白色（N ニュートラル）	約 5,000
白色（W ホワイト）	約 4,200
温白色（WW ウォームホワイト）	約 3,500
電球色（L ランプ）	約 2,800

2 ランプの光色による分類

蛍光ランプは、光色（相関色温度）によって、JIS規格で5種類に分類されています。

【参考】 相関色温度とは、テスト光源と黒体の発光色が厳密には一致しないとき、近似の絶対温度で表していることを示しています。照明用光源は、一般的に相関を略して色温度と表示しています。

実用面でみると、電球色蛍光ランプは、白熱電球と同様に柔らかい光を放ち、落ち着いた雰囲気を作り、経済性にも優れています。このような色温度の低い光は、交感神経の活動を抑え、ストレスを軽減させて、心を和ませたり、落ち着きを与えてくれます。

一方、日中の太陽光に似た昼白色蛍光ランプは、爽やかな白い光で、活動的な雰囲気を演出します。また、空間を均一の明るさで照らし、ランプ寿命も長く経済性に優れています。

照度と色温度の関係は、照度が低くなるにつれて色温度を下げるほうが自然な感じです。暗い青白い光は無気味な感じになります。

色温度3,000〜4,000Kのランプは、ベージュや生成りの色が美しく見えるので、ファッション系店舗やスーパーマーケットなどで多用されています。

3 ランプの演色性による分類

蛍光ランプは、演色性によってもJIS規格で分類されています。
ランプに記載されている表示からこれらの情報を読み取ることができます。

表7・2

演色A	（DL デラックス）	昼白色 N–DL	電球色 L–DL
演色AA	（SDL スーパーデラックス）	昼光色 D–SDL 白色 W–SDL	昼白色 N–SDL 温白色 WW–SDL
演色AAA	（EDL エキストラデラックス）	昼光色 D–EDL 電球色 L–EDL	昼白色 N–EDL

❹ 和風照明の魅力

夜遅くまで明るく照明した現代の生活は、身体のバランスのリズムを失い、ストレスの原因にもなっています。やや暗めの陰影のコントラストの少ない空間は、リラックス効果が高まります。和風照明は、リラックスさせたりホッとするような魅力があります。京都の街でみかける和風照明の特徴は、癒し効果を高める際のポイントが多く含まれています。

■京都の夜景に見られる、和風の照明演出の特徴
- 電球色のあかり（色温度の低いあかり）がよく似合っています。
- まぶしくない光（グレアのない光）が似合います。
- 照度は低めで、陰影のコントラストが少ないソフトな配光が似合います。
- 遠くから全体を照らすのではなく、建物1階の軒下辺りから足元までの低い位置や、通行者に近い位置での照明が似合っています（ヒューマンスケール）。
- 路地の足元灯が点々と複数個並ぶ、繰り返しのリズムは情緒があります。誘導

効果も高い。これらは比較的小型で同形状の照明器具で、一つひとつの照度は低めです。
- 器具そのもののデザインが和風のものが似合います。大正時代の軒灯、ぼんぼりや灯篭などの形状を真似たものもよいのですが、和風イメージを洗練昇華させたデザイン形状は、現代的で魅力的です。
- 石、布、竹、和紙など、素材のよさを活かした器具が似合います。
- 昼間は、照明器具が目障りになりがちです。夜間でも、必要以上に大きい照明器具を設置せず、場所によっては照明器具を見せない工夫がされています。
- 照明器具で照らし出される背景が、格子、竹垣、板壁、石積み、和風植栽、犬矢来、庭石などであれば、和風イメージが強まります。また、これら背景を明るくすることによって、明るいイメージを演出することができます。
- 明るく照らし出されたものを遠くから眺める眺望型ではなく、その柔らかい光の中へ身を置いて、雰囲気に浸る状態が魅力です。
- 障子、すだれなどを透過して、部屋内から外部へ漏れる「漏れ光」の存在が、和風イメージを強調しています。視点を変えて、安全面から考えると、漏れ光があれば、外部照明は少なくてもさしつかえないといえます。
- 軒先の箱形照明看板（内照看板）は、白地（地色）に黒文字（図色）、看板枠も黒かブラウンが似合います。サイズは、小さめで庇の内側へ納まるもの。箱形そのものの形状は魅力に乏しいのですが、細い路地でいくつも出現すると、情緒ある統一感が得られます（華やかさや活気を強烈に演出できないことが欠点ではあります）。
- 店舗の伝統的なショーウインドウの演出が京都らしい。スケールの小さいウインドウ内に生け花などをあしらい、日本美を凝縮したような空間演出が魅力的です。
- 「京都にライトアップは似合わない」「京都の街は、月明かりで見るのがよい」という意見も多くあります。暗さも観光都市京都の魅力のひとつです。

なお、一般的な暗い夜道では、門灯や漏れ光、店頭の内照看板などで、照度が2ルクスあれば明るく感じ、安心感につながります。1ルクス以下になると、一人歩きが不安になります。
- 昼間は照明器具はなく、夕方になると、店先に足下灯を出して置くというような、"気配り、心配り"も和風照明の魅力に欠かせない要素です。

II 色彩設計の実践

実践的な色彩基礎を、第Ⅰ部では学びました。ここでは、それらをさらに具体実務に展開して学びましょう。

8章　インテリアのカラーコーディネート

　カラーコーディネートは、色彩設計、色彩計画、カラースキーム（Color Scheme）などと、言い方はさまざまあり、統一はされていません。インテリアのカラーコーディネートは、色彩だけでなく、材質、表面テクスチャー、様式などを考慮しながら、総合的にコーディネートしなければなりません。

❶ ────カラーコーディネートの必要性と効用

　住宅、オフィス、工場、店舗など、インテリアもいろいろあります。
　色の機能や色彩心理を活かしたカラーコーディネートを行なうことで、次のような効果が得られます。

①住　宅
　自宅は、日々の社会生活の疲れやストレスが、癒される場所であることが望まれます。ナチュラルな色使いには、気分を落ち着かせ、リラクゼーション効果があります。
　家族のだんらんや幸せな雰囲気を盛りあげる効果があります。自然素材の質感を活かしながら色彩を選定すると、より落ち着きや温かみが増します。
　自宅は、癒し効果の一方で、個人の満足感を実現できる場所でもあります。自由で個性的な色彩演出は、個人的な楽しみに終わらず、社交の場ともなり、来客に披露することで、自分の満足感につながります。

②集合住宅
　玄関ロビー、廊下、エレベータホール、階段など、共有部分の美化は、安心感や上質感、親近感につながります。
　サイン類は、誘導効果を高めると同時に、空間のアクセント装飾として利用できます。

③オフィス・オフィスビル
　明るくさわやかな美化は、仕事の意欲や職場の誇りを醸成します。
　個性の演出は、会社のイメージづくりにつながります。来客の印象度も強まります。
　サイン類や装飾品などのアクセント的な色使いは単調な空間に変化をつけます。

④工　場
　むやみにあざやかな色の使用や、一色に統一するといった極端に偏った色使いは、疲労感を増すので、避けます。バランスのとれた配色は、目の疲労を軽減します。
　計画的な色の使用は、整理整頓された統一感、秩序が醸成されます。
　視認性や誘目性を活用すると、安全性や作業性が向上します。
　機器部位や通路床面区別など、系統的に色変えを行なうと、わかりやすくなると同時に美化につながります。

機器や壁、柱などに明るい色を用いると、反射率が高まり、照明効果があがります。
　色の温度感を利用すると、高温あるいは低温の作業場で、体感温度を調整できます。
　清掃意識を向上させ、仕事の意欲や職場の誇りを醸成し、来客に好印象を与え、ひいては会社 PR につながります。

⑤店舗・商業ビル

　若々しさ、明るさ、華やかさ、重厚さ、気品など、店舗の種類に応じたイメージを強調できます。
　誘目性で、店舗への興味を呼び起こすことができます。
　個性的な空間演出は、店舗の魅力や顧客の満足感につながります。
　物販店では、ディスプレイ商品を映えさせます。飲食店では、食欲増進効果で売上げにつながります。
　サイン表示の色使いは、誘導効果をあげるとともに、空間内の位置把握がしやすくなります。

　上記の色彩効果は、複合的に作用し、次のようにまとめることができます。インテリアに限らず、外観についてもあてはまります。

❶秩序を与える：整理整頓感が高まり、美化につながります。

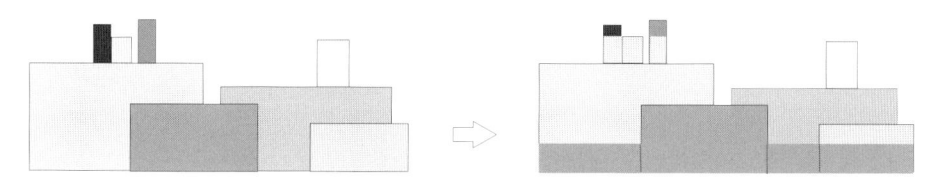

❷印象を強める：アイキャッチ効果を高めます。記憶効果を高めます。

❸個性を演出する：他から差別化します。記憶効果を高めます。楽しさにもつながります。

❹構成を明瞭にする：各部位の関係がわかりやすく、能率アップや安心感につながります。

❺空間を明確に分類する：部屋の用途の判断がわかりやすくなります。

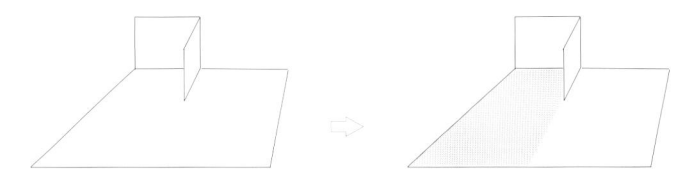

❻エリアを明示する：安全、危険などの判断が迅速にできます。能率アップにもつながります。

❼方向の認識を容易にする：サイン効果があがります。安全性につながります。

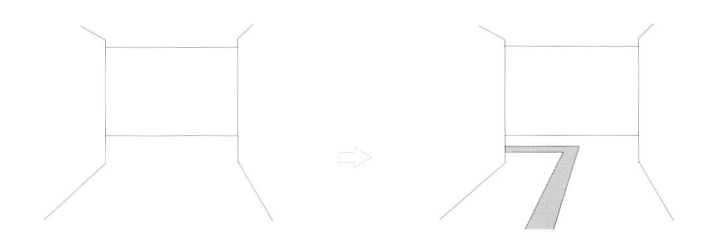

❽素材の特徴を強調する：質感の特性を引き出し強調します。

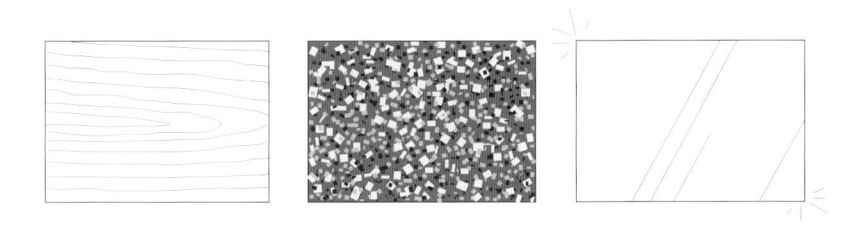

❾空間やモノの機能を明確にする：情報伝達効果、安全性を高めます。

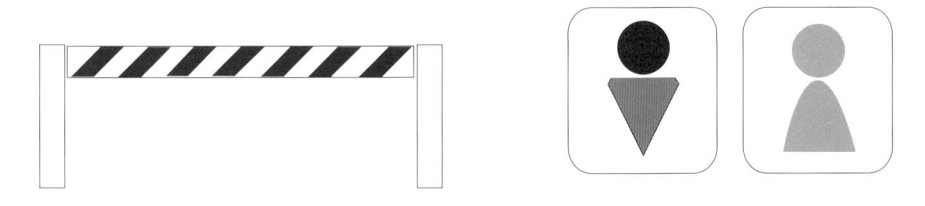

❿温度感を調整する：快適性を向上させます。冷暖房費を節減できます。

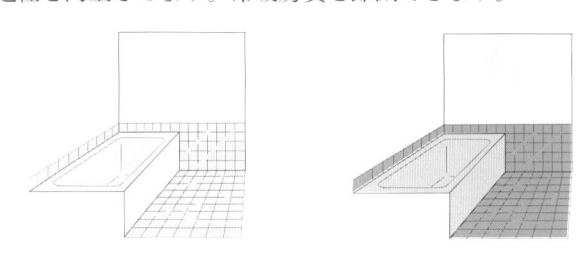

❶ 精神状態を調整する：快活さ、落ち着き、満足感を高めます。疲労を軽減します。

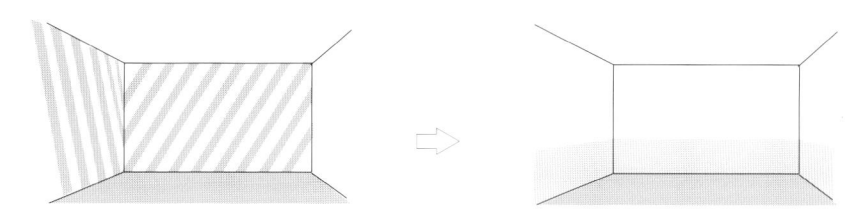

❷ インテリアイメージと配色

　インテリアコーディネートに際して、よく用いられる様式の雰囲気と配色の特徴をあげます。

①ナチュラル

　自然指向で、自然な、やさしい、おだやかといったイメージを内包しています。木、土、石、レンガ、素焼きの鉢、白木、籐、コットン生地などの自然素材や自然色が活かされ、明るく温もりが感じられます。木目や表面の凹凸、硬軟など、自然素材の魅力を生かしてコーディネートします。

　ウインドトリートメントは、ドレープカーテン、ロールスクリーン、木製や和紙製ブラインドなど。ファブリック類は、綿や麻などで、無地や草花などをモチーフにした柄、地模様、チェック柄など。額のフレームも明るい木製のものが合います。

　配色の特徴は、中～低彩度で、クリーム、ベージュ、オーカー、ブラウンなど、あたたかみがあります。よりあたたかみを強調する場合は、「ウォームナチュラル」ともいいます。

　家具類の形状の特徴は、カントリー調、あるいは北欧家具のナチュラルでシンプルな形状が代表的フォルム。南仏プロヴァンス調インテリアも、その地域の石灰岩や赤レンガ、陶板タイル、陶器など、自然素材と明るい気候が調和した素朴な雰囲気がベースにあります。

ナチュラル　　　　　　　　　　　　　　　　ナチュラル（カントリー調）

②カジュアル

　自由で開放的な雰囲気で、若々しい、気取らない、生き生きとした、のびのびとした、楽しいといったイメージを内包しています。

　素材は、ナチュラルと共通していますが、コントラストやアクセントをつけて、若々しさを演出します。ファブリックや、時計、灰皿、絵や写真フレームなどの小物による演出効果が大きい。ただし、飾り過ぎは雑然感が強まってしまうので注意しましょう。

　配色の特徴は、暖色を中心に、色相や彩度にコントラストをつけた配色。多色使いの配色、またはグリーン、ブルー、白を主にすると、より若々しいイメージが強まります。

③クラシック

　アンティークな美で味わい深い雰囲気。装飾的、ゴージャス、落ち着いた、重厚、伝統的などのイメージを内包しています。

　ルネッサンス、バロック、ロココなど、歴史あるヨーロッパの完成度の高い様式家具を使用した雰囲気。品の良さ、格式を感じさせます。ルネッサンス様式はシンメトリーが基本です。「ゴージャス」という場合は、クラシックイメージに加えて、家具の一部やシャンデリア、ドアノブなどに、ゴールド（真鍮、金メッキ）を多用するイメージがあります。

　家具は、クルミ、オーク、マホガニー、ローズウッドなどの堅い素材に落ち着いた装飾が施されています。ファブリックは、重厚感のある厚手の生地で、伝統的な図柄の草花柄やストライプ柄。家具の装飾に合わせて、壁面、天井などにもモールディング、コーニスをつけたり、腰壁を施すと、より雰囲気が高まります。ウインドトリートメントは、ドレープカーテン。バランスや装飾タッセルを使用すると効果的です。額は、数点をグルーピングして掛けます。

　配色は、暖色の中～低彩度（濁色）、中～低明度の暗めの色を主とし、三属性のコントラストは小さいことが特徴です。

クラシック

④エレガント

優雅で女性的な雰囲気。クラシカルな様式のなかでも、ロココやルイ16世様式、フランスのサロン的な落ち着きと上品さ。美しい曲線、繊細な彫刻の椅子、花柄やギャザーなど、優雅さと高級感があります。

家具は、曲線を活かし繊細で装飾的なデザイン。部分的にゴールドやガラスを用いたものも似合います。ウインドトリートメントは、ドレープカーテン、ローマンシェードなど。バランスや装飾タッセルを使用しますが、重厚感が出過ぎないように注意しましょう。狭い部屋には不向きですから、通常は、全体をナチュラルにし、ペールカラーやゴールド色の小物、額、写真立など、アクセント的にエレガントなものをコーディネートするとよいでしょう。鏡やフラワーアレンジメントも効果的です。

配色は、明るい低彩度色が中心です。オフホワイトやペールトーンで塗装したもの。コントラストの小さい繊細な配色です。

「ロマンティック」という場合は、より柔らかく甘美、夢のあるやさしい雰囲気を指します。

エレガント

⑤和風（ジャパニーズ）

日本の伝統様式。落ち着き、伝統的などのイメージを内包しています。純和室は自然素材ですが、「ナチュラル」とは別に扱うことが多い。木、土、い草、竹、紙など自然素材を主とし、水平線、垂直線を基本にしながらも、繊細な構成で、落ち着きがあります。

「和風モダン」という場合は、格式にこだわらず、カジュアルな雰囲気でまとめた状態を指します。伝統家具もアクセント的に用いるとモダンなイメージを演出できます。

配色の特徴は、ナチュラルと同様、中〜低彩度で、あたたかみのある自然の素材色を中心にした配色。

べんがら色や群青色など、自然素材に由来する高彩度色をアクセントに使用することもあります。

和風モダン

⑥モダン

　シンプルで機能的、直線的で堅くシャープ、クールで都会的。リラックスして長時間いる場所より、洗練されたおしゃれな気分を味わう空間にふさわしいイメージです。

　大理石やタイル、ガラスなど冷たい光沢を持った素材や、それらと革の組み合わせなどが似合います。スチール、ステンレスなどを用いた機能美の家具は、生活臭のない非日常空間を演出できます。イタリアや北欧のシンプルで機能的な家具。デザイナー家具を空間のアクセントとして用いるのも一手法です。ミース・ファンデル・ローエ（ドイツ・バウハウス、後にアメリカで活躍）のデザインは、今日のモダンデザインの基となりました。ウインドトリートメントは、ブラインド、ロールスクリーンなど。抽象画など現代アートの額、間接照明も効果があります。

モダン

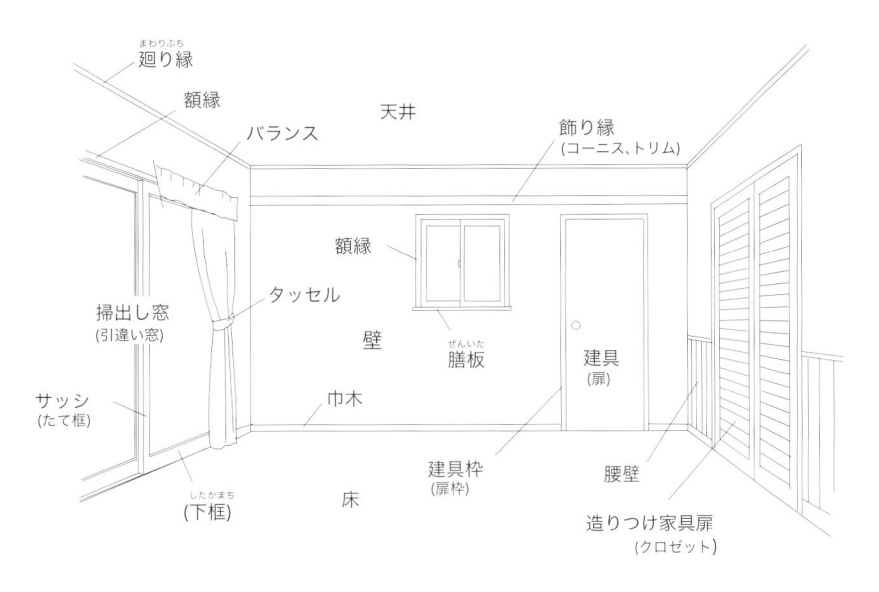

図8・1 住宅内装部位の名称

　無機質さを強調すると「クールモダン」といいます。「カジュアルモダン」という場合は、あたたかみや柔らかさが加わります。配色の特徴は、クールモダンの場合は、低彩度色や無彩色（白、黒、灰、シルバー）が主になります。

【参考】 住宅メーカーの内装色のイメージ分類　　住宅メーカーでは、フローリング色で、空間イメージを分類することが多く、暗め、中程度、明るめの3段階の明るさのフローリング色が用意されているようです。メーカーにより異なりますが、マンセル明度で、暗めは3.5～4.5程度、中程度は4.5～6程度、明るめは6～7.5程度。暗めのフローリング色は、必然的にクラシックやトラディショナルイメージに対応します。中程度のものは、すべてのイメージに対応し多用されます。高明度はカジュアル、モダンイメージなどに対応します。木目のはっきりしたフローリングは、広い面積に使うと、床面の主張が強くなります。

【参考】板材の明度　　板材の素材色の明るさは、コクタン心材（明度2.5程度）、ローズウッド（3.5～4.5）などの暗い材から、ケヤキ（5.5～6）、ヒノキ、クスノキ、スギ、カエデ（6.5～7）、シラカバ辺材（明度8以上）などさまざまあります。塗装は、クリヤー無着色仕上げのほか、木目を生かしながらも自由な色に着色できるので、自然な状態から人工的で遊び感覚の強いイメージまで幅広く表現できます。

8章　インテリアのカラーコーディネート

❸ インテリアカラーコーディネートの手順

ここでは、色彩の視点から、順を追ってポイントを解説します。インテリアのカラーコーディネートの手順は、住宅、オフィス、工場、店舗、学校、病院など、建物の種類が違っていてもほぼ同様です。

●**色彩設計手順フローチャート**

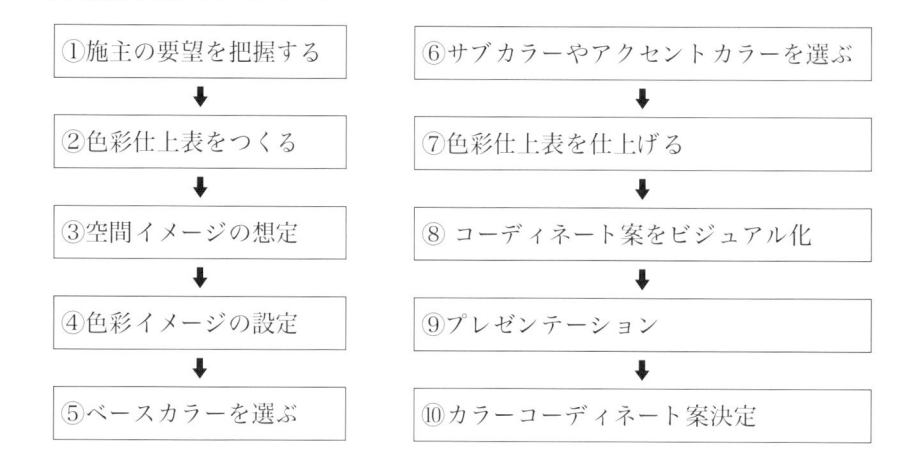

①施主の要望を把握する	⑥サブカラーやアクセントカラーを選ぶ
↓	↓
②色彩仕上表をつくる	⑦色彩仕上表を仕上げる
↓	↓
③空間イメージの想定	⑧コーディネート案をビジュアル化
↓	↓
④色彩イメージの設定	⑨プレゼンテーション
↓	↓
⑤ベースカラーを選ぶ	⑩カラーコーディネート案決定

1 施主の要望を把握する

まず、作業を行なうための前提条件を明確にします。同時に、目指す空間イメージを明確にするためのさまざまな情報を得ます。

住宅では、家族構成、子供、父母、祖父母など、同居する人のライフスタイル。各自の趣味や色の好み、各自の希望イメージ、家で過ごす時間の長短、来客の多少、将来のライフスタイルの変化予想など。

オフィス・工場・店舗などでは、業務内容、要望、設計範囲（一部分か全体か）、室内レイアウト（動かせるモノ、動かせないモノ）、各室の機能役割、照明方法、照明器具の多少や取り付け位置、従業員数、従業員の動線、生産ラインの動線、就業時間帯、商談や見学者などの来訪者の多少。店舗では他に、ターゲットの年齢層、什器の種類や量など。これら条件を聞きとります。

必要に応じて図面類（配置図、間取図、平面図、展開図）、会社概要パンフレットなどを入手します。

現場視察や途中打合せの有無、提案の表現方法などを踏まえて、請負金額を交渉決定します。請負が決まれば、成果品の提出日などを明確に依頼主に伝えておく必要があります。

> ♬ワンポイントアドバイス
> - 施主や依頼者とのコミュニケーションを積極的に行ないましょう。住宅では、希望や要望は、できるだけ家族の皆から直接、聞き取るようにします。信頼関係を得るよう、誠実で丁寧な対応を心掛けましょう。
> - 各自の好みを把握するには、雑誌などから切り抜いたたくさんのインテリアイメージ写真を見せて、そのなかから自分の気に入った写真を自由にいくつも選び出してもらうと、本人が言葉では説明しにくいイメージも把握できます。あいまいな希望イメージを整理するためにも役立ちます。
> - インテリアコーディネートの仕事は、単にモノや色をコーディネートするだけではありません。施主の家族皆の心をコーディネートしているという気持ちで取り組み、家族の皆に幸せや満足感を感じてもらうよう努力することが大切です。

2 色彩仕上表をつくる

色を決定しなければならない部屋、床、壁、天井、扉、巾木、廻り縁、窓サッシなどの部位を書き出したものを一覧表にします。建築の仕様書に相当します。一覧表にすると、色指定のモレがなく、また、指定色の共通部位などがわかりやすく、考えやすくなります。

部屋ごとにまとめますが、住宅では、造り付けの家具やキッチン、浴槽などのほか、竣工後に入れるソファ、テーブル、カーテンなどの項目も記載しておくとよい。

色彩仕上表

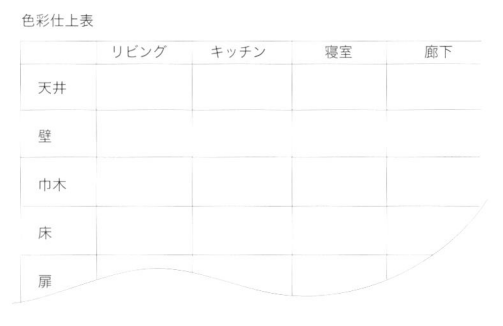

	リビング	キッチン	寝室	廊下
天井				
壁				
巾木				
床				
扉				

図8・2 色彩仕上表

> ♬ワンポイントアドバイス
> - 色彩仕上表に書き込む部位の順は、上にある天井は上に、床は下というように、なるべく上下の位置関係に沿って書き込むと、色の隣接関係がわかりやすくなります。

3 空間イメージの想定

いろいろな前提条件を総合的に検討し、どのようなイメージのインテリアが望ましいか、あるいは、どのようなイメージにするのか、目指す雰囲気を明確にします。これが基本コンセプト（基本的な考え方の方向性）になります。

空間の広さ、方角、採光なども考慮しながら、ナチュラル、カジュアルなどのイメージ、あるいはカントリー調、南欧風といった様式を想定します。いきなり具体色を考えるのではなく、まず全体イメージを明確にします。

家族のライフスタイルや要望を踏まえて設定します。家全体の統一感をもたせるために、部屋ごとに色あいや様式が大きく異なることのないように注意します。家全体の統一感や共通性を維持しながら、部屋の機能に応じて、若干の変化をつけるとよいでしょう。

部屋の機能に応じて望ましいイメージは異なります。たとえば住宅では、玄関は、格調高さや明るさ。リビングルームは、落ち着き、だんらん、和み、あたたかさ。寝室は、落ち着き、安らぎ。社交的な家庭のキッチン、ダイニングは、ホームパーティの主役になり、清潔感や整理整頓感以上に、明るいだんらんの要素が必要になります。

オフィスでは、入口ロビー、執務室、応接室、食堂など、空間の機能に応じて望ましい雰囲気があります。工場では、安全性や機能性を優先しながらも、従業員にとっては、1日の大半の時間を過ごす生活の場でもあるということを考えれば、一層の快適性向上に努めるべきです。

店舗では、扱う商品、ターゲットの年齢層や性別、商品価格帯などによって、店内イメージを想定します。飲食店と物販店でも異なりますが、コンセプト設定のために、別途マーケティングリサーチなどが必要になる場合もあります。

> ♪ワンポイントアドバイス
> ・依頼主から希望イメージを出された場合は、それが基本コンセプトになります。プレゼンテーションの時点で大きな変更が生じないようにするためにも、コンセプト決定の段階で依頼主の了解を受けること。また、関係者と必要に応じて随時打合せをしながら、作業を進めることが大切です。
> ・コンセプトを明確にしておくと、あれこれ複数案の設計案を作る必要もなく、手間が省けます。

4 色彩イメージの設定

想定した空間イメージを表現するにふさわしい全体色調を思い描きます。明るく淡い色調なのか、グレイッシュで落ち着いた色調なのか、暖色系か寒色系か、コントラストを強くするか弱くするか、など。イメージが決まると、必然的に色相が決まる場合もあります。たとえば、ブラウン系がふさわしい、ピンク系、ベージュ系がふさわしいなど。テーマカラーを設定すると、選色作業が行ないやすくなります。

> ♪ワンポイントアドバイス
> ・カラーコーディネート経験の浅いときは、個々の色を具体的に考える前に、全体の色調イメージ（テーマカラー）を思い描くと、迷いが少なくまとめやすくなります。

5 ベースカラーを選ぶ

室内のうつわとなる広い面積の色が、基調となって、部屋全体のイメージを左右します。そこで、選色は、床、壁、造り付けのクロゼットなど、通常は面積の広い部位から行ないます。家具が入ると自ずとにぎやかになるので、ベースカラーは控えめな色を用います。

「明るく淡い色調」「ブラウン系色」などの色彩イメージに沿って、素材や既製品色などの諸条件を考え合わせながら、適当な色見本の中から、具体的なベースカラー（基調色）の候補色を選びます。

> ♪ワンポイントアドバイス
> ・通常よく使用する商品カタログや色見本は、あらかじめ取り寄せておきます。それらから選んだ候補色について、現物サンプルを取り寄せます。カタログの印刷色は、現物との色誤差が大きい場合が多いので、最終確認は、必ず現物サンプルで行なうようにします。

6 サブカラーやアクセントカラーを選ぶ

ベースカラーに合わせて、サブカラー（副基調色）やアクセントカラー（強調色）を選びます。

サブカラーは、ベースカラーの類似色相や類似トーンを用い、あまり色相を増やさないようにすると、適度な変化をもたせながら、素直にまとめやすくなります。アクセントカラー（強調色）は、色相やトーンの変化を大きくつけると、空間に緊張感が演出できます。調和は「統一と変化のバランス」です。

表 8・1

ベースカラー（大面積の色）	全体の基調になります。床、壁、天井、造り付けの家具など。
サブカラー（中面積の色）	ベースカラーに配して変化をつけたり、特徴づける色。ソファ、腰壁、襖などの他、カーテン、ベッドカバー、ラグマットなど、気分や季節によって取り替えることができるもの。
アクセントカラー（小面積の色）	ベースカラーやサブカラーによる全体的秩序感に対して、全体を引きしめたり視覚的ポイントを作る色。絵画、写真、ポスター、タペストリー、インテリア小物、照明スタンド、クッション、観葉植物など。部屋の大きさやイメージに合わせて、使用するものの大きさや点数などを考えてバランスを取ります。カジュアルなインテリアの場合は、ソファもアクセントになり得ます。

①全体イメージの色調を想定する
例えば、ソフトで暖かみのあるイメージにする。そのためには、ソフトトーンやライトグレイッシュトーンを基調に、コントラストを小さくする。というように、全体色調を思い描く。

②具体色を決める
通常は、部屋のうつわとなる床、壁、天井など広い面積（ベースカラー）から順に具体色を決める。

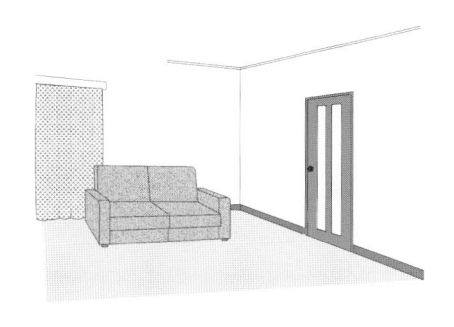

③建具、主要な家具、カーテンなどサブカラーの具体色を選ぶ
好みの家具が先に決まっている場合は、それを室内のアクセントとして対照調和的に扱うのか、全体になじませ類似調和でまとめるのかを初めに考えればよい。

④アクセント小物類を選ぶ
サイドテーブル、照明器具など。
家具類は、ボリュームによって、サブカラーにもアクセントカラーにもなる。
アクセントカラーとしては、クッション、装飾小物類など、取り替えのできる小さなものを選ぶ。

図 8・3 インテリアカラーコーディネートの手順（配色解説のために、扉は家具の後ろに描いています。）［カラー p.22］

> ♬ワンポイントアドバイス
> ・狭い空間では、カーテンは、壁と似た色で、壁にさりげなくなじませます。
> ・ソファの色、浴槽の色など、先に施主の希望色が決まっている場合は、それを空間のアクセントとして用いるか、あるいは空間になじませるかという考え方をすれば、必ずしも大面積から順に選色していく必要はありません。

7 色彩仕上表を仕上げる

　各室、各部位ごとに選んだ色（商品）を、始めに作った色彩仕上表へ書き込みます。商品番号や色記号とともに、色見本チップを添付するとわかりやすくなります。

8 コーディネート案をビジュアル化

　色彩仕上表もビジュアル表現のひとつですが、その他の表現方法を併用して、コーディネート案をわかりやすくビジュアル化します。

　ビジュアル化の手法は、立面図（展開図）への着色、イメージパース描画、平面図へ商品カタログの切りぬきや色見本チップを添付したサンプルボード、提案イメージの類似事例写真を添付、CG作成などがあります。必要に応じてどれか、あるいはいくつかを併用します。色彩仕上表に添付できない材料現物によるサンプルがあれば、プレゼンテーションの際に持参します。

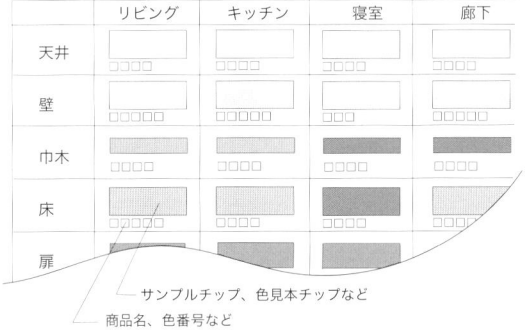

図8・4　仕上表［カラー p.23］

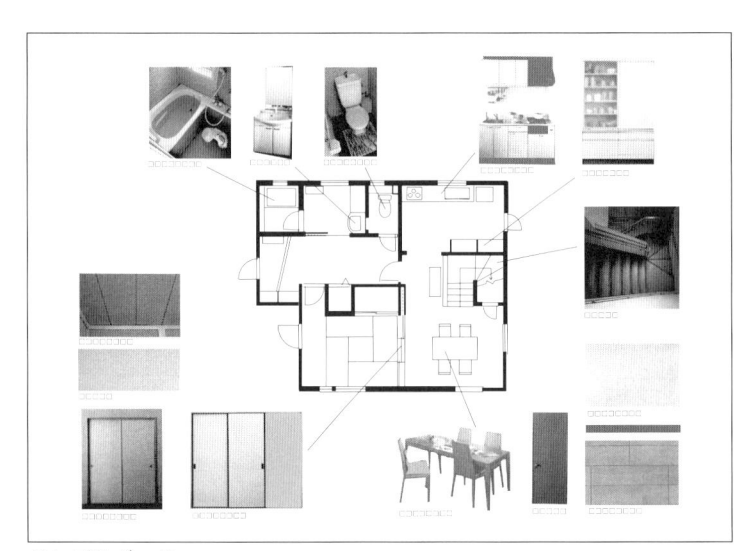

サンプルボード

イメージスケッチ

着色展開図

図8・5　ビジュアル表現手法の例［カラー p.23］

> ♫ワンポイントアドバイス
> ・提案をビジュアルに表現すると、自分、施主、施工業者の三者が、イメージを共通化でき、目指すイメージを互いに理解しやすくなります。
> ・色彩仕上表は、自分用、施主用、施工業者用の3部作成すると、電話での打合せにも便利です。

9 プレゼンテーション

依頼者へ説明し、確認了解を得られると、これで色彩設計は完了です。

プレゼンテーションで、調整の必要な個所が発生すれば、持ち帰り、調整し、改めて最終の確認了承をもらいます。

【参考】工場の配管系の識別表示　　工場の場合、JIS規格で「配管系の識別表示」が規定されています。JIS規格は、法的強制力はないので、工場従業員の共通認識色であれば、必ずしもJIS規定色を用いる必要はありませんが、標準色として普及しています。管内の物質に応じて7種類あります。塗料用標準色見本帳には、それらの色が掲載されています。表示方法は、管に直接、環状または長方形に塗る、あるいは、標識色の札を管に取り付け、物質の流れ方向を示す矢印や物質名を並記します。

物質の種類とその識別色

水	青	2.5PB5/8
蒸気	暗い赤	7.5R3/6
空気	白	N9.5
ガス	うすい黄	2.5 Y8/6
酸またはアルカリ	灰紫	2.5P5/4
油	茶色	7.5YR5/6
電気	うすい黄赤	2.5YR7/6

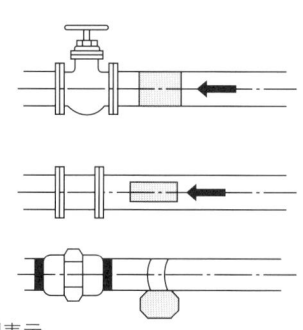

図8・6　工場の配管系の識別表示

> ♫ワンポイントアドバイス
> 施工が始まれば、必要に応じて現場管理をします。注文通りの商品が届いているか、調色や施工が間違っていないか、など。

❹ カラーコーディネートのコツ

インテリアの配色を考える上で失敗しないコツ、より調和する色を選ぶコツを記載します。外観についても同様のことがいえます。

1 類似調和でまとめる

住宅は、類似調和の考え方を基本にしてまとめます。たとえば、柄物の壁クロスは、カーペットと同色相の色が含まれるものを選ぶなど。類似調和は、落ち着きやリラックス感を高めます。

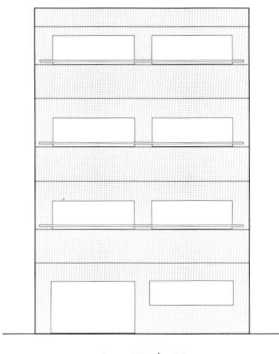

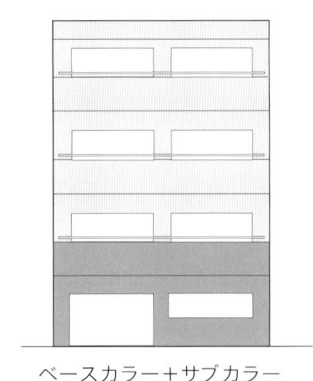

ベースカラー　　　　　　ベースカラー＋サブカラー　　　　ベースカラー＋サブカラー＋アクセントカラー

図8・7　面積バランス［カラー p.24］

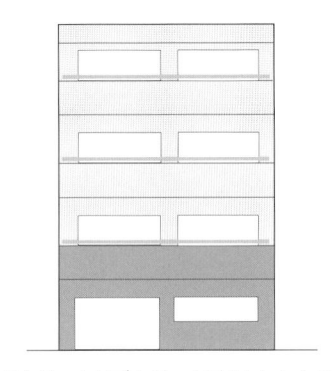

　人間も生きものなので、基本的には、寒色系より暖色系のほうが親近感があり、無機質的なものより、温かみのあるものの方が好まれます。ですから公共空間では、暖色系の方が受け入れられやすいといえます。

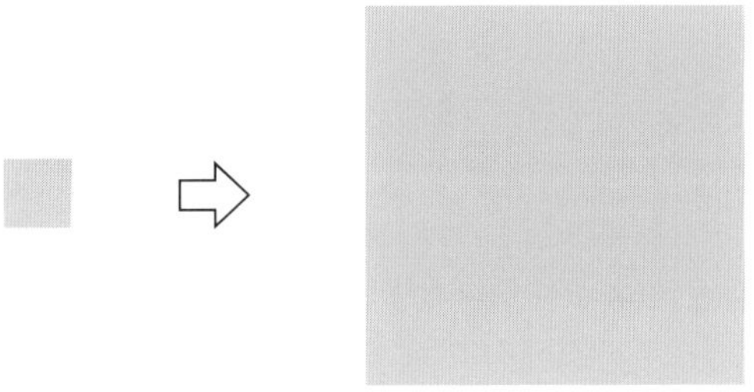

2 面積（ボリューム）バランスを考える

　住宅インテリアは、家具や日用雑貨品などで自ずとにぎやかになります。そこで、床や壁は、それらの器（うつわ）と考え、具象柄やパターンの目立つものは避け、控えめな色（低彩度色）にします。

図8・8　面積対比［カラー p.24］

　異なる色相の配色や濃淡の配色の場合、よりあざやかに感じる色のほうを小面積（小ボリューム）にすると、上品で落ち着いたバランスになります。高彩度色は、面積が小さいからこそ、アクセントとしての効果が高まるのです。インテリアのアクセントは、簡単に取り替えることができる小物や装飾品で演出します。

　ベースカラーは全体の70％程度、サブカラーは25％程度、アクセントカラーは5％程度と考えると全体バランスをとりやすいです。この比率は、特に外観の配色を検討する場合に役立ちます。

　広い面積で高彩度色や個性の強い配色を行なう場合は、十分に吟味します。

3 質感を大切にする

　色彩の視点のみでの演出は、低廉なイメージになりやすいといえます。人の目は、色をみると同時に質感も感じ取ります。質感を考慮に入れながら、色の選択を行なうようにします。

　無地の壁クロスは、質感のあるものを選ぶと、照明による陰影で、空間に質感と奥行き感が出ます。

　天井クロスは、凹凸柄など質感の強いものは、うるさく感じられます。

　ファブリックは、大柄なものや花柄などの具象柄は華やかさが増します。生地の織り方や厚み、ドレープなど、テクスチャーのイメージも生かしながら目的にあったものを選びましょう。

　真鍮や金メッキなどのゴールドは、華やかですが、多く使用すると、けばけば

しくなります。使用する場合は、アクセントで部分的に用いるようにします。

◢ 面積対比を念頭に色選定する

慣れないとき、色選びが難しく感じる最大の原因が、面積対比による色イメージの違いです（p.62「同時対比」［カラー p.18］の項、を参照）。小さなサンプル色が、壁全体の面積になったとき、どのような印象になるかを想像しにくいことが原因です。

アイボリー、クリーム色など薄い色は、小面積で見ると色みが強く感じられますが、大面積になると色を意識しなくなります。逆に、濃い色は、大面積になるとより濃く、あざやかに強く見えます。

面積対比は、大面積になると小面積のときより明るく感じるはずですが、実際には、暗い色の内壁や外壁は、明るく感じるより、圧迫感や陰うつ感のほうが勝るので注意が必要です。

面積対比による印象の違いで失敗しないよう、できるだけ大きな面積にして確認するようにします。

たとえば、大きめサイズの壁クロス見本を取り寄せる。塗料の塗り見本は、大きめに作ってもらう。タイルは、ショールームで何枚も並べてみるなど。

◢ 色の確認方法に注意する

ツヤのあるものは、見る位置か光源の位置を調整し、光沢が最も少ない状態で色確認します。

実際に使われる状態と同じ角度で確認します。壁クロスは垂直に立て掛けて、床材は水平に置いて確認します。壁クロスや外壁サイディングボードは、表面にエンボス（凹凸）加工が施されています。光のあたる角度や見る角度で、陰影のつき方が異なり、見え方で印象が異なるからです。

できるだけ大きな面積のサンプルで、実際の生活で見る距離程度に離れて眺めることも大切です。

◢ 明度差を意識する

配色調和は、明度構成が最も重要です。白黒写真で分かるように、ものの識別は、色相、明度、彩度のなかでも明度の要素が根本にあります。美しく見えるものは、その明度構成が美しいといえます。

類似調和と対照調和の境界は、筆者の経験上、マンセル明度差1.5です。明度差が1.5より小さくなれば、類似調和になり、ソフトでおとなしい落ちついたイメージになります。明度差がなくなるほど、あいまいになるともいえます。明度差0.5以下の配色は、通常生活では明度差を意識しません。一方、明度差が1.5以上になればなるほどコントラストが強調され、力強くハードなイメージになります。落ち着きがないともいえます。これは、床、壁、天井の明度関係のみならず、それらと家具、廻り縁、巾木、ファブリックなどの互いの明度関係についても同様です。明度差が3以上になると、明瞭な視認性や識別性の効果がでます。サイン類やアクセント的な色使いには明度差の大きい配色が適しています。

塗装とレンガタイルのように異なる素材は、明度差が大きくても比較的調和させやすいのですが、一般的に、大面積同士で明度差の大きい配色は、上品に調和させることが難しいといえます。

リラックスするには暗めの部屋が適しています。伝統的な和風住宅の和室は、長い庇、襖、障子などに遮られ、昼間でも全体に照度が低く暗めです。そのため、家具などに生じる陰影もやわらかくデリケートになります。逆に、現代住宅では、壁が白っぽい上に直射日光が差し込む部屋が多くみられます。大変明るく陰影のコントラストも強いので、生理的にはリラックスしにくい状態といえます。

全体に暗めのインテリアは、落ち着き感はでますが、それは高級感とは直接には結びつきません。高級感は、質感が重要な要素になります。暗い色は、狭い空間では圧迫感もあり、陰うつなイメージにもなりがちです。

人は、肌の色に近い明度6〜8の明るさに対して親近感や安心感が醸成されます。塗料用標準色見本帳や巻末の明度スケールなどを利用して、自分の手のひらの明度を測って知っておくと色選びの際に役立ちます。

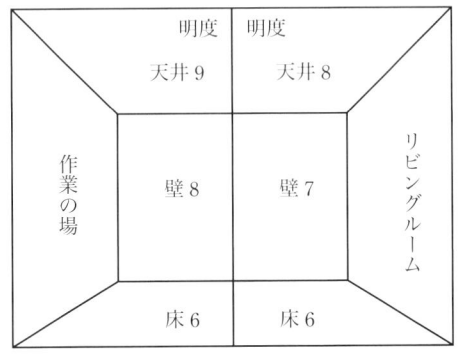

図8・9　床・壁・天井の内装明度差

（図中：明度　天井9／明度　天井8／壁8／壁7／床6／床6／作業の場／リビングルーム）

◤明度差の具体的応用

● 床・壁・天井の明度差

床・壁・天井は、色相を極端に変えず、床を暗く、壁、天井に明度差1程度ずつつけながら順に明るくすると安定感があります。たとえば、床の明度6、壁7、天井8。近年、壁クロスは、明度8以上の明るい傾向が強く、天井との明度差をつけることが難しい状況になっています。個性の強くない壁クロスであれば、天井に同じクロスを使用してもよいでしょう。ジュラク調の和室壁は、床の畳より壁の方が暗くなる場合がありますが、これはさしつかえありません。

● 廻り縁、巾木の色

異素材をつなぐ部分をきれいに見せるためにこれらが取り付けられますが、狭い部屋、天井が低い部屋の場合、暗い色の廻り縁は目立ち、うるさく感じられます。天井や壁の色に合わせるとよいでしょう。

巾木は、壁下部の汚れの目立ちを防いだり、メリハリをつけるために、暗めの色を用いることが多いようです。

● 明度差の少ないインテリアの場合

全体に明度差の少ない明るい配色、たとえば、白木の家具に生成りのファブリックなどは、清涼感はありますが、ぼんやりとします。この場合、暗めの色で大きく明度差をつけメリハリをつけます。あるいは、あざやかな色のもので彩度差をつけます。逆に、家具も床も暗い場合は、明るい色や明るくあざやかな色をアクセントに加えると、メリハリがつき若々しくなります。

● 明度差の大きいインテリアの場合

床色よりもソファなどの色の方がかなり暗く濃い場合は、家具が遊離して不調和な感じになります。その場合、床色と家具色の中間の明度のラグマットで、明度差を少なくすると落ち着きます。

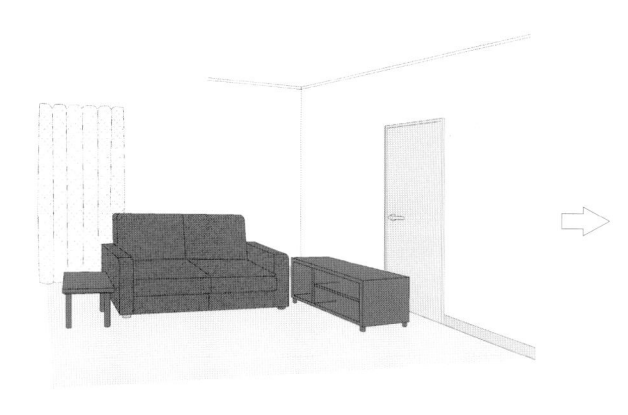

(A) 家具が暗い場合 → 家具と床の中間明度のラグマットや、クッション小物類で調整する。

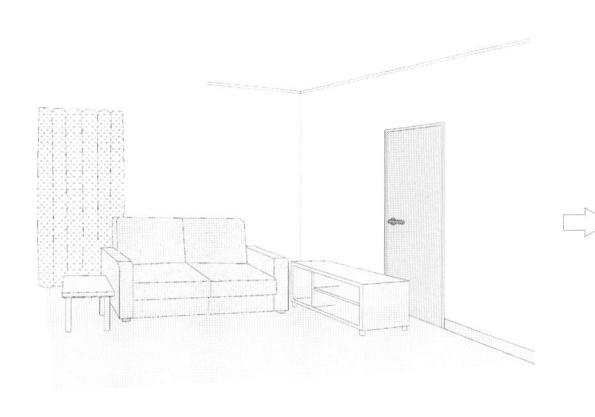

(B) 家具と床の明度差がない場合 → 暗めの色で大きく明度差をつけたり、あざやかなもので彩度差をつけて調整する。

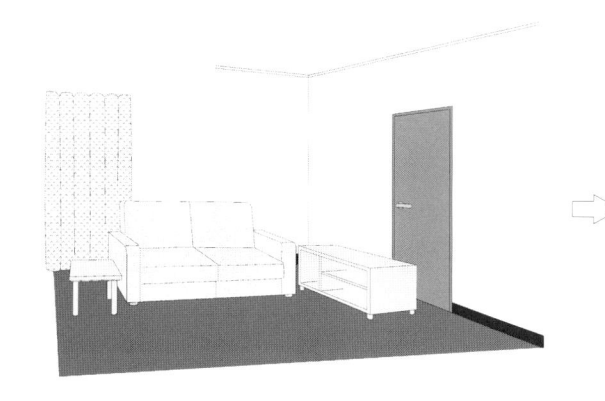

(C) 床が暗い場合 → 家具と床の中間明度のラグマットや、クッション小物類で調整する。

図8・10　床と家具の調整（配色解説のために、扉は家具の後ろに描いています。）［カラー p.25］

逆に、暗い床色で、家具が明るい場合も浮いてしまいます。同様にラグマットやクッションなど小物でバランスを取ります。まず明度差を調整することを意識し、それに加えて色相、彩度を考えるとコーディネートしやすくなります。

7 ナチュラルカラーハーモニーを意識する

モノが太陽に照らされると、日のあたる面は明るく、色相はやや黄み寄りに見えます。日陰の面は暗く、やや青み寄りに見えます。彩度はあまり変わりません。自然界でのこのような見慣れた色の見え方を、ナチュラルシークエンス（natural sequence）といいます。また、純色の黄色は明るく、黄色の補色である青紫の純色は、暗く見えます。

そこで色相の異なる配色を行なう場合は、色相環上で考えて、黄色を基準にして、黄色に近い色の方を明るく、黄色から離れて青紫に近い色の方を暗くします。このようにナチュラルシークエンスに沿って配色すると、自然な感じが得られます。このような自然の感じのする配色をナチュラルカラーハーモニーといいます。

ナチュラルカラーハーモニーの配色　　ナチュラルカラーハーモニーではない配色（コンプレックスカラー配色）　　ナチュラルカラーハーモニーの配色　　ナチュラルカラーハーモニーではない配色（コンプレックスカラー配色）

図8・13　ナチュラルカラーハーモニー［カラー p.26］

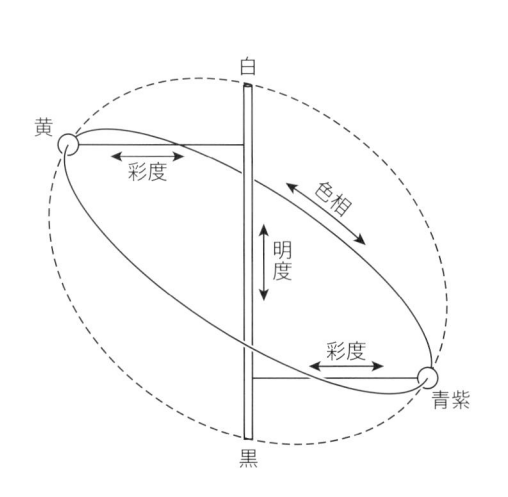

図8・11　ナチュラルシークエンス　黄と青紫の明度関係

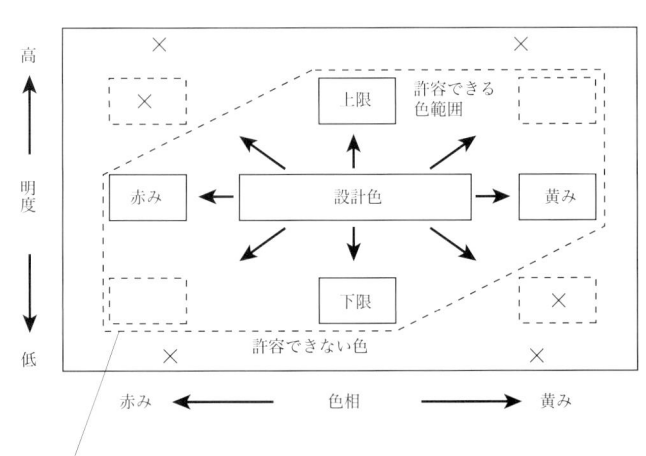

図8・12　設計色と製造色の色誤差の許容範囲

例　色相赤（R）～黄赤（YR）～黄（Y）の設計色と製品色の許容色範囲
　　設計色より赤み寄りは、暗い色は許容できる、明るい色は不可。
　　設計色より黄み寄りは、明るい色は許容できる、暗い色は不可。
　　（＝ナチュラルハーモニーの考え方）

明暗関係が、ナチュラルシークエンスの逆になると、見慣れない配色になり、人工的なイメージが強まります。癒し目的の空間では、基本的にナチュラルカラーハーモニーで配色を行なうようにします。

◆ **ナチュラルシークエンスの具体的応用**

● 家具の色選び

ブラウンのフローリング色に対してベージュ色のソファは、自然な調和感が得られます。これはナチュラルカラーハーモニーだからです。一方、イエローオーカー（黄土色）のフローリング色に対して、うすいピンクのソファはなじみにくく感じます。これは、ナチュラルシークエンスに則っていない配色だからといえます。

● 床・壁・天井の色選び

住宅インテリアの色相は、黄赤（YR）〜黄（Y）系色が中心になるので、明度構成、床（暗）→壁（中）→天井（明）の順に合わせて、壁の色相は、床色よりもやや黄み寄りに、天井は、壁よりもさらに若干黄み寄りに、という気持ちで選色すると、自然な感じが得られます。天井が壁と同明度の場合は、壁より赤み寄りの天井色を選ばないようにします。

● グラフィックデザイン

グラフィックデザインでは、あえてナチュラルシークエンスに逆らった配色で、人目を引いたり、人工的イメージを強調する色づかいもよくみられます。

● プロダクツ

製品製造の場において、デザイナーが指定した設計色と生産された製品色との色誤差は、当然、誤差を少なくし、極力一致するように調整します。ナチュラルカラーシークエンスに沿った微差の色誤差は、許容できても、ナチュラルカラーシークエンスに反した誤差は、微差でも許容できない場合が多くあります。

8 ウォームトーン、クールトーンのどちらかにそろえる

暖色、中性色、寒色の中でもさらに、黄みを帯びて見えるウォームな（あたたかみのある）色と、青みを帯びて見えるクールな（冷たい）色に、ある程度分類することができます。トマトの赤、ピーチピンク、卵の黄身の黄色、オレンジ系色、抹茶色はウォームトーン。ワインレッド、ローズピンク、レモンの黄、松葉色、紫系色はクールトーンです。

床、壁、家具などをウォームトーン、クールトーンのどちらかでそろえると、より自然な感じが得られます。アクセントカラーを複数使用する場合も、ウォームかクールのどちらかにそろえると、目指す

■ ウォームカラー（イエローアンダートーン）
どの色も黄色みが入っているように見えます

■ クールカラー（ブルーアンダートーン）
どの色も青みが入っているように見えます

図8・14 ウォームトーン、クールトーンの色分類
［カラー p.26］

イメージを表現しやすいです。

　ウォームトーンでまとめると、あたたかみのある雰囲気になります。クールトーンでまとめると、クールモダンな雰囲気になり、若々しい空間、商業施設、オフィスなどに向きます。

　ウォームかクールにトーンを揃えることは、類似調和のドミナントトーンにするための一手法です。画家が、絵を描く際に、まずキャンバス全体に下地色を塗る、あるいは、完成予想図を上手に描く人が、画面全体の色調を揃えるのも、ドミナントトーンによって類似調和を得ているわけです。

　ウォームトーン、クールトーンの分類概念は、あくまでも色相の分類なので、どちらかのトーンに揃えさえすれば、必ず目的どおりの調和が得られるというわけではありません。明度、彩度の相互関係にも注意を払います。

9 無彩色の効用

　白、灰、黒の無彩色は、有彩色を引き立てたり、全体の色バランスをまとめたりする使い方ができます。

◆無彩色の具体的応用

- 強い色の配色を調和させる

　その色のイメージを強調する場合に、対立する強い色同士の間に無彩色を挿入して互いの色を分離します。セパレーション効果の応用です。事例として、洋風住宅外観の胴差しや、白色や黒色の窓サッシ、ステンドグラス絵柄の鉛の黒縁などがあげられます。

- 他の色のイメージを引き出して強調します

　ピンク＋白＝上品、かわいい。赤＋白＝派手、華やか。黄＋白＝明るい、開放的。青紫＋白＝さわやか、優雅、さみしい。このように、白色と組み合わせることで、それぞれの有彩色のイメージが強調されます。

- メリハリをつける

　多色配色の場合、白色を加えることで、一色のときよりメリハリがついて華やかになります。ガーデニングの草花の寄せ植えにも応用できます。インテリアでは、白色の面積を増やすと、寒色系の色も調和しやすくなります。また、ナチュラル色のフローリングにスチール家具の場合は、白いラグマットで、クールな感じを強調できます。

- 全体バランスをととのえる

　個性の強い多色配色では、白色を混在させることで、全体の雰囲気をやわらげ統一感がでます。フラワーアレンジメントでも活用されています。

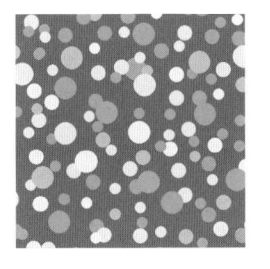

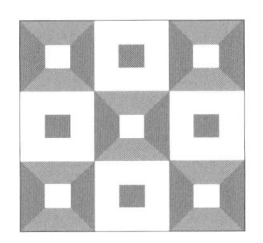

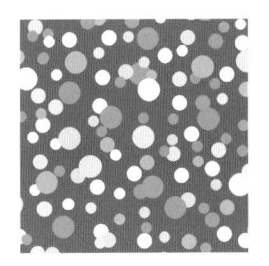

図8・15　白色の効果［カラー p.26］

● 建築の白色は注意

　建築で真っ白を使う際は、適切かどうかよく検討すべきです。インテリアで真っ白な壁は、反射光が強過ぎてリラックスできません。真っ白な外壁は、汚れが目立つ上に景観からも突出しやすくなります。建築では、白といってもオフホワイト（アイボリーなどわずかに色みのある白色）を用いることが一般的です。マンセル明度8.5以上のオフホワイトは、遠目にはソフトな白色に見えます。

10 高齢者、弱視者、色覚特性へ配慮する

　注意喚起や誘導のためのサイン類の視認性や識別性を高めたり、手摺などの存在を強調するには、地色と図色の明度差をはっきりとつけることが重要です。

　段差のある部分は、明度差をつける（低い位置の方を暗く）、あるいは素材を変えて（色も変えて）区別するなど、段差があることを認識できるようにします。

　明度差を1.5以上にすることが望ましいのですが、明度差を大きくして視認性を高めることとデザインセンスの良さは、往々にして相反する場合が多くあります。個人住宅の手摺の位置など、位置を覚えているものは、いつも色彩で強調しておく必要はありませんし、視力の個人差もあり、明度差を一律にマニュアル化することはできません。機能性とデザイン性のバランスが大切です。

11 演色性に配慮する

　昼間の太陽光だけでなく、夜間の人工照明の下での色の見え方も大切です。部材や塗装色の色確認は、基本的に自然光の下で行ないます。インテリア部材は、その後、実際に使用する照明ランプの下でも色の見えを確認しましょう。

12 季節感を大切にする

　カーテン、クッション、ベットカバーなどのファブリック類、絵画、小物などの装飾品、簾、季節の花のいけ花などは、インテリアイメージに変化をつけたり、気分転換を図るうえで有効な素材です。季節に応じて取り替えるような心遣いが望まれます。

9章 外観の色彩設計

　建物外観は、所有者のものであると同時に、公共の財産であるということを念頭において色彩を選びます。以下本書では、創出するという意味あいを強めて、「色彩設計」または「色彩計画」という言葉を使用します。

❶ 外観色彩設計の考え方と効用

　インテリアは、施主の好みで極端な個性的配色も可能ですが、外観の色彩は、他人に与える影響を十分に配慮する必要があります。

1 色彩設計の考え方
　外観は、地域住民や通行人に大きな影響を与えます。外観については、「景観は公共の財産」という考え方が不可欠です。建築物の外観は、所有者のものであると同時に、公共の財産でもあります。
　したがって、所有者や設計者の個人的嗜好色による極端な自己主張は控え、周辺景観に調和するよう配慮すべきです。地域全体景観の質を向上させることは、その地域の個々の建物の資産価値を上げることにもつながります。
　人の心理は、自分にとって不快だが回避できない状況については、それを意識しないようにすることで対応します。「慣れ」もそのひとつです。はじめは不快に思う高彩度の外観色彩に対しても、慣れるという心理状態があります。しかし、他人に「慣れ」を強要することは避けたいものです。生理的許容限度を超えると、耐え難いストレスになります。
　外観色彩設計については、対象物件単体で考えるのではなく、対象物件とそれを包む地域との相互関係に目を向けて、色彩設計を行ないます。外観色彩設計は、感性だけに頼らず、「配色調和」「色彩心理・生理」「景観調和」の3視点に立脚して、できるだけ客観的に検討しなければなりません。

2 色彩設計の効用
　住宅、集合住宅、商業ビル、業務ビル、工場など、すべての建築外観に共通します。
①個性（アイデンティティ）の演出
- 他との差を強調することで、印象度をアップさせます。
- 会社、工場は、企業の顔としてPRにつながります。

②景観調和
- 違和感の軽減、圧迫感の軽減、地域の美化につながります。

③地域への貢献
- 工場は、殺風景なイメージを積極的に修景すると、会社イメージをよくするとともに、地域イメージに魅力を付加できます。
- マンションなどの集合住宅はボリュームが大きいので、外観のグレードが地域

イメージを大きく左右します。上質な外観は地域空間の質の向上に寄与します。

④親近感の演出
- 楽しさ、ゆとり、あたたかみを演出し、不安感を軽減し、親近感をかもしだします。工場、倉庫などは、地域住民から親近感をもたれることも大切です。

❷ 建物の用途と色彩

建物の種類別に、望まれる外観イメージ、およびベースカラー、サブカラー、アクセントカラーに分類して外観の部位を示します。必ずしもアクセントカラーを加える必要はありません。サブカラーは、変化を演出するとともに、アクセントカラーにもなります。

表9・1 建物の用途と色彩

戸建住宅	色彩イメージ	落ち着き、あたたかさ、楽しさ
	ベースカラー	壁
	サブカラー	屋根、壁の一部（1、2階の塗分けなど）、窓サッシ、玄関扉、勝手口扉、雨戸、戸袋、雨樋、ベランダ手摺、胴差し、外構（門柱、門扉、塀、フェンス）
	アクセントカラー	必要性は特にないが、個性的な演出として、窓枠、壁の一部など
集合住宅マンション	色彩イメージ	落ち着き、あたたかさ、格調、モダンさ
	ベースカラー	壁
	サブカラー	壁の一部、玄関扉、共用部分（階段室壁、廊下天井）、勾配屋根、付帯施設（ゴミ置場、自転車置場）、外構（ゲート、塀、フェンス、照明ポール）
	アクセントカラー	手摺、外部階段などの鉄部、エレベータ扉、サイン表示
商業ビル	色彩イメージ	モダンさ、活気、センスのよさ、楽しさ
	ベースカラー	壁
	サブカラー	壁の一部、扉、窓サッシ、窓ガラス、空調室外機、エレベータ扉、エスカレーター手摺、看板
	アクセントカラー	外壁の一部、看板、サイン表示、（店舗ディスプレイ商品）
業務ビル	色彩イメージ	落ち着き、風格、新鮮さ
	ベースカラー	壁
	サブカラー	壁の一部、扉、窓サッシ、空調室外機
	アクセントカラー	看板、サイン表示
学校	色彩イメージ	落ち着き、若々しさ、モダンさ
	ベースカラー	壁
	サブカラー	壁の一部、扉、窓サッシ、手摺、渡り廊下天井、勾配屋根
	アクセントカラー	サイン表示
工場	色彩イメージ	明るさ、モダンさ、美しさ
	ベースカラー	壁
	サブカラー	壁の一部、シャッター、扉、窓サッシ、縦雨樋、鉄骨階段、勾配屋根、換気装置、屋外機器（貯蔵タンク、クレーン、配管、配管架台）、外構（ゲート、塀、フェンス、照明ポール）
	アクセントカラー	壁の一部、サイン表示
病院	色彩イメージ	あたたかさ、やわらかさ
	ベースカラー	壁
	サブカラー	壁の一部、扉、窓サッシ、庇
	アクセントカラー	サイン表示

❸ 外観色彩設計の手順

外観色彩設計の手順は、基本的にはインテリアと同じです。

色彩設計手順フローチャート
- ①前提条件の整理
- ↓
- ②立地条件の調査・分析
- ↓
- ③色彩コンセプトの決定
- ↓
- ④具体色の選定デザイン
- ↓
- ⑤プレゼンテーション
- ↓
- ⑥設計案決定

1 前提条件の整理

まず、施主や依頼者との打合せや確認が必要です。

対象物件の種類や用途（個人住宅、集合住宅、公共建築、業務ビル、工場など）、要望、設計範囲（部分か全体か）、従業員数、出入りの動線、就業時間帯、商談や見学者などの来訪者の多少。関係資料入手(配置図、立面図、会社概要パンフレット）など、必要な情報を得ます。

色彩設計の請負金額の交渉と決定。設計案の成果物の表現方法（プレゼンボード、設計報告書）、現場視察や途中打合せの有無、作業に要する期間、設計案の提出日などを、明確に依頼主に伝えておく必要があります。

♬ワンポイントアドバイス
- 施主や依頼者と積極的なコミュニケーションを図るようにします。誠実で丁寧な対応で信頼関係を得るように努めましょう。設計案提出日などの約束日や約束時間は、守るのが当然で、遅刻や設計者側からの日程変更の要請は、自分の信頼を失う原因になります。

---

2 立地条件の調査・分析

必ず現場に出向き、対象物件と地域との関係を把握します。
①地域特性の把握
　新興住宅地、歴史的街並、商業地域、住工混在地、田園地域など。
②周辺状況の観察
　閑静、低層住宅地、団地、にぎやか、商店街に近い、人通りの多少、公園の有無、植栽状況、近隣建物の外壁仕上素材、幼稚園、学校、病院が近くにある、など。

外観色を色見本帳と見比べながらマンセル値で記録します。
色見本帳は、(社)日本塗料工業会発行「塗料用標準色見本帳」(上写真)や
日本規格協会発行「JIS標準色票」などを用います。
景観の色調把握のためには、色票を壁にあてながらの厳密な測色ではなく、
適当な距離から眺めたみかけの色の測色でかまいません。
外壁タイルなど複数の色が混在しているものは、平均するとどの程度の色
かを測ります。突出色があれば、なぜ突出して見えるのか、色相、明度、
彩度などの要素で分析把握しておきます。

図9・1　色票を持っての現地調査　[カラー p.27]　　　図9・2　調査結果を書き込んだ地図

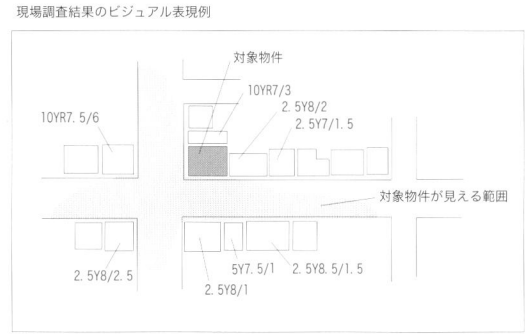

③対象物件の見え方

　対象物件はどの位置からどの程度見えるのか。それは建物の表か裏か側面か。
色彩設計に力を入れるべき壁面を確認します。

④周辺の色彩状況

　対象物件の周辺にある建築物の外壁や、屋根に使用されている色を把握します。
厳密なマンセル値でなくてよい。"明るめで、黄みのグレイッシュな色調" など、
地域全体の色相の傾向や色調（トーン）で記録します。
　周辺で目立っている色があれば、それは良いのか悪いのか、なぜ目立っている
のかチェックします。
　目立っている色について、周辺との色相、明度、彩度の関係を分析します。

⑤写真撮影

　対象物件のアップ写真だけでなく、対象物件に周囲が写り込んだ写真、さらに
周辺状況がわかる写真を必ず撮影すること。

⑥地域文化の把握

　必要に応じて、歴史、文化、地場産業などを調査する場合もあります。これら
のなかから、コンセプトやデザインのヒントを見いだせることもあります。

♬ワンポイントアドバイス

　現場で見て感じたこと、気づいたことをすぐその場でメモしておくことが大切です。次のものを現地調査に持参します。

・付近の地図のコピー：住宅地図などできるだけ詳細な地図を持ち歩き、それに書き込みながら調査するとはかどります。
地図を用意できない場合は、現場で付近のおよその地図を手書きします。道路を中心に、大きな建物や公共施設、コンビ
ニなど目につく建物を記載しておきます。
・色票：塗料用標準色見本帳など、マンセル値がわかると便利。適当な距離から色見本帳と照らし合わせながら、見かけ
の色に近い色票のマンセル値を記録します。色票を外壁につけて測色するような厳密さは必要ありません。
・クリップボード：調査事項を記録する際の下敷があると作業がしやすいです。
・カメラ：標準レンズと、28mmの広角レンズを携帯すると便利。フィルムによる写真撮影は、晴天より薄曇りのほうが、
プリントの色再現も陰影バランスもきれいです。

9章　外観の色彩設計

3 色彩コンセプトの決定

建物の種類や用途、調査結果から、色彩設計の方向性（コンセプト）を決定します。

たとえば、"繁華街のなかの商業ビルなので、より強く個性を打ち出す""閑静な住宅地のよく見える一角なので、おだやかな外観にする"など、景観のなかで視覚に及ぼす影響の程度を念頭に、どのようなイメージがふさわしいかを考えます。そして、それを表現するには、どのような全体色調（トーン）がふさわしいか、おおまかな色彩イメージを頭の中で描きます。

周辺景観から突出させずに調和させることが大切ですが、周辺景観が無秩序で雑然としている場合は、地域景観の質を上げる牽引役となるよう上質の色彩設計を行ないます。

戸建住宅のコンセプトは、さほど難しく考える必要はありません。施主の要望を基にしながら、"やさしく親しみのある""ナチュラルで落ち着いた""さわやかでシンプルな""あたたかみのある""シックで重厚な""明るくモダンに""伝統的で落ち着いた" など、いくつかのイメージ言語で方向性が表現できます。

後になって大きな色彩案変更が生じるのを防ぐためにも、このコンセプトの時点で、依頼者の確認と了解を得ておくことが不可欠です。

建築と景観の関わり方
基本理念は、景観や空間の快適性向上。

景観調和
- 類似調和型
  - 山腹の送電鉄塔など、構造物の存在を意識させない景観融和型。
  - 周辺景観の建築色の平均的な色調に合わせる類似調和型。
    景観になじみ、突出感や違和感は生じません。
- 対照調和型
  - 景観のアクセントとなり、積極的に景観を修景するモニュメント型（ランドマーク型）。地域の活性化に寄与します。
    この場合は、形状も仕上材も質が高く、美しい建築であるべきです。

♪ワンポイントアドバイス
- 戸建住宅や小規模建築は、施主の好みの色が外観に反映されやすいのですが、極端な色であれば、施主の要望に応えながらも啓発し、公共性のために、個人の感性を調整することもカラーコーディネーターの役目です。

♪ワンポイントアドバイス
- 都市、地域によっては、景観条例、景観形成計画などで、景観の色彩誘導が行なわれている場合があります。その場合、大規模建築であれば、行政との事前協議が必要となります。
  大規模建築の規模は、条例で定められています。誘導指針があればその意向に沿うように色彩設計します。地区協定で一定地区の色彩指針を決めている場合もあります。指導の有無は、所轄の市役所の都市計画課、建築指導課などで確認してください。

4 具体色の選定デザイン

　決定した方向性と、それを表現する全体の色調イメージを念頭に、そのイメージに沿う実際の色彩を選定します。

　広い面積から、ベースカラー、サブカラー、アクセントカラーの順に色を決めます。

　インテリアと同様に、それぞれの部位と選定色を一覧表にした色彩仕上表を作成します。

　設計案をわかりやすくビジュアル表現します。

　ビジュアル表現方法は、色彩仕上表の他に、立面図への着色、イメージパース描画、CG カラーシミュレーション作成などがあります。必要に応じてどれか、あるいはいくつかを併用します。

　設計案だけでなく、現場調査の結果もビジュアル化すると、考え方から提案に至る流れを分かりやすく説明できます。

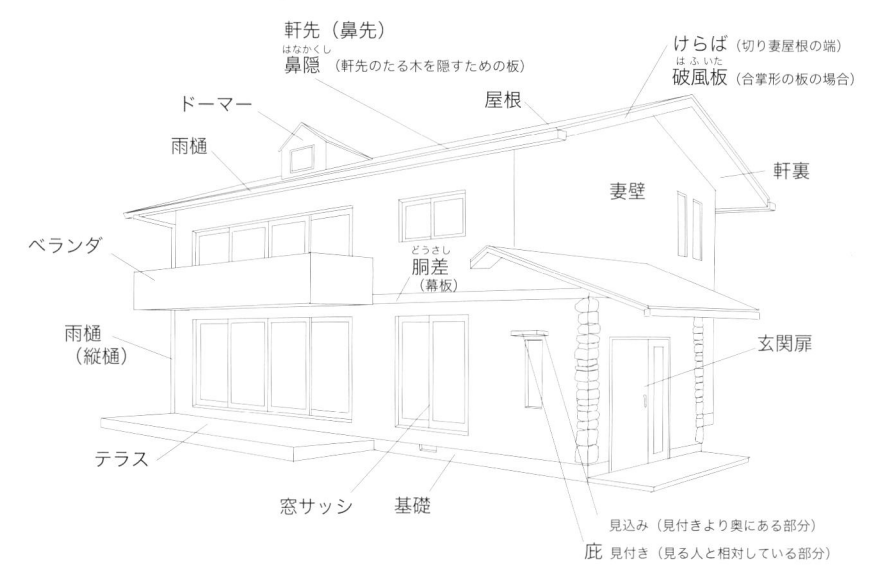

図9・3　住宅外観の部位名称

♬ワンポイントアドバイス

・見慣れた色は"無難な色"ということが多く、より個性的な配色を考えようとするのですが、無難な色は、生理的に受け入れられやすいからこそよく見かけるわけで、無難な色が悪いというわけではありません。住宅における個性の演出は、無難な色を用いながらも、センスよく上品にすべきです。

♬ワンポイントアドバイス

・着色立面図をパソコンで作成し、プリントアウトする場合は、何度も色調整をしながら、プリントアウトの色を極力、選定色に近づけるようにします。
・塗替え物件など、現状写真を利用してCG カラーシミュレーションを作成する場合は、単色の面でも陰影が加わるので、厳密な色で再現される必要はありません。撮影された写真の距離に離れて見たとき、この程度の色に見える、という考え方でプリントアウトの色調整を行ないます。

5 プレゼンテーション

プレゼンボードだけでなく、必要に応じて材料現物による色サンプルも持参します。

施主、依頼者へ説明し、了解が得られれば、色彩設計は完了。

調整の必要な個所が発生すれば、持ち帰り、調整し、改めて最終確認了承をもらいます。

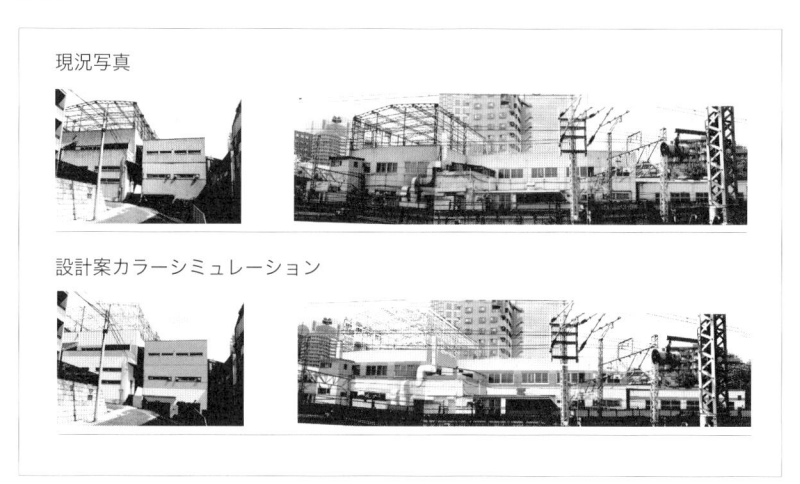

現況写真

設計案カラーシミュレーション

CGカラーシミュレーション

図9・4　ビジュアル表現手法の例 ［カラー p.27］

> ♪ワンポイントアドバイス
> ・大きな設計物件になると、プレゼン説明した相手が決定権を持っているとは限りません。担当者は、上司に説明報告することになるので、設計者の意図が最終決定者まで正確に届かない場合もよくあります。したがって、箇条書きでコンパクトにまとめた解説文なども添付し、説明を聞かずにプレゼンボードを見る人にも、自分の思いが間違いなく届くようにしておく必要があります。
> ・大きな設計物件は、プレゼンボードだけでなく、調査や設計の内容をまとめた「色彩設計報告書」を提出します。

❹ 外観色彩設計のコツ

配色のコツは、インテリアの場合と同様です。インテリアの項（p.95）を参照してください。

それに加えて次のようなことがいえます。

1 外壁に適応しやすい色を選ぶ

住宅外観で使用頻度の高い色は、色相2.5YR（黄赤）〜5Y（黄）の暖色系、明度5.5〜9程度、彩度0.5〜4程度です。自然のなかで見られる一般的な土や板の色は、外壁色としても違和感なく用いることができます。

この色相範囲を外れた黄緑〜緑〜青緑〜青、紫〜赤紫〜赤系色は、大面積のベースカラーとして使用すると強い違和感が生じます。

塗装の場合、外観色がマンセル明度5以下になると、重厚さや高級感ではなく、

暗く陰気なイメージのほうが強まります。外観の場合、マンセル明度7程度が中明度と考えておきましょう。

2 塗装しない部分との調和を考える

現状から異なる色に塗り替える場合は、タイル部分など、変更できない部分との配色調和に注意します。

塗り替えない部分をアクセント的に扱って対照調和にするか、素直に類似調和でまとめるかといったことを念頭に、色相、明度、彩度を検討します。

3 ナチュラルカラーハーモニーを意識する

戸建住宅で、黄赤（YR）〜黄（Y）系統の色を用いて、1階、2階の色を変える場合、2階は、1階より明るく黄みよりの色を用います。規模の大きい建物の低層部と高層部の色分けも同様で、ベースカラーとサブカラーは類似調和を基本とします。

屋根色と外壁色の関係にも注意。緑色の屋根に対して、ピンク系の外壁色は調和しにくい。緑色の屋根に明るい外壁色を合わせるには、赤みではなく黄みの外壁色のほうが、ナチュラルカラーハーモニーであると同時に類似調和に近く、なじみやすい配色になります。

外壁1階と2階の配色がナチュラルカラーハーモニーの例　　ナチュラルカラーハーモニーではない配色は違和感がある

図9・5　建物の外観のナチュラルカラーハーモニー［カラー p.27］

4 外構との関係を考える

建物と、敷地内の舗装、門柱、門扉、塀、フェンスとの関係を考えます。外観と連動した色で、基本は類似調和でまとめます。

5 植栽との関係を考える

植栽のボリュームが大きい場合は、グレーなど無機質的配色や人工的イメージを強調した色でも樹木と調和させやすい。しかし、見方をかえると、グレーの外壁は、豊富な樹木の中では、より無機質に冷たく見えるともいえます。

6 方角を考える

南面と北面では、同じ色でも印象が異なります。たとえば、直射日光の当たらない北面が正面となる住宅は、無機質なイメージにならないようグレーは避け、暖色であたたかみを強調します。

7 素材を考えた色使いを行なう

自然の緑と調和させるために、緑色を使用するという発想は、必ず失敗します。自然の緑は、微妙なさまざまな色の集合状態で、しかも季節変化があります。塗装やタイルなど、単一色で変化しない緑色の大きな面は、自然から遊離して、よけいに違和感が強まります。赤レンガに似せた赤茶色の塗装という発想も同様に低廉なイメージになります。自然素材の疑似色という発想で人工色を用いることは避けます。

8 塗料の色指定の注意点

印刷インクは、光の透過率が高いので、その色見本帳は台紙からの反射光を含んでいます。その結果、明るくクリアな透明感があります。一方、絵具や塗料は不透明なので、その色は沈んで見えます。したがって、塗装業者や塗料メーカーへ、印刷インクの色見本で調色指示を行なうと、イメージ通りの色には仕上がりにくいといえます。塗料の色指定は、塗料用標準色見本帳、あるいは、各塗料メーカーが発行している色見本帳で色指定します。もしくは、ポスターカラーなど不透明絵具を用いて、望む色を塗った色紙を作成し、それを色見本として調色してもらうようにします。

> ♬ワンポイントアドバイス
>
> 塗料用標準色見本帳について
>
> ・塗料用標準色見本帳は、全国の塗料メーカーが加盟している(社)日本塗料工業会が、2年ごとに、掲載色を見直して改訂発行しています。すべての色が、B02‐70T、B15‐65X などと色番号で表示されており、この番号で色指定ができます。
> ・色番号の頭についているA、Bなどの記号は、発行年を表していますが、それ以下の表示部分02‐70Tや15‐65Xが同じであれば、発行年度が違っていても同色です。例にあげた色番号の02や15は色相を表し、70や65は明度、TやXは彩度を表しています。マンセル値も参考に並記されています。
> ・色一覧のポケット版と、色見本チップとして切り取って使用できるワイド版がつくられています。大きな画材店や(社)日本塗料工業会から入手できます。

9 退色を考慮する

塗装は、経年変化で退色します。黄赤（YR）〜黄（Y）のアースカラーは、耐候性があり、他の色相に比べて退色しにくく、汚れや退色による違和感もあまりありません。一般に高彩度色ほど退色しやすく、退色した場合の見苦しさも強まります。イラストなど具象描画は、見苦しくなりやすいので、あらかじめ塗り替え時期も予定した上で計画すべきです。外観は、汚れたり、年数を経ても見苦しさを感じさせない色使いが望まれます。

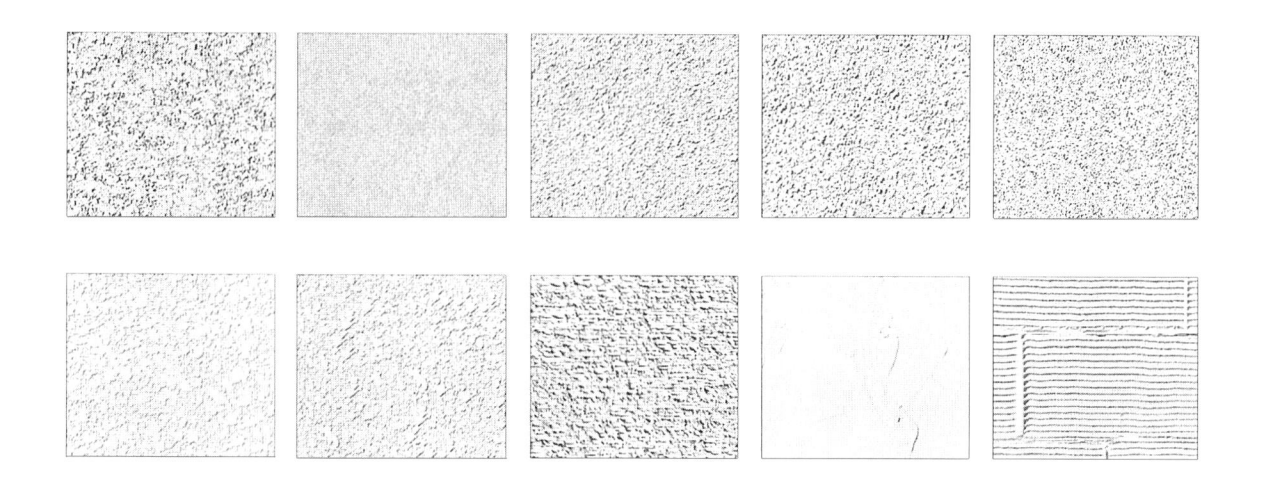

図9・6　外壁塗装仕上げの表面テクスチャーの例（資料提供：㈱エスティイー）

> ♪ワンポイントアドバイス
>
> 塗装仕上げについて
>
> ・現場塗装の外部用として耐候性のよいものから順に、フッ素樹脂塗料（15〜20年）、シリコン樹脂塗料（10〜15年）、2液型ウレタン樹脂塗料（8〜10年）、アクリルエマルジョン樹脂塗料（6〜8年）、溶剤型アクリル樹脂塗料（5〜6年）などがあります（カッコ内は塗り替えの目安年）。塗料の種類を選ぶ際は、性能と価格との関係もあり、塗料メーカー、塗装業者など、専門家の助言を得るようにします。
> ・塗装仕上げのつや（艶）の程度は、3分艶、7分艶、艶消しなどがあります。一般的に、室内では艶の少ないものをよく用います。艶の多少は、汚れやすさと関係するので、屋外では汚れにくい艶のあるものを使用します。
> 　塗膜に汚れを付着しにくくする親水性コーティング剤も開発されています。
> ・仕上げのテクスチャーは、平滑仕上げ、凹凸模様仕上げ（ゆず肌模様、なみがた、ヘッドカット、スタッコ調）、石材調仕上げなど、さまざまあります。塗料メーカーのカタログを参考にしたり、メーカーや塗装業者に塗り見本を作成してもらい確認します。

10章 景観調和と色彩

個々の建築外観の集合体が、街並景観です。「景観は公共の財産」です。

地域特有のイメージがかもし出された秩序ある街並景観は、魅力的です。

景観法も施行され、各地の地方自治体では、秩序感のある快適な街並や個性ある街並をつくろうという気運が高まっています。

より魅力的な街並を創出するためには、現状の問題点や良好点を拾い出し、問題点は、今後の課題として対応策を検討します。良好点は、それを維持したり、より積極的に展開するといった方策が望まれます。

❶ 街並景観の課題点

無秩序な色彩景観は"騒色"とも評されます。街並景観を美しくする方法は、まず、不要な色彩（あってほしくない色、望ましくない色の使い方）をなくすことです。

景観の問題点（課題点）や良好点は、都市の性格（観光都市、学園都市、商業都市など）や地域の性格（住宅地域、商業地域など）、建造物（公共建築、戸建住宅、集合住宅）などの性格によって異なるので、自分の住んでいるまちについて調べてみてください。

よくないと思われる色彩の問題点を調査すると、①建築外観の色彩問題、②屋外広告物の色彩問題、③工作物の色彩問題、④道路面の色彩問題、⑤維持管理上の色彩問題、に分類できます。

①建築外観の色彩問題

■配色の問題
- 高彩度の壁面ベースカラーの出現による突出感
- 高彩度アクセントカラーが大面積のために突出感
- 大面積の壁面が単一色のための単調さ、威圧感
- 団地など、複数棟が同一色のための無機質な単調さ
- 団地など、区別や差別化のため、過度の多色使用による目障り感
- 個々の建物は問題ないが、色調の違う外壁が隣接することの不調和感
- 安易な装飾イラスト（塗色やタイル画）による突出感

■素材色の問題
- 施工費軽減のため、面で異なる仕上げ仕様（素材・色）の低廉さ
- 安価な外壁素材とそれに伴う塗色の深みのなさ
- 冷たさを助長し、光害にもつながるガラスカーテンウォール
- 光沢のある壁面（タイル・金属パネル）の突出感
- 住宅の高彩度の色瓦の突出感

■付属物の問題
- 空調室外機の色が建物から遊離した雑然感

- シャッター色、鉄扉の無機質感

②屋外広告物の色彩問題
- 高彩度化（カッティングシート・LED）による色彩刺激の増大
- 巨大化による色彩刺激の増大
- 建築外壁ベースカラーと広告物の色の不調和感
- 店舗に付属する装飾テント、看板の安っぽさ
- 立て看板、広告スタンドの氾濫による雑然感

③工作物の色彩問題
- 工事仮囲いの無機質的な突出感
- 高彩度色のフェンスの低廉な目障り感
- ブロック塀のコンクリート色の無機質感
- 工場など、機材、屋外施設が敷地外部から見えることへの無配慮
- アーケード天井色の安っぽさ、テント色による太陽透過光の演色性の悪さ
- 街灯、ゴミ箱、ベンチなど、ストリートファニチャーの色の無秩序感
- 歩道橋、橋の色の異質感
- 電線の多さによる雑然感の助長
- 標識色やその支柱色の突出感

④道路面の色彩問題
- 歩道舗装デザインの安易さや高彩度色の使用
- 異なるデザインや色のついた舗装の接合部の不統一感
- 駐車禁止標識、セーフティコーンによる路上の騒色

⑤維持管理上の色彩問題
- 建築外観や工場の屋外機器など、メンテナンスの悪さによる退色、サビ、汚れの悪印象

❷ 街並景観の良好点

　街並景観のなかで見られる良好点は、①建築の色彩効果、②屋外広告物の色彩効果、③工作物の色彩効果、④道路面の色彩効果、⑤維持管理の色彩効果、⑥樹木の色彩効果、に分類できます。同じ色使いでも、その程度や地域の状況によって、問題点にもなり良好点にもなります。

　静止している建物外観や工作物は、生活の営みの舞台背景として位置づけ、そこで活動する人々が主役となって、生き生きと引き立つような景観が望まれます。

　街並景観は、公共の建築土木工作物を設計管理する行政はもとより、施主や設計者の意識次第でより良くすることができます。

①建築の色彩効果
■配色の効果
- 周辺建物と色調が揃うことによる秩序感の醸成
- 単調な壁面で、アクセントカラーによる変化演出や活性化
- 大面積の壁面の威圧感を形状と色により軽減
- 強い色調のベースカラーによる繁華街の活性化

- 適度な変化で、複数棟の個性化、統一感、高級感を演出
■ 素材色の効果
  - 周辺建物と色調が揃うことによる秩序感の醸成
■ 付属物の色彩効果
  - 壁面オブジェによる個性化、活性化
  - 商品色、ウインドーディスプレイ色によるにぎわいの演出
  - イラストやパターン色によるシャッターの無機質感軽減

②屋外広告物の色彩効果
  - 繁華街の広告物は、にぎやかさを増して活性化

③工作物の色彩効果
  - 工事仮囲いのデザイン処理による工事現場の美化
  - 殺風景な工場で、屋外機器のアクセント効果による活性化
  - アーケード天井の形と色による通りの統一感、個性化
  - ストリートファニチャーの色統一による秩序化、個性化
  - 街路灯に取り付けた季節の飾りつけによるにぎわい演出
  - 歩道橋が、周辺建物との類似色による違和感軽減

④道路面の色彩効果
  - 建物外壁と入口舗装色による一体感演出
  - 建物外壁色を引き立てる歩道舗装色
  - 道路舗装色による楽しさ演出、活性化、個性化

⑤維持管理の色彩効果
  - 汚れのない外壁や塀、サビや退色のない工場屋外機器などによる美化

⑥樹木の色彩効果
  - 緑が多いことによる景観の潤い、安らぎの演出

図10・1 電線電柱を消すと…（CGカラーシミュレーション提供：㈱エスティイー）［カラー p.28］

❸ 都市の色彩景観計画

　個々の建物が、勝手な自己主張をすれば、景観は乱れます。その対策として、すべて同じ色にするということも考えられますが、現実的ではありません。たとえすべての建物を同一色にできても、それでは変化がなく、魅力の乏しい景観になってしまいます。また、それぞれの都市に、個性的雰囲気があって欲しいものです。

1 行政の色彩景観計画
①行政の色彩景観計画の考え方

　2004年12月に、景観法が施行されました。それ以前から各地の都市が、景観条例を制定しています。具体的な色の指針を提示している自治体も多くあります。それに盛り込まれる色彩誘導の基本的考え方は、どこでも同じです。その地域にふさわしい外観の色範囲を一定に定めて、その範囲のなかの色を自由に選ぶことで、全体を「類似調和でまとめる」という考え方です。都市景観のレベルでもやはり「美は、統一と変化の適度なバランス」なのです。

　色彩景観計画は、現状の色彩傾向を基調にしながら、外観色（主にベースカラー）の目安範囲を設定します。それは、都市全体の目安であったり、地域特性ごとに若干変えたり、特定の地区のみについて設定する場合もあります。

　計画に沿って良好なモデル地区を創出すると、効果的な景観意識の啓発につながります。

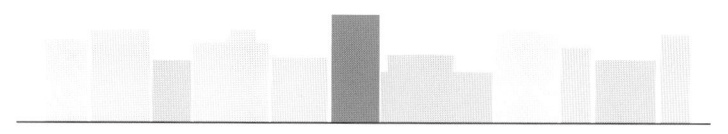

質が高ければ、地域のランドマーク、アクセントになる。

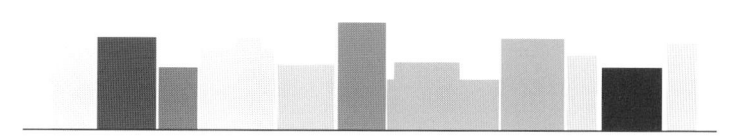

それぞれが目立とうとすると、街並は無秩序で雑然となる。

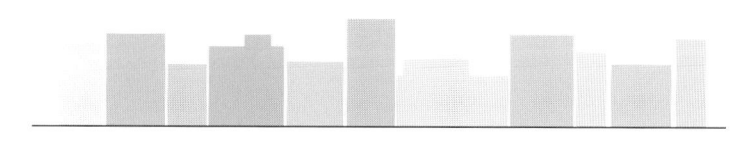

色相やトーンを一定の範囲にそろえると、秩序感が生まれる。

図10・2　色彩景観計画の考え方［カラー p.29］

②行政の色彩誘導方法

外観色や工作物に使用する色範囲を一定にする方法は、①色相の範囲を定めてトーンは自由、②色相は自由でトーンを揃える、③色相とトーンを揃える、という考え方ができます。広い地域を対象にする場合は、ゆるやかな目安範囲を設定して誘導します。一般的には、黄赤（YR）〜黄系（Y）を中心にして色相を揃え、加えて、極端にあざやかな色や暗い色を避け、低彩度色を中心にします。つまり、色相とトーンを揃えるという手法が実際的です。大阪市もこの考え方で色彩誘導を行なっています。

限られた地域の場合は、個別に協議するという手法をとります。

例として、京都市をあげると、市街地景観整備条例で規定されている建造物修

表 10・1　景観を考える際の色調 5 分類

大阪市での色調 5 分類	PCCS トーン名	JIS 系統色名の修飾語
淡い色調	ペールトーン p ライトトーン lt	○みの白　○みのうすい灰色　白 ごくうすい○　うすい○　うすい灰色
グレイッシュな色調	ライトグレイッシュトーン ltg グレイッシュトーン g	○みの明るい灰　○みの中位の灰色 明るい灰色 明るい灰みの○　灰みの○　中位の灰色
おだやかな色調	ソフトトーン sf ダルトーン d	やわらかい○ くすんだ○
深い色調	ダークトーン dk ダークグレイッシュトーン dkg	暗い○　暗い灰みの○ ○みの暗い灰色　暗い灰色 ごく暗い○　○みの黒　黒
さえた色調	ビビッドトーン v ブライトトーン b ストロングトーン s ディープトーン dp	あざやかな○ 明るい○ つよい○ こい○

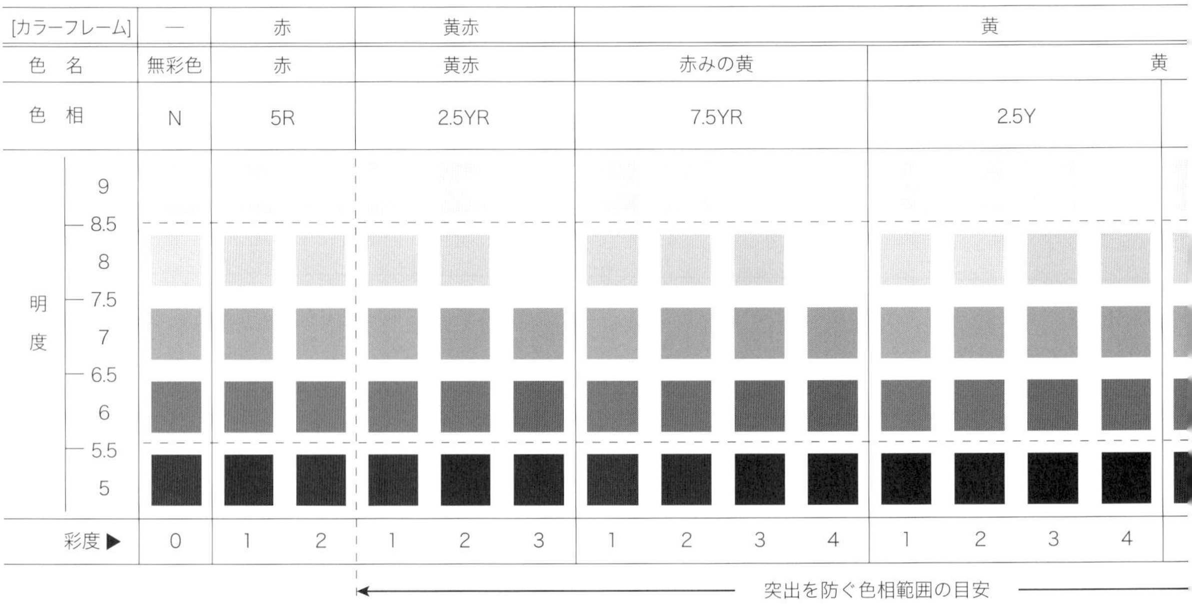
[カラーフレーム]
—
赤
黄赤
黄
色　名
無彩色
赤
黄赤
赤みの黄
黄
色　相
N
5R
2.5YR
7.5YR
2.5Y
明度
9
8.5
8
7.5
7
6.5
6
5.5
5
彩度▶
0
1
2
1
2
3
1
2
3
4
1
2
3
4
突出を防ぐ色相範囲の目安

図 10・3　大阪市の景観基調色の目安（大阪市色彩景観計画ガイドブック「やわらぎ」）[カラー p.28]

景地区では、一定規模以上の建物の新築や増改築に際して、行為の届け出が義務づけられています。色の基準は「けばけばしい色彩や過度の装飾が施されていないこと」とうたわれています。また、京都市伝統的建造物群保存地区条例では、新築や増改築に際して、細かく外観の様式を指定するとともに、指定地区ごとに「木部は、べんがら塗り、生地仕上げその他これらに類する仕上げの色彩とする」「木部は、生地仕上げまたは古色仕上げとする」などとうたわれています。

定められた色目安範囲の境界付近の色については、関係者が協議しながら良否を判断する仕組みにするとなお良いでしょう。

大阪市色彩景観計画では色調を5分類して考えやすくしています。[カラー p.7〜9] 図1・12「色立体断面図」は、この5色調で区分しています。

2 風土色
①風土色と景観

土、岩石、植生などの自然の色は、その地域の風土色です。さらに、地場産業や伝統工芸品の色など、歴史文化の中にも特徴ある色使いは存在します。

その地域にふさわしい色範囲を導きだすためには、現地で風土色の調査も行ないます。ひとつの都市でも、商業地、住宅地、田畑、山林など、性格の異なった地域で構成されています。それぞれの地域で、景観色の色調傾向を把握します。たとえば、伝統的な街並は、やや暗めで赤みよりの傾向があるとか、地域の土の色が壁や瓦に、石の色が石垣に反映されている、などというように。また、地域の特徴的な建築様式や外観装飾などもあります。それらは、景観計画で、地域のアイデンティティ(個性)を演出するための大切な要素です。これらの風土色を無視した色使いをすると、地域アイデンティティをなくしてしまうことになります。

	黄緑	緑	青緑	青	青紫	紫	赤紫
	黄緑	緑	青緑	青	青紫	紫	赤紫
Y	2.5GY	5G	5BG	10B	10PB	7.5P	5RP

※印刷による色表現ですから、実際の質感を伴った色彩と異なります。

現況写真

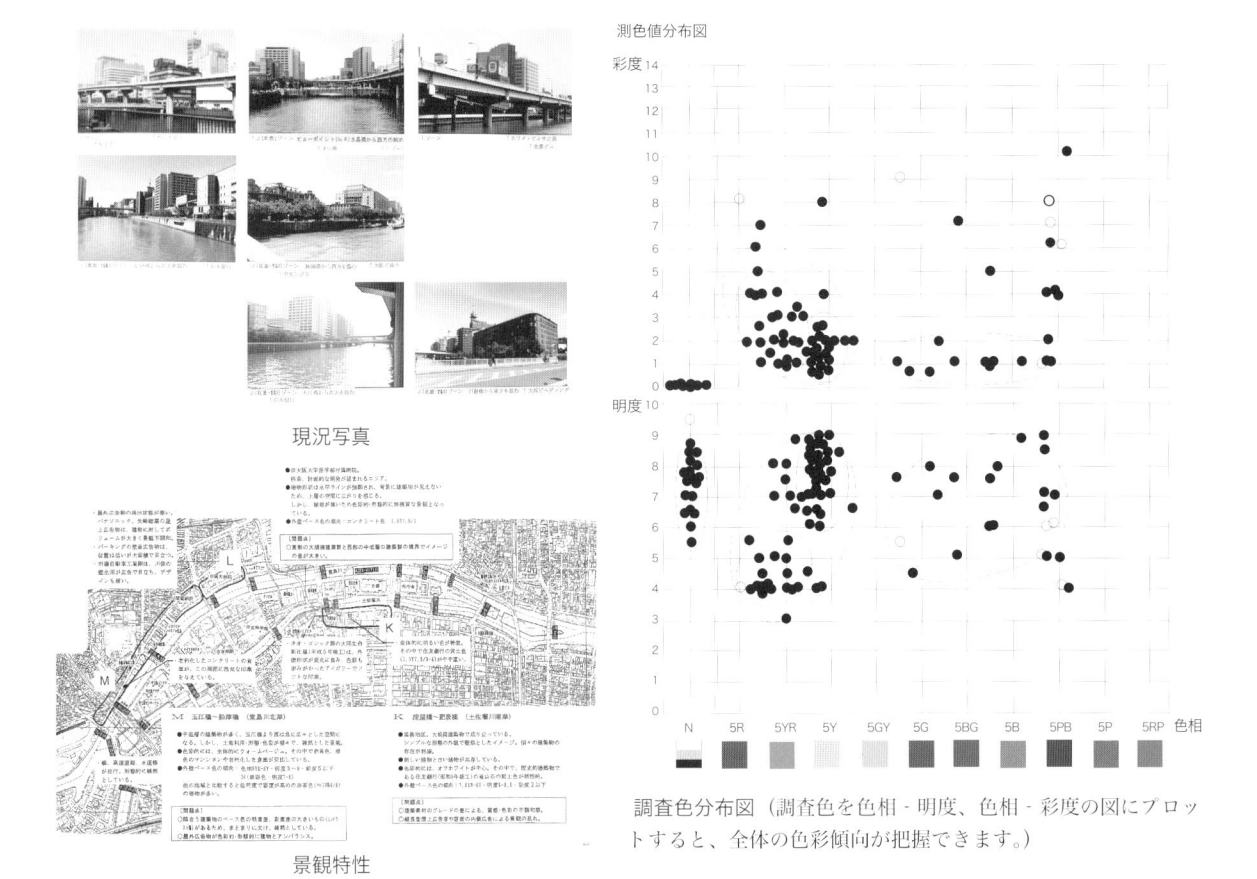

景観特性

測色値分布図

調査色分布図（調査色を色相・明度、色相・彩度の図にプロットすると、全体の色彩傾向が把握できます。）

図 10・4　景観調査表現の一例　[カラー p.30]

　建設業者によるミニ開発の戸建住宅地では、近年、各戸を高彩度の外壁色で統一する事例も増えています。あえて周辺とは異質な色にしているのですが、目新しさばかりを訴求するのではなく、建物の様式、仕上げ素材などにもこだわって、景観的に質の高い地区を形成するように努めたいものです。

②気候風土と嗜好色

　土、樹木、海、空など身近にある自然の色、日射量、温度、湿度、これら気候風土の違いによって、嗜好色やデザインの色使いは変わります。緯度による色の見え方も地域の嗜好色に影響を与えています。地球規模で捉えると、赤道付近は日射量が多く、北極、南極など、高緯度になるほど、日射量が少なく色温度が高くなります。これは、高緯度では、青系色が美しく見えるということにもつながります。その現象は、無意識のうちに、高緯度地域に住む人々は寒色系にこだわり、ブルー系色の色使いが上手、低緯度地域の人々は暖色系の色使いが上手、といった違いが生じる可能性も推察できます。

　その結果、北方、南方のそれぞれの異なる配色美も生まれます。日本には日本の配色美が生まれます。日本独特の色彩美意識も改めて見直し、大切に継承したいものです。

3 シンボルカラー

都市のイメージカラーと実体色は異なります。

水の青色、竹の緑色など、安易な発想で、市や商店街のシンボルカラーを制定する場合があります。シンボルカラーはあくまでも象徴であって、その色を歩道柵、街灯支柱、橋など、あれこれ工作物やストリートファニチャーに使用すればよいということではありません。シンボルカラーは、高彩度色の場合が多いので、工作物への展開は、景観をより雑然とさせてしまうことになります。景観に出現するシンボルカラーは、商店街活性化の装飾旗、のぼり、広告ポスターなどのイベント的な使用に限るべきです。あるいは、案内標識のアクセントカラー程度にとどめておきましょう。

4 行政との色彩コミュニケーション

設計者と行政とが協議を行なう際に、設計者は、通常、着色した立面図か完成予想図を持参します。

しかし、着色図と実際の外観色とに大きな色誤差があったり、色名表現によるあいまいさで、後日トラブルを招いている場合が多々あります。できるだけ実際の色イメージに近い色彩で着色すべきです。また、色の三属性の理解不足もトラブルの原因になっています。

事前協議時の提示色と施工色が違うというトラブルを防ぐために、大阪市では、「場合に応じて三段階の色表現を行なう」ことを基本に据え、色彩用語を統一し、色彩協議の円滑化を図っています。三段階の色表現とは、①厳密に色を特定する場合は、JISマンセル色値で表記します。たとえば10YR7/2。②使用色を説明する場合は、"明るい灰みの黄""ベージュ"など、系統色名か慣用色名を使用します。色名は、近似の色彩を含むので厳密な表示とはなりませんが、色をイメージできます。③色彩景観のイメージを伝える場合は、"グレイッシュな色調の黄色（グレイッシュな黄）"というように、類似関係にある色彩を含めて、色群として景観の色彩イメージを示しています。

③グレイッシュな色調の黄色

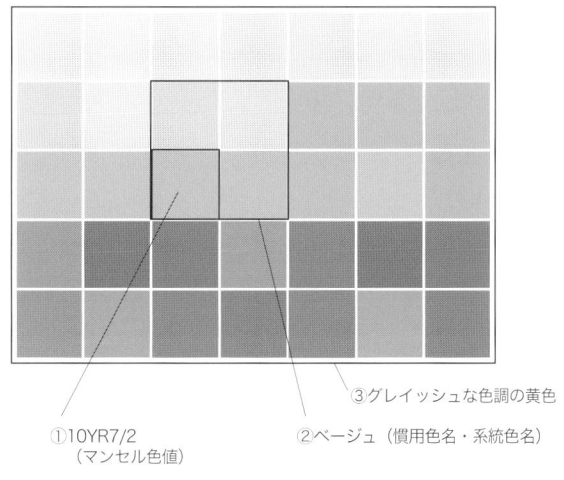

①10YR7/2
（マンセル色値）

②ベージュ（慣用色名・系統色名）

図10・5　色表示の3段階（大阪市の場合）［カラー p.30］

❹ 景観を重視した外観色彩設計

1 シンボル的建築物について

　シンボルやランドマークになる建築物については、施主や設計者の意向のみで、その建物をシンボルやランドマークにすることは避けるべきです。景観に与える影響が大きいので、より多くの人々の意見を聞き、幅広く慎重に論議しながらデザインを決定することが望まれます。

　強い色（高彩度色）による自己主張ではなく、仕上素材を十分に検討して上質な建物をつくり、地域空間の質を上げると、自ずと地域のシンボルやランドマークとして評価されます。

2 景観不調和にならないために

　戸建住宅では、黄、青、ピンクなど、あざやかな外壁色が増えていますが、その場にふさわしいかどうか十分に検討すべきです。低彩度色でも、極端に明るい外壁や極端に暗い色、あるいは緑〜青緑、紫〜赤紫の色相は、突出色になりやすいので、ベースカラーには用いないようにしましょう。

　過度の装飾、絵画やイラストなどの具象デザイン、必然性のないデザインパターンなどは、景観から突出しやすく、また飽きられるのも早いといえます。

　塗料による壁画は、汚れや退色で見苦しくなりがちなので、次回の塗り替え時期なども計画したうえで採用します。

　ステンレス鏡面仕上げや熱線反射ガラスなど、反射光の強い素材は、景観に違和感を与えやすいので注意が必要です。また、反射光が周辺へ与える影響も大きいので、その場にふさわしいかどうか十分に検討します。

　企業のイメージカラーは、高彩度色を設定している場合が多いので、そのまま外壁に大面積で使用すると突出色になりやすいものです。使用する際は、小面積にアクセント的に用います。

　棟の連続した宅地開発は、個々の建物の差別化のために過度の色変えを行なうと、雑然として見えます。事前に、開発地全体の統一色調を設定しておきます。

　外構、植栽も色彩計画の一部として、総合的に考えます。

♬ワンポイントアドバイス

カラーコーディネーターの立場

- アーティストは、自分の感性を表現することが仕事です。その感性に共鳴する人は、高く評価しますが、そうでない人にとっては嫌に感じる場合もあります。公共施設や公共空間のカラーコーディネートは、できるだけ大勢の人が快適に感じ、満足できるものにしなければなりません。
　そのためには、感性の自己主張だけではなく、さまざまな条件を考慮しながら最善を追求する"客観性"と"社会貢献の志"が必要です。
- インテリア、外観、都市計画などの"環境計画"は、"関係計画"と言い換えることができます。カラーも含めたさまざまな要素から成り立っている個と個、あるいは、個と全体とを有機的に関係づける作業なのです。

❺ 屋外広告物

　屋外広告物も景観における大きな要素です。巨大看板の郊外型店舗は、自動車を運転しながら見つけるには便利ですが、地元にとっては目障りなものです。また、チェーン店の全国共通デザインの看板は、景観の地域個性をなくしてしまいます。広告看板は、誘目性や注目性が必須条件ですが、誘目性の高さと美観は相反するので、難しい問題です。

■1 屋外広告物の考え方

　自治体は、屋外広告物法に準じて「屋外広告物条例」を作成して、広告物の規制を行なっています。申請許可が必要な広告物の合計面積や高さを規定し、規制地域を設けたり、地域別に規制ランクを設けたりしています。

　看板は、単に規制するだけではありません。繁華街などでは、積極的に看板を利用して、より活性化を図ります。大阪市の道頓堀川景観は、巨大看板による活性化の考え方で景観誘導がなされています。

　京都市では、歴史的意匠屋外広告物の指定があり、古くから庇上に掲げてある由緒ある看板を大切にしています。

■2 行政の屋外広告物の誘導

　京都市は、厳しい規制が行なわれています。広告物の掲出も街並との調和を重視し、色彩や意匠について景観に配慮する努力がなされています。細かく基準が定められており、色彩規制については、「表示面の色彩が周囲の建築物等の色彩と不調和でないこと」「ネオン管等の装飾が昼間の景観に配慮したものであること」「照明がフラッシュ式又はストロボ式でないこと」などがあります。

　これらの基準から、たとえば、大面積の赤色ベースに白抜き文字の看板は、図色と地色を反転させて白色ベースに赤文字として、インパクトを弱めます。また、看板の絵柄の周囲に余白を設け、白地を増やすことでインパクトを弱めることなどを指導しています。「京都は伝統的な街」という共通認識から、大手企業の全国共通のコーポレートアイデンティティーカラー（CIカラー）によるデザインさえも、京都ではこのように表現が変更されています。この他、他都市では規制されていませんが、京都では、建物の窓ガラスの内側に描かれたり貼られている広告も規制の対象になっています。

図10・6　大阪・道頓堀の景観　[カラー p.30]

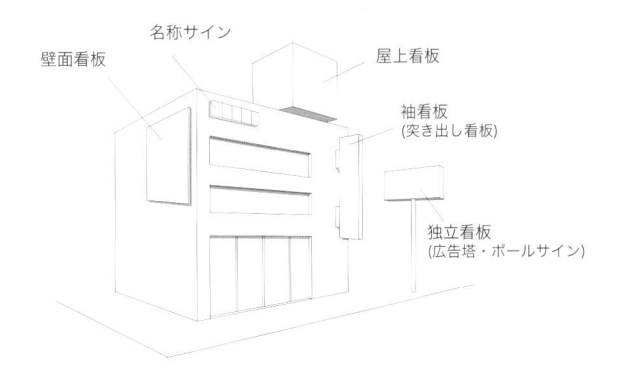

図10・7　屋外広告物の名称

10章　景観調和と色彩

11章 気候風土と色彩文化

気候風土や身近な自然物により、人々の色彩感覚が培われます。地方固有の色彩文化を再認識して、生活に生かしたいものです。

❶ 自然素材の色

自然素材の色分布には特徴があります。それは、自然素材の風合いを工業製品で再現する場合にも重要になります。

1 木材、土の色

木材（板）の色は、黄赤（YR）～黄（Y）の色相範囲に存在し、赤みの強いものは明度が低くなり、黄みに寄れば明度が高くなる傾向があります。土や岩の色は、酸化鉄の赤土や藍銅鉱（らんどうこう）の群青などもありますが、多くは、木材色と同様に、黄赤（YR）～黄（Y）の色相範囲に存在します。木材と同様に赤みの土は暗く、黄みに寄ると明るくなる傾向があります。

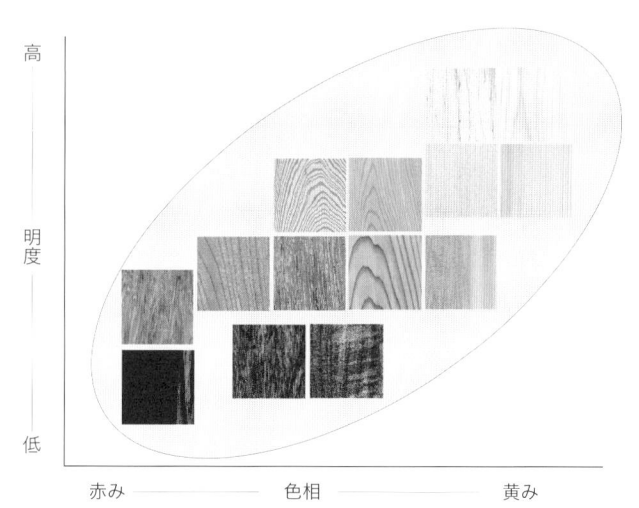

図11・1 木材の色相明度の分布図［カラー p.31］

2 自然色再現のポイント

自然素材の色傾向は、木目印刷で仕上げた建材など、自然を模した製品の製造管理にも関係します。設計色と製造色に色誤差が生じた場合、製造色が、意図した設計色より赤みが増した場合は、暗い方へわずかにずれているのであれば許容できますが、設計色より明るくなっているのであれば許容できません。製造色が、設計色より黄みが増した場合は、明るい方へわずかにずれているのであれば許容できますが、設計色より暗くなっているのであれば許容できません。許容できない理由は、不自然さが増すからです（p.100 図8・11、8・12を参照）。

❷ 気候風土と色彩感覚

人の色彩感覚が培われる要因のひとつに、生まれ育った地域の気候風土があります。

地球規模でみると、気温の年間変化の大きい地域、降水量の年間変化の大きい地域など、年間を通じて極端な気候の変化がみられる地域は多くあります。日本では、四季に応じた植生変化に伴う景観変化や、日々の天気の移り変わりが大きいことが、色彩感覚醸成の背景にあります。中国で生まれた陰陽五行思想が、日

本で普及定着しているのも、季節変化が似ているからです。また、気候風土に応じて育つ染色用植物の違いが、その国民が多用する染料の違いや嗜好色となって現れます。

■1 時間経過を含めた色認識
　本州近畿地方を中心にした、平均的な日本の気候風土を背景にした色彩感覚を考察します。
①季節変化と色変化
　世界各地の気候を大胆に分類したものに「ケッペンの気候区分図」があります。これをみると、日本の関東、中部、近畿、中国、四国、九州地方にまたがる地域と、ほぼ同じ季節変化を示す地域は、イギリス、フランス、ドイツ近辺、中国の東南部、アメリカ東南部、カナダとアメリカの国境付近の大平洋沿岸部、南米ウルグアイを中心にブラジル南部の一部とアルゼンチン東部、オーストラリア東海岸部、ニュージーランド、南アフリカ南端などの地域があります。温帯多雨気候と言われるそれら地域の合計面積は、世界的にみると決して広くはありません。

　日本には、春の木々の芽吹き、新緑、夏の繁茂、秋の紅葉、落葉、冬枯れ、といった自然景観の季節変化があります。加えて、日本では、夏の暑くなる前に雨期（梅雨）があり、温暖で湿潤なので、植物は一層繁茂します。このように季節ごとに変化する自然景観が、色彩感覚を醸成する要因のひとつになっています。

　具体色彩設計において留意すべき点は、私たちは、樹木や林を一言で「緑」と言いますが、季節変化だけでなく、樹種の違い、反射光か透過光、陰影などによって、色はさまざまに異なります。枝や幹の色も含まれています。さまざまな微妙な色の集合体なのです。その「緑」の中に立地する建築の外観を緑色にすると、その均一で変化しない緑色は、葉の色と類似色相であっても目立ち、疑似色というイメージが強まり、強い不調和感が生じます。

図11・2　四季の変化が美しい日本［カラー p.31］

図11・3 イチョウ、ケヤキ、サクラの紅葉　［カラーp.32］
一言で「緑」とか「紅葉」といいますが、微妙に異なる様々な色の集合体です。
自然の緑葉の平均：2.5〜5GY4〜6/3〜6
青みの強い針葉樹の葉は、5GY4/3程度
（例）
イチョウ：緑葉2.5〜3.5GY3〜5/3〜5
　　　　（明るい部分で見かけの明度6）
　　　　黄葉2.5Y7〜7.5/7〜8、幹10YR3/1
ケヤキ：紅葉7.5R2〜3/4、7.5R2〜3/7〜8
　　　　8R3/4　4YR4〜5/6〜8
　　　　5YR4/6　6.5YR5/7
　　　　10YR6.5〜7/8〜9　幹6YR3.5/1
サクラ：緑葉3GY5/6　紅葉10R4〜6/9〜10

　また、自然の色より彩度の高い人工色は、自然色との対比状況の方に目がいき、自然物そのものが持つデリケートな配色構成美を損なう結果になります。

②自然の色との共生
　平安時代の十二単（じゅうにひとえ）の襲の色目（かさねのいろめ）は、草花など季節ごとの自然の色を手本にして配色を決めています。日本庭園は、四季折々の眺めの変化を楽しむものであり、現代でも、春の花見や秋の紅葉を楽しむ習慣があります。日本人の生活は、時間経過とともに変化する自然景観色と切り離して考えることはできません。

③退色の容認
　紫外線が強い夏の高温多湿の気候は、人工色の退色を早めます。季節変化と合わせ「色は、うつろうもの」という感覚が背景にあります。その結果、着色したものが退色していくことに対して抵抗感が薄いように思われます。私たちは、真新しく華やかな色も好みますが、それが古くなって色あせた状態にも価値を認めています。それは、派手できらびやかな配色を好む感覚と同時に、侘び（わび）、寂（さび）の感覚にも通じます。私たちは、「時間の経過を含めて色を認識している」のです。そして着色が退色して、行き着くところは、素材そのものの色です。

2 質感の重視

①素材感と触覚
　私たちは、素材感、微妙な光沢、触感を大切にする感性があります。たとえば、歩く場所に敷くカーペットも、購入時には手で撫でて肌触りを確認します。塗装職人は、塗膜を手で撫でて確認します。写真で見る外国住宅の窓の白い木サッシは魅力的ですが、現場で見ると、ペイントを無造作に何度も厚く塗り重ねてあり、見苦しく感じます。自動車の塗装もいつもきれいに維持しています。私たちは、質感や仕上げの上質さをとても重視します。

②和室の色
　和室の畳、土壁、白木の柱は、素材の色です。和室の柱にカラフルなペイントを塗るという発想はなく、塗るとしても、べんがら色や漆など自然色の範ちゅうです。私たちは、「素材そのものが持つ色を大切にする」感性があります。

図11・4　私たちは同じ色でも質感や素材を見分けています［カラー p.32］

　インテリアコーディネーターは、カーペット色に合わせて、ファブリックの色などにこだわります。畳は、新しい状態の黄緑色から、古くなると黄土色へ、明度彩度だけでなく色相までが変わるものですが、この色変化にこだわったコーディネートはしません。色はうつろうもので、ここでは表面的な色よりも素材感の方が勝っているのです（近年は畳も変色しないものが普及しています）。

3 グラデーション好み
①身近な彩色技法
　社寺建築の蛙股（かえるまた）は、仏教伝来とともに伝わった暈繝模様（うんげんもよう）といわれるグラデーションの彩色が施されています。鎌倉時代に禅宗とともに日本に伝わった水墨画は、白、灰（にじみを含む）、黒の無彩色のグラデーションです。絞り染めなど、染色のグラデーション模様は、私たちの日常生活になじんでいます。景観調和を意識した建物や工作物にも、グラデーションの配色が取り入れられているものが多くあります。現代でも、身のまわりにグラデーション配色は、意外と多いのです。

②グラデーション好みの背景
　日本の気象特性が背景にあります。高気圧や低気圧の活動の度合をみると、日本および、中国大陸東岸、北米大陸東岸で活動の度合が著しいという特徴があります。これらの地域は、晴れたり雨が降ったりの毎日の天気の移り変わりが、相対的に大きい地域です。前線の通過後には温度変化もあり、雨に加えて、地上付近では、もや、霞、霧といった状況が発生しやすくなります。これは自然景観のみならず、都心でもよくみかける光景です。

　そのような空気中の湿度が高い状況では、景観の見え方は、遠方になるほど彩度が低下し、グレイッシュになります。グラデーション的に彩度が低下するわけです。この慣れ親しんだ見え方は、建造物のグラデーションの多用にもつながっており、景観調和を考える場合にも、グラデーションの着色にすると、インパクトが弱められ、景観調和につながるという発想の背景になっているように思われます。

図11・5　グラデーション風景［カラー p.32］

11章　気候風土と色彩文化

高彩度色の建築外観は、湿度の低い地域では美しく見えるのですが、曇りや雨の日が多く、湿度も高く、もやや霞が発生しやすい地域では、そのあざやかな色の魅力が生きません。言い換えると、低彩度色は、悪天候の下でもその見えの変化をあまり意識しないのですが、あざやかな色は、悪天候の下では美しく見えないことを意識しやすいともいえます。このような理由から、日本国内の温暖で多雨な地域では、高彩度の外観色は景観に似合わないといえます。

　また、格子のある古い町家の外観は、瓦屋根、庇、梁や柱、格子などが、複雑で微妙な陰影の諧調（グラデーション）をつくり出し、その陰影のデリケートさが、和風の魅力を醸しだしているのです（図11・6）。ですから、モダンな現代のビルも、外観の陰影表現にこだわったディテールデザインをすれば、"和"のテイストを演出できます。

4 縁取りのデザイン

　浮世絵版画の黒線、和服の白、黒、金糸銀糸による縁取り模様は、日本的なデザインです。畳の縁、障子の桟、襖の枠、拡大解釈すると、真壁の和室の柱や鴨居も空間の縁取りといえます。このように住空間でも、縁取るデザインは、和風の感覚を醸しだします。

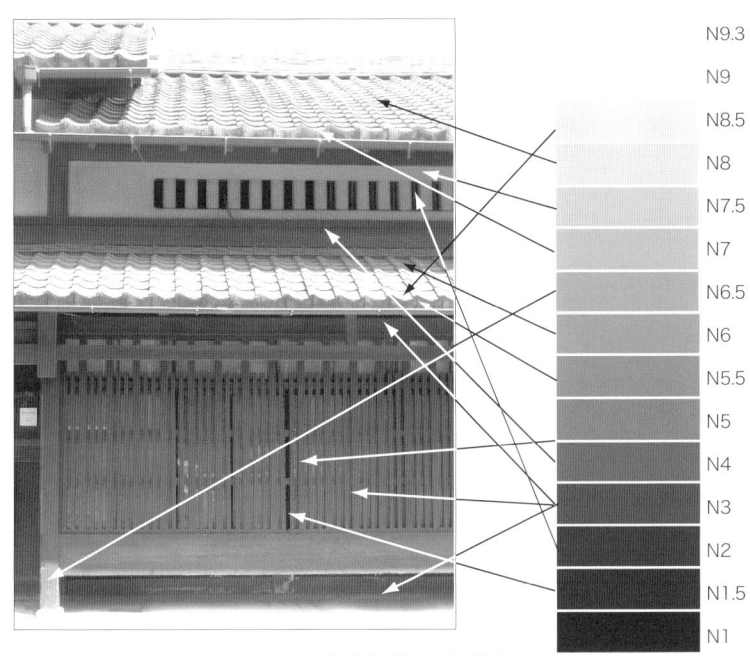

図11・6　町家外観の明度構成

5 多色配色美とこだわりの色

　和装は、日本美を代表する配色です。きもの姿が端的に示すように、多色使いの染色生地、八掛（はっかけ）、帯、帯揚げ、帯締め、帯留め、半襟などの色の組み合わせは、日本的で、華やかであり繊細でもあります。着方のマナーを含めて、完成された日本美を表現しています。多色配色で、単純な配色調和論では説明できない状況が数多くあります。

　単色であっても、染色や焼き物など、自分の目指す色を追求し、表現するための努力やこだわりが大変強いといった特徴があります。

　今後も、これら日本の色彩感覚を大切にしながら、快適な生活環境づくりを行ないたいものです。

実習の作業方法

実習台紙には、日本色研事業㈱発行のPCCSに基づいた配色カードを購入し、適宜切貼りしてください。
配色カードは、画材店、書店で販売されていますので、購入・注文をしてください。
◎日本色研事業㈱の問合先　　東京営業所 TEL（03）3935-5755　大阪支社 TEL（06）6264-6189
　商品名：「配色カード158」
　　　　　サイズは、aは3.5×12cm、bは6×17.5cm、cは12×17.5cmの3種類あります。
　　　　　158色組で解説付き。色紙裏面に系統色名、色記号、5mm方眼が印刷されています。
　　　　　または、
　　　　　「新配色カード199」199色組、サイズは、aは3.5×12cm、bは6×17.5cm、cは12×17.5cm
　　　　　「配色カード129」129色組、サイズは、aは3.5×12cm、bは6×17.5cm

実習台紙1 《色相環》

■指定の配色カードを切って貼りなさい。
　「配色カード」裏面に印刷されたトーン記号V（ビビッドトーン）で、色相番号1～24までの色紙を利用する。
※本書掲載の色相環は、4色プロセスインクによる印刷なので、改めてここで、各々の特色で印刷された色紙を貼ると、PCCS色相環の色がより正確にわかります。

PCCS色相環

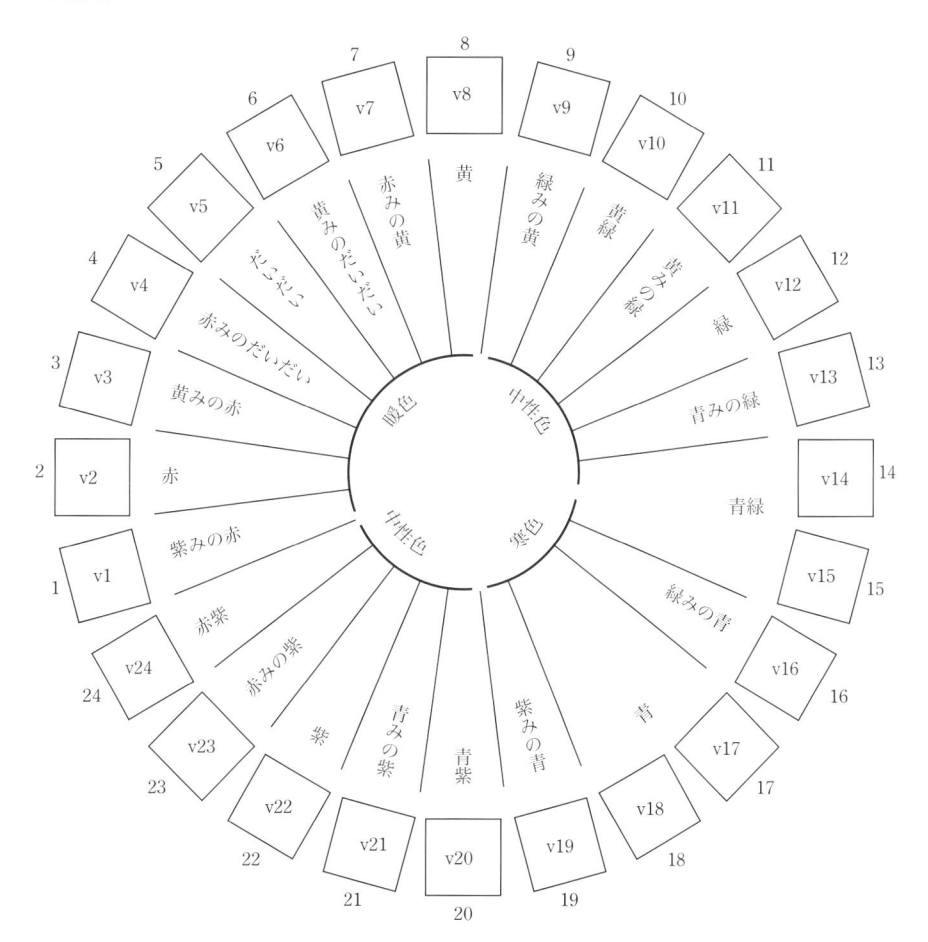

実習台紙2 《季節の色彩イメージ1》

　私たちは四季の変化の美しい日本に住んでいます。それぞれの季節の色彩イメージを表現してみましょう。そして、四季の配色イメージを色相、明度、彩度に分解して、それぞれの違いを考えましょう。

◎四季の「春」のイメージをマス目を利用して表現しなさい。
　同じ色をくり返し使用してよい。正方形（同色を並べると長方形）のみで構成する。
　好みに応じて、一辺2cm以下の正方形の色紙を混在させたり重ね貼りしてもよい。
◎そのイメージ表現に際して配慮した点（工夫した点）を記載しなさい。

春

配慮・工夫した点

実習台紙3 《季節の色彩イメージ2》

◎四季の「夏」のイメージをマス目を利用して表現しなさい。
　同じ色をくり返し使用してよい。正方形（同色を並べると長方形）のみで構成する。
　好みに応じて、一辺2cm以下の正方形の色紙を混在させたり重ね貼りしてもよい。
◎そのイメージ表現に際して配慮した点（工夫した点）を記載しなさい。

夏

配慮・工夫した点

実習台紙4 《季節の色彩イメージ3》

◎四季の「秋」のイメージをマス目を利用して表現しなさい。
　同じ色をくり返し使用してよい。正方形（同色を並べると長方形）のみで構成する。
　好みに応じて、一辺2cm以下の正方形の色紙を混在させたり重ね貼りしてもよい。
◎そのイメージ表現に際して配慮した点（工夫した点）を記載しなさい。

秋

配慮・工夫した点

実習台紙5 《季節の色彩イメージ4》

◎四季の「冬」のイメージをマス目を利用して表現しなさい。
　同じ色をくり返し使用してよい。正方形（同色を並べると長方形）のみで構成する。
　好みに応じて、一辺2cm以下の正方形の色紙を混在させたり重ね貼りしてもよい。
◎そのイメージ表現に際して配慮した点（工夫した点）を記載しなさい。

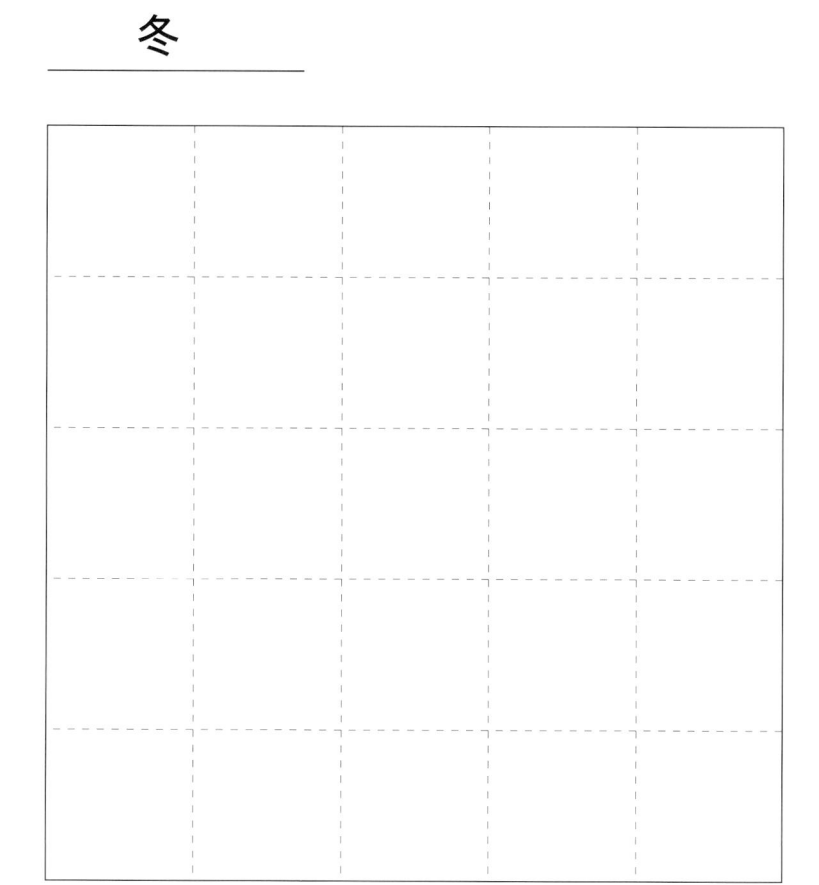

冬 ＿＿＿＿＿＿＿＿

配慮・工夫した点

　四季のイメージ表現の色使いは、住んでいる地域によって変わりますが、一般的につぎのような傾向が見られます。

春：ピンク、イエロー、クリーム、ライトブルーなど色相はいろいろ使用されますが、どれもライトトーン、ペールトーン、ブライトトーンといった明るい色調。グリーン系色を使用する場合は、黄緑色(新芽のイメージ)の傾向があります。

夏：イメージが2つに分かれます。一つは、夏の暑い日ざしを表現したもの。太陽の赤、ひまわりのオレンジなど、暖色のビビッドトーンを中心に配色します。それに海や空や雲をイメージして、ブルーや白を加えたものもあります。グリーン系色を使用する場合は、黄緑色ではなく緑色が多くなります。もう一つは、暑いので、涼しい配色、冷たい配色を求めて、ブルー、白などを中心に配色したものがあります。

秋：枯れ葉、落ち葉をイメージしたダルトーン、ディープトーンといった、暗めの中彩度色で構成されます。紅葉や熟した実などをイメージすると、赤、オレンジなどのビビッドトーンも使用されます。

冬：白、灰色、黒など無彩色、あるいはくすんだグレイッシュトーン、ライトグレイッシュトーンなどが多用されます。さらに、温かさを求めてそれらの配色に赤色などビビッドな色がアクセント的に追加されることも多いです。

実習台紙6 《色の三属性の理解》

- 使用した配色カードの裏面の色記号を記載しておくこと。
- 配色カード裏面のv、pなどの記号はトーンの種類、数字は色相番号を表しています。
  トーンが違っても数字が同じであれば同一色相です。
- 灰色の記号はGy（数字は明度を表しています）。
  黒はBk、白はW。
- 類似トーンは、図で上下左右に隣接したトーン同士、大きく異なるトーンは、図で上下、左右、斜方向になど大きく離れて位置するトーン同士のことです。

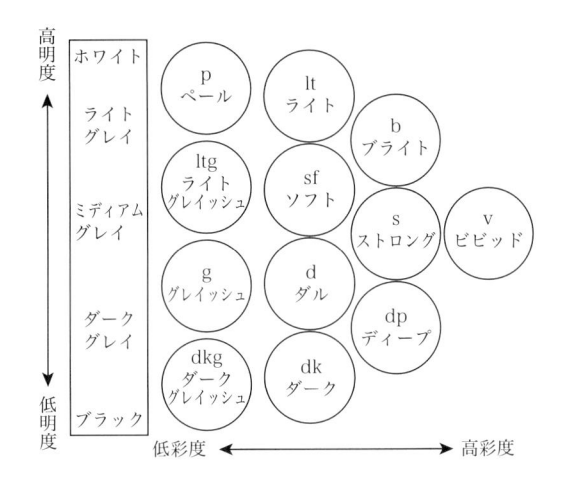

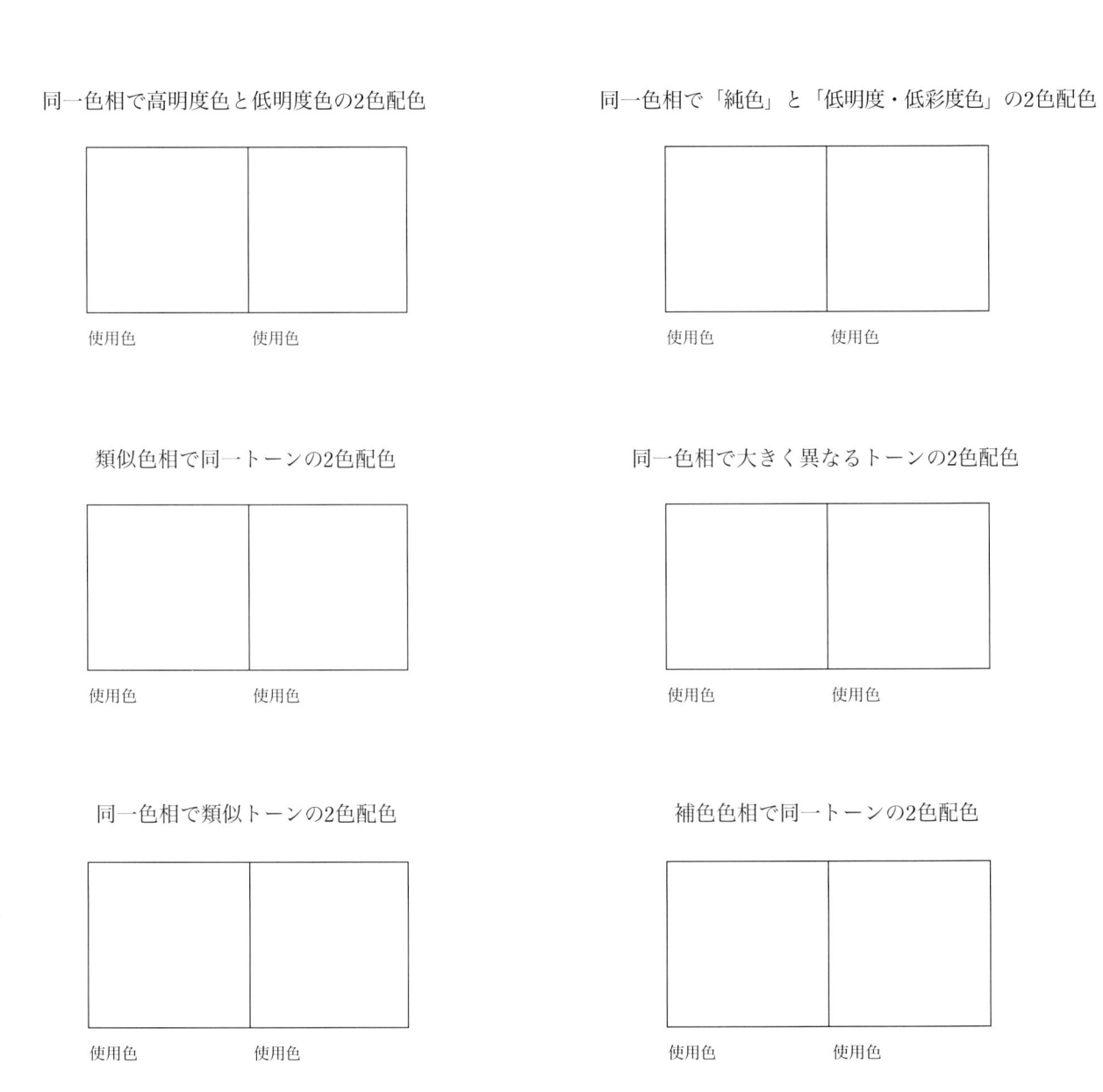

同一色相で高明度色と低明度色の2色配色

| 使用色 | 使用色 |

同一色相で「純色」と「低明度・低彩度色」の2色配色

| 使用色 | 使用色 |

類似色相で同一トーンの2色配色

| 使用色 | 使用色 |

同一色相で大きく異なるトーンの2色配色

| 使用色 | 使用色 |

同一色相で類似トーンの2色配色

| 使用色 | 使用色 |

補色色相で同一トーンの2色配色

| 使用色 | 使用色 |

実習台紙7 《色彩心理》

自由な色を用いて各イメージの配色作業を行ないなさい。
使用した配色カードの裏面の色記号を記載しておくこと。
※自由に配色した後、本文の4章「色と心理」（p.40）の解説と読み比べてください。
　選ぶ具体色はそれぞれ異なっていても、各イメージごとに配色の傾向はだれでも似ています。
　その特徴を覚えておくと、目的に合った配色をつくりやすくなります。

暖かい感じの2色配色

使用色　　　使用色

冷たい感じの2色配色

使用色　　　使用色

派手な感じの2色配色

使用色　　　使用色

地味な感じの2色配色

使用色　　　使用色

軽い感じの2色配色

使用色　　　使用色

重い感じの2色配色

使用色　　　使用色

柔らかい感じの2色配色

使用色　　　使用色

硬い感じの2色配色

使用色　　　使用色

実習台紙8 《対比現象》

配色カード129a（129b）を使用する際は、図の指定色のトーン表示Gy（グレイ）は、それぞれ、ltGy（ライトグレイ）、mGy（ミディアムグレイ）と表示されています。なお、Gyの後の数字は明度を示しています。

色相対比（v10の色相が異なって見える）

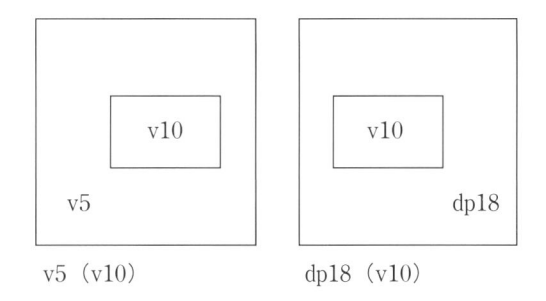

v5（v10）　　dp18（v10）

明度対比（Gy6.5の明度が異なって見える）

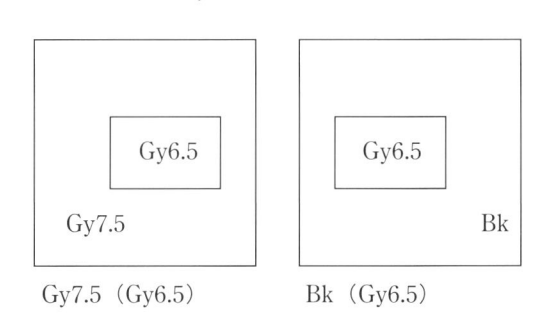

Gy7.5（Gy6.5）　　Bk（Gy6.5）

彩度対比（d2の彩度が異なって見える）

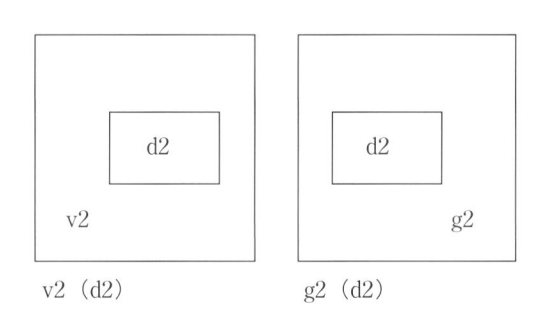

v2（d2）　　g2（d2）

補色による彩度対比
（左は補色関係になりlt14の彩度が高く見える）

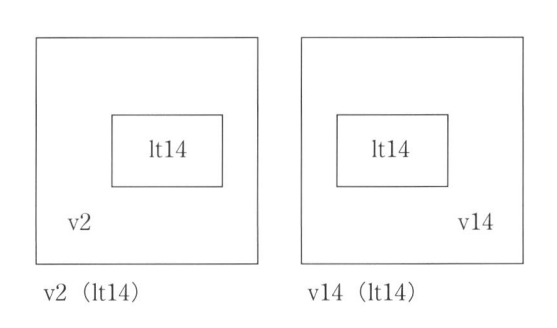

v2（lt14）　　v14（lt14）

色陰現象
（Gy7.5に背景色の補色の色みが感じられる）

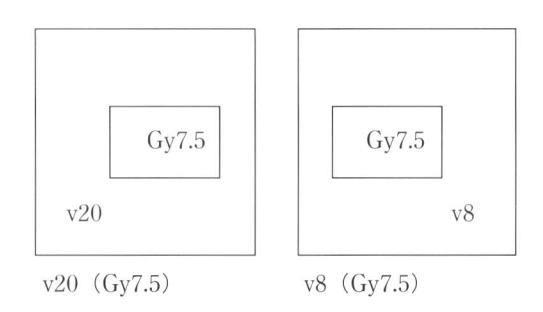

v20（Gy7.5）　　v8（Gy7.5）

視認性（明度対比）
（明度差の大きい配色がはっきりと見える）

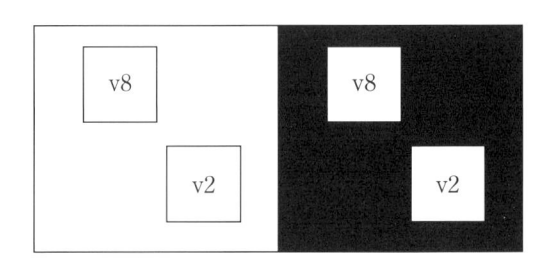

実習台紙9《イメージ表現1》

「配色カード」を使用して、配色構成して表現しなさい。
（同じ色をくり返し使用してよい）

楽しいイメージ

重厚なイメージ

実習台紙10《イメージ表現2》
「配色カード」を使用して、次のイメージを配色構成して表現しなさい。
（同じ色をくり返し使用してよい）

はなやかなイメージ

自然なイメージ

実習台紙11 《イメージ表現3》
「配色カード」を使用して、次のイメージを配色構成して表現しなさい。
(同じ色をくり返し使用してよい)

若々しいイメージ

エレガントなイメージ

実習台紙12《トーン一覧表》

「配色カード」裏面の記号を確かめながら切貼りし、トーン一覧表を完成させなさい。

PCCS色相番号	2	4	6	8
ペールトーン　p	p2	p4	p6	p8
ライトトーン　lt	lt2	lt4	lt6	lt8
ライトグレイッシュトーン　ltg	ltg2	ltg4	ltg6	ltg8
グレイッシュトーン　g	g2	g4	g6	g8
ソフトトーン　sf	sf2	sf4	sf6	sf8
ダルトーン　d	d2	d4	d6	d8
ダークトーン　dk	dk2	dk4	dk6	dk8
ダークグレイッシュトーン　dkg	dkg2	dkg4	dkg6	dkg8
ディープトーン　dp	dp2	dp4	dp6	dp8
ブライトトーン　b	b2	b4	b6	b8
ビビットトーン　v	v2	v4	v6	v8

10	12	14	16	18	20	22	24
p10	p12	p14	p16	p18	p20	p22	p24
lt10	lt12	lt14	lt16	lt18	lt20	lt22	lt24
ltg10	ltg12	ltg14	ltg16	ltg18	ltg20	ltg22	ltg24
g10	g12	g14	g16	g18	g20	g22	g24
sf10	sf12	sf14	sf16	sf18	sf20	sf22	sf24
d10	d12	d14	d16	d18	d20	d22	d24
dk10	dk12	dk14	dk16	dk18	dk20	dk22	dk24
dkg10	dkg12	dkg14	dkg16	dkg18	dkg20	dkg22	dkg24
dp10	dp12	dp14	dp16	dp18	dp20	dp22	dp24
b10	b12	b14	b16	b18	b20	b22	b24
v10	v12	v14	v16	v18	v20	v22	v24

実習台紙13《明度構成》

床・壁・天井や家具類の明度構成を考えて、黒鉛筆だけで白黒写真のように着色しなさい。
壁には、額などの装飾品を自由にセンスよく描き込みなさい。

明度スケール

- 「配色カード」の無彩色部分の色紙を右のマス目の色番号に合わせて切り貼りします。その後、ページの右端を切りそろえて、明度の定規を作りましょう。
  「配色カード129」「配色カード158」はBkから2.5、3.5、4.5…と1つおきに色紙があります。「配色カード199」は全て貼ることができます。

- この明度スケールを使って、身の廻りのいろいろなモノの明度を測ってみましょう。
  測るモノにこの明度定規をあて、一番近い明るさのグレーの数値を読み取ります。この数値はマンセル明度を表しています。

- 少し目を細めて見ながら比較すると、色みに左右されず、そのモノの明るさが読み取りやすくなります。

- 自分が美しいと思うモノの配色は、明度差がどの程度ありましたか？
  床、壁、扉、家具の明度はどの程度でしたか？　それらの明度を覚えておくと、自分で配色する際の目安になります。

明度	色番号
9.5	W (9.5)
9.0	Gy-9.0
8.5	Gy-8.5
8.0	Gy-8.0
7.5	Gy-7.5
7.0	Gy-7.0
6.5	Gy-6.5
6.0	Gy-6.0
5.5	Gy-5.5
5.0	Gy-5.0
4.5	Gy-4.5
4.0	Gy-4.0
3.5	Gy-3.5
3.0	Gy-3.0
2.5	Gy-2.5
2.0	Gy-2.0
1.5	Bk(1.5)

切り取り線

謝　辞

　この本を手にしてくださった皆さんが、益々実力を発揮し、色彩の分野で活躍されることを願っています。

　この本の出版にあたり、学芸出版社編集担当村田譲氏をはじめ、CGカラーシミュレーションソフトの株式会社エスティイー、測色計のコニカミノルタセンシング株式会社、色彩教材の日本色研事業株式会社の方々、協力していただいた皆様に厚い感謝の意を表します。

〈参考図書〉
・『色彩学入門』向井裕彦・緒方康二著、建帛社
・『色彩学の基礎』山中俊夫著、文化書房博文社
・『色彩学』近藤恒夫著、理工図書
・『光の医学』ジェイコブ・リバーマン著、飯村大助訳、日本教文社
・『カラーコーディネーター検定2級・3級』(旧テキスト)、東京商工会議所
・『日本の伝統色』(財)日本色彩研究所編、読売新聞社
・『色の手帳』尚学図書・言語研究所編、小学館
・『JISハンドブック色彩』日本規格協会

❋**渡辺安人**（本名：渡邉康人）
カラーテクニカルコンサルタント
アーキタイプ工房代表

　1953年生まれ、大阪芸術大学環境計画学科卒業、グラフィックデザイン、建築などの職歴を経て、1986年㈱日本カラーテクノロジー研究所設立、同社専務取締役を経て、現在フリーランス。

　色彩を切り口にした企業コンサルティング、建築・土木構造物・大規模プラントなどの色彩設計、「大阪市色彩景観計画」など都市景観の色彩計画、プロダクツの色彩設計、企業社員研修。過去に近畿大学建築学科、神戸芸術工科大学、京都美術工芸大学、京都精華大学他各種スクール、現在は京都市立芸術大学、京都伝統工芸大学校、京都橘大学、京都女子大学その他セミナーなどで色彩教育にも力を注いでいる。

　日本色彩学会会員、長岡京市景観デザイン審査会委員、「街の色研究会・京都」など、公的活動も多い。㈱コラムデザインセンター代表取締役・宮後浩氏との共著『建築と色彩』（学芸出版社）がある。

＊著者のホームページもあります。「アーキタイプ工房」または「渡辺安人」と検索してください。
＊本書は、2005年㈳日本図書館協会選定図書に選定されました。
＊2010年 中国で中国語版が発売されました。

色彩学の実践

2005年	3月10日	第1版第1刷発行
2006年	8月20日	改訂版第1刷発行
2008年	5月20日	第3版第1刷発行
2012年	8月20日	第4版第1刷発行
2021年	3月20日	第4版第5刷発行

著　者　渡辺安人
発行者　前田裕資
発行所　株式会社　学芸出版社
京都市下京区木津屋橋通西洞院東入　〒600-8216
tel 075・343・0811　　fax 075・343・0810
http://www.gakugei-pub.jp
イチダ写真製版／新生製本
カバーデザイン　上野かおる

Ⓒ渡辺安人　2005　Printed in Japan　ISBN978-4-7615-2358-9